清华肯礼

《仪礼》复原研究工作纪事

主　编　张　涛　李　旭　钟　诚

副主编　李洛旻　陈士银　高瑞杰　罗婷婷

清华大学出版社
北京

本书封面贴有清华大学出版社防伪标签，无标签者不得销售。
版权所有，侵权必究。举报：010-62782989，beiqinquan@tup.tsinghua.edu.cn。

图书在版编目（CIP）数据

清华有礼：《仪礼》复原研究工作纪事 / 张涛，李旭，钟诚主编 . — 北京：清华大学出版社，2022.11
ISBN 978-7-302-58970-9

Ⅰ. ①清… Ⅱ. ①张… ②李… ③钟… Ⅲ. ①礼仪 - 中国 - 古代 ②《礼仪》– 研究 Ⅳ. ① K892.9

中国版本图书馆 CIP 数据核字（2021）第 237316 号

责任编辑：王如月
装帧设计：北京敬人设计·邱特聪
责任校对：王荣静
责任印制：丛怀宇

出版发行：清华大学出版社
网　　址：http://www.tup.com.cn, http://www.wqbook.com
地　　址：北京清华大学学研大厦 A 座　　邮　编：100084
社 总 机：010-83470000　　邮　购：010-62786544
投稿与读者服务：010-62776969, c-service@tup.tsinghua.edu.cn
质量反馈：010-62772015, zhiliang@tup.tsinghua.edu.cn

印 装 者：北京博海升彩色印刷有限公司
经　　销：全国新华书店
开　　本：170mm×240mm　　印　张：24.25　　字　数：268 千字
版　　次：2022 年 11 月第 1 版　　印　次：2022 年 11 月第 1 次印刷
定　　价：168.00 元

产品编号：092185-01

编委会

主　编：张　涛　李　旭　钟　诚

副主编：李洛旻　陈士银　高瑞杰　罗婷婷

编委会：曹建墩　陈立瑜　陈士银　高瑞杰
　　　　韩冰雪　胡雅静　李　琳　李洛旻
　　　　李　旭　刘　斌　刘　巍　罗婷婷
　　　　马　楠　马延辉　佟　雪　万剑峰
　　　　杨　柳　姚永辉　张焕君　张凯作
　　　　张　涛　赵媛媛　钟　诚

统　筹：张　涛　陈士银　李　旭　高瑞杰

目　　录

第一章　升　歌　001

一、课堂·操场·读书班 002
    1. 礼仪文明课 002
    2. 挤时间会读 004
    3. "礼射广场" 007

二、夙愿 008
    1. 关于《周礼》的博士论文 009
    2.《仪礼》难读，然而好看 010

三、六十年前的电影与世纪之交的3D动画 016

四、清华大学重启《仪礼》复原工作 026

第二章　仪　节　031

一、礼者，履也 033
    1. 尊师重道的释菜礼 033
    2. 观射者如堵墙 035

二、从会读到走位 041
    1. 气喘吁吁，面有菜色 041

2. 雪地习礼，瑟瑟发抖 ································· 045
　　3. 赤脚，采蘑菇，切猪肉 ····························· 052
三、研习会推究礼射八法 ································· 061
　　1. 成立礼射研习会 ······································· 062
　　2. 开设射箭课 ·· 068
　　3. 徐开才老先生亲自指导 ····························· 070
　　4. 是初阶，也是良心之作 ····························· 074
四、礼容 ··· 079
　　1. 当活道具 ··· 079
　　2. 礼容明细 ··· 081
五、复古？*Excuse me?!* ··································· 088
　　1. 孔夫子的身体 ·· 088
　　2. 张先生的一只脚和另一只脚 ····················· 094

第三章　礼　图　　103

一、新媒体数字技术的灵光一闪 ····················· 105
　　1. 绘制礼图 600 张 ······································ 106
　　2. 再做一个 flash！ ····································· 112
　　3. 试片·建模·沙盘 ······································ 114
　　4. 踏上新媒体艺术先锋之路 ························ 120
二、让礼图"活动起来" ··································· 127
　　1. 一个澳洲人，不远万里来到中国 ·············· 128
　　2. 鸟瞰狗镇，师兄没意见吧？ ····················· 136

三、四维时空的具体连续活动 ························ 142
   1. 这是咱京剧范儿 ·································· 142
   2. 有你有礼 ·· 153
   3. 同学们累瘦了 ···································· 159

四、信息时代的礼图新传统 ···························· 165

第四章　礼　器　　169

一、三材既具，巧者和之 ································ 170
   1. 十六做枪，六十做车 ·························· 171
   2. 没有女车的具体数据 ·························· 175
   3. 带着半颗半熟的栗子 ·························· 177
   4. 白天验收，摸黑押运 ·························· 180

二、引弓而射侯 ·· 185
   1. 侯要怎么竖起来？ ······························ 185
   2. 到东北核对《考工记》 ························ 191

三、汤盘孔鼎有述作 ····································· 197
   1. 参访文物精品，参访文化中国 ············ 198
   2. 检验礼器复原，检验学习效果 ············ 203

四、有服章之美，谓之华 ······························ 210
   1. 用缝纫机缝制深衣 ····························· 210
   2. 古代经师与服饰教授 ·························· 213
   3. 北京、香港，考订再考订 ··················· 222
   4. 日常礼服推陈出新 ····························· 231

第五章　间　歌　　235

一、闻知先王之乐 …… 236
1. 这可不是头脑发热 …… 236
2. 看似机缘巧合，实则命中注定 …… 242

二、瞻望哲匠之门 …… 251
1. 拿着你的研究成果来 …… 251
2. 旁听 …… 258
3. 见宗庙之美、百官之富 …… 266

第六章　儒　行　　275

一、一起拍视频 …… 278
1. 小演员，大志愿 …… 278
2. 文化廊的创意艺术 …… 302

二、打磨出教材，研学结硕果 …… 313
1. 难度在复原之上 …… 314
2. 不止于书斋读写 …… 317
3. 所谓"教学相长" …… 321

三、线上，线下 …… 327

第七章　合　乐　　345

一、复原：一种研究范式 …… 347
1. 在洛桑 …… 347
2. 未来和当下的间隔 …… 351

3. "有了复原研究才完整" ················· 357

二、古代礼乐文明与今日清华人 ················· 362

1. 谁是今之古人? ················· 363

2. 在清华园见礼仪之大 ················· 367

后记 ················· 376

课堂·操场·读书班

凤愿

六十年前的电影与世纪之交的3D动画

清华大学重启《仪礼》复原工作

第一章 升歌

一、课堂·操场·读书班

1. 礼仪文明课

清华园,上午。

第二大节课。

第六教学楼。

上课的乐声响过,人文学院的彭林老师深深地给在座各位选课同学鞠了一躬,随即开始授课:

好——,上课!

欢迎大家选这门课。我们这门课的核心是——礼。

大家都知道,我们中国是传承千年的礼仪之邦,声教播于海外。相传在三千多年前的殷周之际,周公吸收了夏、商二代的精华,制礼作乐,就提出了礼治的纲领。其后经过孔子和七十子后学,以及孟子、荀子等人的提倡和完善,礼乐文明成为儒家文化的核心,奠定了中华文明的底色。西汉以后,作为礼乐文化的理论形态和上古礼制的渊薮,《仪礼》《周礼》《礼记》这三部礼书先后被列入学官,不仅成为古代文人必读的经典,而且成为历代王朝制礼的基础，对于中国文化和历史的影响既深且远。

随着东亚儒家文化圈的形成，礼乐文化自然成为了东方文明的重要特色。要了解中国传统文化，就必须了解中国礼仪文化。

……

人类文明是多元的，唯其如此，世界文化的花园才呈现出百花争艳的繁荣景象。每个民族的文化，都像是其中的一朵花。如果说西方文化是郁金香，那中国文化就是牡丹花。无论哪一朵花都应当享有平等的尊严，谁都没有必要自惭形秽。

21世纪是文化的世纪，国家与国家、民族与民族的竞争，将会越来越多地在文化领域中展开。中华文明能否自立于世界民族之林，基本前提之一就是能否在吸收先进的外来文化的基础上坚定文化自信。礼乐文化是中华传统文化的核心，将它的精华发扬光大，是具有战略意义的大事。

同学们，让礼乐重光，让牡丹花怒放，就是为人类文明添彩，就是我们对世界最好的贡献。

授课中的彭林老师

同学们听得入迷，也有些许好奇——礼学究竟是怎样一门学问？研究三礼之学的门径都有哪些？礼书中的疑难字句作何解释？现代人学习这些古老的礼仪，其意义又在哪里？这些或深或浅、或难或易的问题，都会在这门名为"中国古代礼仪文明"的课程，以及同样是彭老师主讲的"中国古代礼学思想研究""民族文化与民族命运"等课程中陆续获得解答。

而讲课之前彭老师那一鞠躬，其实是一道谜题，同学们要等到第二堂课才能解开。

2. 挤时间会读

春秋末期，孔子将社会上流传的人生礼仪与社会政治礼仪整理成文本，作为教材传授给弟子。

这部总结古代礼仪范本的书，取名为《礼》，后又称为《仪礼》或《礼经》，连同王官采风形成的《诗经》、太史记言形成的《尚书》、配合《诗》《礼》形成的《乐经》、原为卜筮之书后经孔子整理的《周易》，以及孔子因鲁史而修纂的《春秋》，合称为"六经"，又称"六艺"。后因《乐经》失传，改称"五经"。这就是传统中国最核心的学问。

中国文化博大精深，纵观整个中国历史，经学始终是传统思想的主流，是学术研究中最重要的学科门类，对政治制度与文化生活都有不可磨灭的影响。清华的前辈学者李学勤先生（1933—2019）认为："国学所包含的内容应该是非常广博的，不过具体来说，中国传统文化是有一个主流的……儒学是中国传统文化的主流；更进一步，如果说儒学中什么是核心的话，我认为是经学。"[1] 李先生这一判断不是一个价值判断，而是事实判断。先生后来还指出："如果不对经学做深入研究，就无从把握中国整个传统文化的特点。"[2]

遗憾的是，20世纪初，基于当时学者们的认知，我们的大学分科简单借鉴了欧美大学的分科体系，削中华之足，适西人之履，"经学"被逐出现代学术、学科体系，"五经"被肢解，《周易》成了哲学，《诗经》成了文学，《春秋》成了史学，三礼无所附丽，乏人问津。

然而，中国文明的核心在经学，要了解是什么塑造了中国、中华民族以及中国文化，重新回归经学是必经之途。2001年11月2日，饶宗颐先生（1917—2018）理直气壮地揭橥经学对于中国文化的崇高价值："经书是我们的文化精华的宝库，是国民思维模式、知识涵蕴的基础；亦是先哲道德关怀与睿智的核心精义，不废江河的论著。重新认识经书的价值，在当前是有重要意义的。"[3] 饶先生提出所预期的"文艺复兴"是要"重新塑造我们新的经学"，这"不是一二人的事，而是整个民族的事"。

虽然经学迄今尚未在学科体系中获得其应有的位置，但有识之士对经典的研习始终没有放弃。

清华的学习生活是紧张而忙碌的。每到上下课时间，同学们骑着自行车如潮水般涌在学堂路上，速度很快，却井然有序。他们的眼神明亮又坚定，知道自己在追求什么。

---

1 李学勤：《国学的主流是儒学，儒学的核心是经学》，《中华读书报》2010年8月4日，第15版。
2 程薇编：《接续绝学的历程：李学勤先生访谈录》，《李学勤：期待一个新"国学"的出现》，南昌，江西教育出版社，2018年，第542页。
3 饶宗颐：《新经学的提出——预期的文化复兴工作》，《饶宗颐二十世纪学术文集》卷4《经术、礼乐》，北京，中国人民大学出版社，2009年，第6页。

课后，三五同好，八九为朋，选一个时间，聚在文北楼——这幢清华园里不起眼的小楼中，会读《仪礼》。

《仪礼》作为"六经"之一，在孔子之时就已存在，与《诗》《书》等典籍一样都享有崇高的地位。《仪礼》现存共十七篇，记述周代冠、昏、丧、祭、射礼、聘礼等仪典，是古代国家礼典与民间礼仪的渊薮。由于年代久远，社会不断发生变化，以至于很多人都觉得这部书古奥难读，但清华的学生不怕。

会读的根本目的是为了读懂《仪礼》等中国传统经典，直接目的是为即将拍摄的《仪礼》复原电影——这是彭林老师担任首席专家的一项国家社科基金重大项目——做好准备。会读时，同学们逐字逐句研读，每次不求多，但求精通。由于大家白天课业比较重，会读基本上都在晚上。一读就是几个小时，学生们耐得住也坐得住，最关键的是真的读得进去。会读期间每个人都可以提问，也都可以提出自己的见解，哪怕脑洞大开，也允许畅所欲言，大家都准备得非常充分，提的问题也十分有水准。

冠礼"三加"，缁布冠、皮弁、爵弁分别是什么样子？

"筮于庙门"，门中有"闑"，门侧有"塾"，其形制如何？

堂下东、西阶共有几层，是三阶还是四阶？

《乡射礼》说宾在西阶上"疑立"，这与上海博物馆收藏的战国简《天子建州》"立以县"是否有相通之处？

经文各礼，多见饮酒、祭酒的仪节，行礼人员是怎样手持酒爵？

古人升席、降席的动作，如何完成？从哪个方向进入？又反映了怎样的空间秩序？

郑注对《士昏礼》"女与女从者"所着服饰的理解，反映了历史实情，还是郑玄个人的经学观念？

《丧服》"报服"条例，其背后所隐含的宗法制度究竟该如何理解？

……

2014年秋，来自马来西亚的清华本科留学生钟诚初次参加会读。他听得云山雾罩，连最基本的玄酒、斯禁也不知道是什么，只好安安静静坐着，不敢说话。

许多问题纠缠不清，众人讨论不休，争议不绝，僵持不下。

这时，同学们一齐将桌椅移开，直接上手演练，弯腰作揖、曲折行走，结合现实生活中的实际情况进行考量，你说我的不自然，我说你的不可能，那就把这些都排除掉，最终总要得出一个折中的说法、大家公认的结论、抑或切实可行的方案。

时间不知不觉过去了。

还在争论不休的时候，敲门声响起，是文北楼的楼管郭玉龙师傅——

"都快半夜了，人家黄老师读书也没到你们这么晚……"

3. "礼射广场"

无体育，不清华。西操始终有人在锻炼；围绕校河的长跑步道，一早一晚空不下来；西湖游泳场和陈明游泳馆的水花不曾停歇；各类球场，人声鼎沸，尤以夜晚最为热闹。

听涛园食堂西侧，刚过河边，有一小片空旷的操场，树林掩映。一段时间以来，每到傍晚，总有十多名学生在这里活动。他们时而站桩，时而比比画画、走来走去，好像是在运动，但行为举止又与保健体操不同，让路人看不太明白。

有时候，一群人拿着一般情况下在影视节目中才会见到的弓（没有箭）展开训练，其中领头的一位，叫韩冰雪。

小韩的家乡在皖北，距汉代柠秋县不过十几里。柠，本为良木，干可为弓，叶可饲蚕。农人植之以做木叉，或弦木为弧，做成小弓给小童游戏。他的童年便是在木弓、高粱秆箭的陪伴中度过的。老人去世，家属也会用木条制弓一张，箭三支，辅以瓦土随葬。他少时不知其意，只觉弓如常物，习俗天下皆同，长大后才体会到太史公所说的"千里不同风、百里不同俗"是为何意。有段时间，韩冰雪在清华大学带着许多志同道合的同学研习"礼射"，既钻研技法，也培养德行，在校园里很受欢迎。

跟他在一起的大都是清华大学"礼射研习会"的忠实拥趸，还有好些是《仪礼》会读的骨干成员，也是彭林老师"《仪礼》复原"项目的核心力量。他们在这里，是在为项目作准备。

由于经常在此习礼排练，同学们亲切地给这片操场起了昵称，叫"礼射广场"。名称还被百度地图、高德地图采纳了，同学们很得意。

直到今天，仍有路过的陌生同学感到好奇，常常忍不住发问：

——你们是古装戏看多了吗？

——挺好玩的，是在干嘛？照着古籍拍电影？

——历史系的？研究礼的？是彭林教授的学生吗？

二、夙愿

彭林老师对"三礼"的研究，要追溯到 20 世纪 80 年代他读研究生的时候。

1. 关于《周礼》的博士论文

1984年，彭老师考上北京师范大学硕士研究生，随著名历史学家赵光贤教授（1910—2003）研治商周史。两年后，他因成绩优异，转为博士研究生。赵老先生那时已过古稀之年，一直想指导学生研究一部重要的古代典籍——《周礼》。

在中国学术史上，《周礼》是一部影响很大但又极具争议的书。相传这部书是"制礼作乐"的周公所作，也有人说是战国时代的谋士们搜集以往资料编写了此书，甚至有人相信这部《周礼》是汉代的王莽和刘歆为了篡权而伪造的。千百年来，学者们争论不休，莫衷一是。因此，在现代学术视野中，如何给《周礼》一书找到相对准确的年代，也就成了一大难题。

赵老先生对彭林说，古代学者对《周礼》的研究汗牛充栋，但时过境迁，已经颇显陈旧。近现代不少著名学者系统研究过《周礼》，可惜未取得共识。赵先生希望彭林能在充分吸收前辈学者成果的基础上，系统地钻研一下《周礼》，提出自己的看法。

说起来，《周礼》这部书，彭老师在上中学的时候曾经见过的。那时在他的家乡江苏无锡，崇安寺旁有爿古旧书店，插架满是线装古籍，其中就有《周礼》。放学后，他有时候去书店看书，翻开《周礼》一看，好家伙，满眼怪字，岂是区区一个中学生能看懂的！那时候的彭林大概也没想到，自己今后的人生会与"周礼"结缘。

师命难违。听从了赵光贤先生的教诲，彭林硬着头皮接受了这一选题。就这样，原本痴迷于上古史、古文字的他，一头扎进了《周礼》研究的汪洋大海之中。经过三年悉心准备与艰辛考证，他如期提交了名为《〈周礼〉主体思想与成书年代研究》的博士论文，得到了赵先生和众多答辩专家的称赞。

从此，年近不惑的彭林老师开始了他从事礼学研究的学问人生，矢志终身。博士阶段攻克了《周礼》，还有《仪礼》《礼记》等大部头典籍等着他去钻研。

2.《仪礼》难读，然而好看

《仪礼》是礼学的本经，在"三礼"之中最为根本，古人说起"礼经"，往往指的就是这部书。这部书是先秦贵族礼仪汇编，放在世界范围来看，也是年代较早、内容相对完备的人类文化经典之一，学术价值极高。其内容涵盖先秦时代的冠、婚、丧、祭、射、飨、觐、聘等礼仪，其中《士冠礼》《士昏礼》是我国最早的成年礼与婚礼仪式的文本，《乡射礼》所记的是世界上最早的体育运动，《聘礼》记载了世界上最早的外交礼仪。

这部书非常简奥，所记载的仪节极端繁复。虽然早在汉代，就有很多经学家作注解，但是后人仍然苦其难读。到了唐代，连著名的文学家韩愈都表示自己读不懂《仪礼》。究其原因，主要在于如下两端：

①名物纷繁。如房室之制，有堂、室、房、户、牖、夹、序、箱、楣、栋、楹、阈等；器物之属，如爵、觯、笾、豆、鼎、俎、几、洗、丰、鼏、筐、禁等；服饰则如缁布冠、爵弁、皮弁、缨、武、緌、屦、带、裳、綦、佩、衡、璜、琚等，令人目不暇接。

②人物、器物之面位难明，行礼路线不易掌握。《仪礼》中人物站位、朝向，往往代表着地位尊卑、人际关系等。同样的，器物

陈设也蕴含意义。但由于年代久远，后人读之，要想在实际操作中复原其本来情况是很难的。如《聘礼》：

> 有司入陈。饔，饪一牢，鼎九，设于西阶前，陪鼎当内廉，东面北上，上当碑，南陈。牛、羊、豕、鱼、腊、肠、胃同鼎，肤、鲜鱼、鲜腊，设扃鼏。膷、臐、膮、盖陪牛、羊、豕。腥二牢，鼎二七，无鲜鱼、鲜腊，设于阼阶前，西面，南陈如饪鼎，二列。堂上八豆，设于户西，西陈，皆二以并，东上韭菹，其南醓醢，屈。八簋继之，黍其南稷，错。六铏继之，牛以西羊、豕，豕南牛，以东羊、豕。两簠继之，梁在北，八壶设于西序，北上，二以并，南陈。西夹六豆，设于西墉下，北上韭菹，其东醓醢，屈。六簋继之，黍其东稷，错。四铏继之，牛以南羊，羊东豕，豕以北牛。两簠继之，梁在西。皆二以并，南陈。六壶西上，二以并，东陈。馔于东方，亦如之，西北上。壶东上，西陈。醓醢百瓮，夹碑，十以为列，醯在东。饩二牢，陈于门西，北面东上：牛以西羊、豕，豕西牛、羊、豕。米百筥，筥半斛，设于中庭，十以为列，北上。黍、梁、稻皆二行，稷四行。门外，米三十车，车秉有五籔。设于门东，为三列，东陈；禾三十车，车三秅。设于门西，西陈。薪刍倍禾。

既有各式各样的名物，又涉及其间的位置关系，令人目眩。又如《士冠礼》：

> 主人玄端爵韠，立于阼阶下，直东序，西面。兄弟毕

> 袗玄，立于洗东，西面，北上。摈者玄端，负东塾。将冠者采衣，纷，在房中，南面。宾如主人服，赞者玄端从之，立于外门之外。摈者告。主人迎，出门左，西面，再拜。宾答拜。主人揖赞者，与宾揖，先入。每曲揖。至于庙门，揖入。三揖，至于阶，三让。主人升，立于序端，西面。宾西序，东面。赞者盥于洗西，升，立于房中，西面，南上。

此段描写的是士冠礼当天主人即位、迎宾的仪节，既有人物（主人、兄弟、摈者、将冠者、宾、赞者），又有宫室、方位、服饰和行礼仪节，如何才能在实景中准确呈现？对《仪礼》不熟的人，初读之下，说不头晕，恐怕不可能。

从20世纪90年代起，彭林老师钻研《仪礼》，不但要求自己读懂这部书，而且总想着能让更多的人有机会了解这部中国文化经典。他先后展开校勘、译注，但所做的仍然只是文字工作。他想着，如果突破纸面，直接把《仪礼》所描述的动作仪节和古代房屋、器物表现出来，那就通俗易懂多了。

为古籍难读而揪心的，不止彭林一人。

中国的传世古籍在20万种以上，这是每一位炎黄子孙共同拥有的宝贵文化财富。为了整理研究汗牛充栋的中国古籍，一代又一代的学者文人，仅靠一支笔、一双手、一柜书，披荆斩棘，悉心董理，也只能在浩瀚的古籍海洋中采撷一珠一贝。20世纪的古籍整理研究工作虽已经取得很大成绩，但按照八九十年代的人力物力，采用传统的手工作业手段，要想把数量极其庞大的传世古籍予以整理、出版，恐怕几代人也难以完成。

计算机技术的飞速发展，为古籍整理工作带来了一线曙光。一些敏锐的文史研究者已经注意到了计算机技术必将改变古籍研究的整体趋势。钱锺书先生就说：

> 从理论上来说，计算机和人类使用过的其他工具没有什么性质的不同。它在还未被人广泛使用的时候，除自身尚待完善以外，总会遭到一些抵拒。惯用旧家什的人依然偏爱着他们熟悉的工具。有了纸墨笔砚"文房四宝"，准还有人用刀笔和竹简；有了汽车、飞机、电报电话，也还有不惜体力和时间的保守者。对新事物的抗拒是历史上常有的现象，抗拒新事物到头来的失败也是历史常给人的教训。[1]

针对这一趋势，国家也作出了部署。1992年6月，国务院古籍整理出版规划小组发布《中国古籍整理出版十年规划和"八五"计划（1991年—1995年—2000年）》，明确提出要加快古籍整理出版手段现代化的步伐。有鉴于此，1993年10月29日至11月1日，国家古籍整理出版规划小组办公室与中国中文信息学会在清华大学联合举办了"海峡两岸中国古籍整理研究现代化技术研讨会"，会议主题就是计算机技术与中国古籍整理方式的现代化。这是海峡两岸专家学者首次将计算机与中国古籍整理、研究、出版结合起来的专题研讨。

---

[1] 中国社会科学院文学研究所计算机室编著：《论语数据库》，北京，人民日报出版社，1987年，第1页。这篇前言署名为"栾贵明、田奕"，但此处所引这段话为钱锺书先生修改，可参杨润时：《一份沉重的嘱托——钱锺书、栾贵明与中国古典数字工程》，《时代周报》2010年12月16日，第C08版；郑永晓：《钱锺书与中国社科院古代典籍数字化工程》，《山东社会科学》2019年第6期，第30—39页。

在会上，台湾学者演示了他们带来的二十四史语料库、十三经语料库、《红楼梦》多媒体系统；大陆学者演示了可用于古籍整理的大汉字库中文平台、北京图书馆光盘系统等内容。彭林老师则向大会提交了题为《用电脑画面显示〈仪礼〉仪节的有关问题》的论文。

在这篇论文中，彭林老师提出，《仪礼》用文字表示程式化的仪节有其局限性；计算机技术日新月异，如果根据历代学者对《仪礼》的研究，通过电脑制作礼仪图形系统来显示文意，就会变得清楚直观，普通读者不必钻研原书，即能简洁明快地了解古代礼仪，这样将会在古籍整理工作中走出一条新路来。[1]

2004年8月28—29日，彭林老师赴北京香山饭店参加"第三届汉文史资料库研讨会"。"汉文史资料库"由中国社会科学院文学研究所研究员栾贵明先生、国家科技进步奖得奖者田奕女士及香港文化传信集团公司副主席朱邦复先生合作开发，首届研讨会在香港召开，此次移师北京，由全国古籍整理出版规划领导小组办公室、全国古籍出版社联合会、香港文化传信集团公司联合主办，组织了一场两百余位学者与业界厂商参加的学术盛会。

29日上午，彭林老师在研讨会上做专题报告。他重点强调了《仪礼》作为古籍文献的特殊性，因为内容以行礼仪节为主，纯文字表达不免有其局限。通常使用的中文信息处理系统的自动标引、编索、检索、查重、排序、统计等多种功能尽管能够适应一般的古籍文本研究，但难以完全满足《仪礼》的相关研究。因此，彭林提出了设计《仪礼》光碟的基本框架：

---

[1] 彭林：《用电脑画面显示〈仪礼〉仪节的有关问题》，中国中文信息学会、国家古籍整理出版规划小组办公室编《海峡两岸中国古籍整理研究现代化技术研讨会论文集》，1993年10月，第146—148页。

①动漫部分。用三维动画将冠礼、婚礼、相见礼、射礼、聘礼等的全过程展示出来，这一部分是光碟的主体。

②礼义说解。古代各种礼仪都是按照"义"来设计的，它们深藏于各种仪式之中，因此需要专门的栏目来做介绍，帮助作者明了礼仪的深刻内涵。

③名词解释。礼仪涉及的宫室、玉器、青铜器、车马器、食物的名称，可以检索，有对应的图示和文字说明。

④趣味问答。例如青铜礼器如何组合？新婚夫妇如何进行合卺礼？古人吃什么食品？古代青年人什么时候取"字"？古人的衣服是怎样的？如此等等，备有详细的答案，可以作为读者检测自己文化史知识之用。

⑤参考文献。为了帮助有兴趣的读者作进一步研究，将迄今为止所有《仪礼》研究的论文、专著等信息汇总，以备参考。[1]

以此为基本框架，来设计《仪礼》动画光碟，将礼仪由文本还原为动作，以大众喜闻乐见的形式介绍古代典籍，将有力地推动传统文化的传播。彭林老师相信，这是一项意义深远的文化工程。

研讨会当天，雅典奥运会闭幕。彭林老师在会议现场特别点明："大家都看到了雅典奥运的开幕式，希腊结合传统与现代，把古希腊的古典文化完美地呈现了出来。四年后轮到我们，那我们中国的传统文化在哪里？要怎么呈现呢？至少《仪礼·乡射礼》要做出来，它展现的是古代中国的体育精神！"听罢，会场上精于古典文史的学者们脑海中不由浮现出《论语》中"揖让而升下而饮，其争也君子"的画面。

---

[1] 彭林：《制作〈仪礼〉光碟刍议》，文传信文史研究院编《文传论丛：2004第三届汉文史资料库研讨会论文集》，2004年8月，第196—198页。

在这次研讨会上，彭林老师还提到台湾大学在20世纪60年代曾有以拍电影的方式"复原"《仪礼》十七篇的计划，并于世纪之交做出了《仪礼·士昏礼》的3D动画。不过，彭老师当时并不知道动画制作人正是本次会议的主办方之一——鼎鼎大名的朱邦复先生及其团队。朱邦复发明过仓颉输入法，为中文电脑发展做出过巨大贡献，曾被誉为"中文电脑之父"。因此，当彭林老师提到《士昏礼》3D动画的时候，在场的朱邦复团队成员沈红莲女士应声说道："那是我们做的！"彭老师十分惊喜，直呼："太好了，太好了！"与会学者也都兴奋地鼓起了掌。

三、六十年前的电影与世纪之交的3D动画

让彭老师心心念念的《士昏礼》影片，是20世纪60年代在台北拍摄的，创意者是孔德成先生。

孔德成先生（1920—2008），字玉汝，号达生，后以达生为字，是孔子的七十七世嫡长孙。因为有着孔家宗主的特殊身份，他年幼时就继任为"衍圣公"，后又成为国民政府"大成至圣先师"奉祀官，迁台后几次出任公职。从1955年起，孔德成先生在台湾大学兼任教职，开设"三礼研究""金文研究""殷周青铜彝器研究"等课程，是学有专长的大学者，不愧为"圣门后裔"。

孔先生日常公务十分繁忙，但他对台湾大学的兼任课程从不马虎，尤其最核心的"三礼"课程，数十年如一日，孜孜不倦。那些年听课的学生，有不少日后成为著名学者，他们回忆起孔先生讲授

"三礼"的情景,仍历历在目:

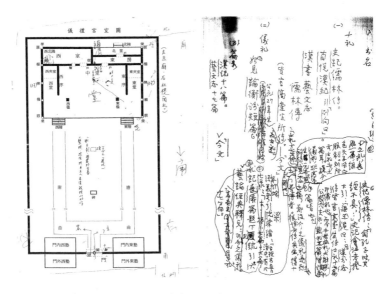

孔德成教授讲义

孔老师上课时很严谨,在第五研究室讲授"三礼研究",用的都是线装书。例如讲《士冠礼》,不仅经文仔细分析,连注解都要一句一句地读。孔老师对学生要求严格,我们也学到这一点。有时孔老师一学期只讲授一篇文章,非常仔细,会把内容的意义、外围的问题都一一提出来,让你好好去思考。……由于课程内容艰深,旁听生的人数远远多于修读者。[1]

寒暑假时,我们照样上课,孔老师上起课来的严肃讨论,让我们不敢掉以轻心。器物摆哪里、穿什么衣服、有什么动作,里面含蕴古代生活许多的礼节习俗,否则古人不会写那么多注解,我们也慢慢了解其重要性。……孔老

---

[1] 潘美月:《我所认识的孔德成先生》,《华人文化研究》2019年第1期,第8页。

师在学术上对我影响最大的，应该是治学的态度方法。他有一次对我说："永义啊，我为了研究礼经，还要通其他诸经。如果我对古器物不清楚，古书里面的古器物看了没感觉也研究不来。古书里面的那些经文常常很难解读，如果我不从古文字入手也没办法。另外，还有考古、民俗、古人生活也要了解。"所以偏读一经，主体学问成就便有限，需要各门学术互补才可以，而且要锲而不舍，孔老师从小到老研学就是如此。[1]

听课的学生不多，主要是中文系和考古系的研究生，大概十人上下。上课的地点都在中文系第五研究室；上课的时间都在下午三至五时。传闻中说他上课常请假，错了；说他教学不认真，也错了。每次上课前，他都提早到第五研究室等学生来，叼着烟斗抽雪茄，一派从容。上课时，逐字逐句讲解，非常详细认真，从来不说闲话跑野马。有些古籍经典，可以倒背如流。有时讲得兴高采烈，还会延迟下课。他那时候讲《仪礼》先从《乡饮酒礼》讲起，怕有的学生不懂，还请助教张光裕来做"揖""让"等等的仪节动作；讲金文，不但说"文"解"字"，还提示各种钟鼎彝器图表，说明它们的形状特征、来历背景以及文献价值等等。……如果说我后来对三礼和古文字略有认识，不能不归功于孔老师这一两年间的教导。[2]

"三礼"之中，《仪礼》又特别枯燥繁难，要想读懂这部书，还

---

1 曾永义：《我的恩师孔德成先生》，《华人文化研究》2019年第1期，第15—16页。
2 吴宏一：《孔老师的两件墨宝》，《华人文化研究》2019年第1期，第17—18页。

要涉猎古文字、古器物、古代民俗等多种学科的知识，实在不简单，要想研究这部书，实在很艰苦。也有人半带玩笑地说："我跟孔老师学习《仪礼》，这部书有十七篇，我每天的下午三点到五六点就这样慢慢翻阅。我发现《仪礼》的妙处：你如果睡不着觉，真是治失眠的良方，睡睡醒醒，这样看了一遍，读了十七个下午。"[1] 还有人说："夜里如果睡不着觉，把《仪礼》翻个两三页，就可以睡着。如果没有很强大的毅力，短短十七篇的文章要读完，恐怕也要费很大的劲。"[2]《仪礼》这书所记以重复性的人物动作为主，与其他古籍相较，很是特殊，实在难读，难读。

为了破除文意古奥、名物纷陈、仪节繁缛的障碍，让更多人能够了解《仪礼》，孔先生发愿拍摄一部电影，来展现《仪礼》记载的古礼风貌。1965年，经曾在清华国学院任教的著名考古学家李济先生（1896—1979）倡导，并由当时台大中文系主任台静农先生（1903—1990）召集，孔先生指导台大考古人类学研究所、中国文学研究所的十余位研究生，成立了"《仪礼》复原实验小组"，向美国哈佛燕京学社支持的中国东亚学术研究计划委员会申请资助，开展"《仪礼》复原"研究。

"《仪礼》复原实验小组"将《仪礼》研究分为十个专题，分别是：仪节、器物、衣服之制、宫室、丧礼服制、墓葬、车马、乐器、民俗、文法，交由专人负责。研究方法综合考古学、古器物学、民族学、民俗学、语文学，并将文献资料及历代学者研究成果参互比较，详慎考证，以求真切反映《仪礼》的实情，揭示古礼的精蕴。李济先生认为，应使用复原、实验的方法，吸收考古学之所长，对中国古

---

[1] 曾永义：《我的恩师孔德成先生》，《华人文化研究》2019年第1期，第15页。
[2] 章景明：《孔老师与士婚礼影片的制作》，http://33h.co/9cvvf，2020年7月21日查询。

礼制、礼器进行综合的研究。"《仪礼》复原实验小组"积极贯彻了这一思路。

"《仪礼》复原实验小组"的研究成果先是在《中国东亚学术研究计划委员会年报》《孔孟学报》《东海学报》等学术刊物上陆续发表，总计约 50 万字。后择其部分，汇为"《仪礼》复原研究丛刊"，由台湾中华书局 1971 年起公开出版发行。"《仪礼》复原研究丛刊"共有 12 种 6 册，目录如下：

书　　名	作　者	备　注
《士昏礼服饰考》	陈瑞庚	合为一册
《先秦丧服制度考》	章景明	
《乡射礼仪节简释》	施隆民	合为一册
《乡饮酒礼仪节简释》	吴宏一	
《〈仪礼〉士昏礼士相见之礼仪节研究》	张光裕	合为一册
《〈仪礼〉特牲馈食礼仪节研究》	黄启方	
《〈仪礼〉特牲少牢有司彻祭品研究》	吴达芸	合为一册
《〈仪礼〉士丧礼器物研究》	沈其丽	
《〈仪礼〉宫室考》	郑良树	合为一册
《〈仪礼〉车马考》	曾永义	
《〈仪礼〉乐器考》	曾永义	
《〈仪礼〉士丧礼墓葬研究》	郑良树	单独一册

以上作者十人，连同陈静远、黄然伟、刘文献等先生，皆是"《仪礼》复原实验小组"的骨干力量，日后都成长为文史研究领域的大学者、大专家。可见《仪礼》复原工作着实培养了一大批学术研究人才。直到今天，黄启书教授主持的"台大中文系礼仪研拟小组"仍积极活跃地推进着古礼今用的研究与推广。

此外，根据《〈仪礼〉复原实验小组研究成果综合报告》[1]，另有

---

[1] 孔德成、台静农：《〈仪礼〉复原实验小组研究成果综合报告：1965—1969》，《孔德成先生文集》，台北，艺术家出版社，2018 年，第 86—105 页。原载《中国东亚学术研究计划委员会年报》1970 年第 9 期。

《士丧礼既夕礼仪节研究》（张光裕）、《〈仪礼〉少牢馈食礼仪节研究》（章景明）、《士昏礼器物研究》（刘文献）、《丧服服饰考》（陈瑞庚）、《士丧礼服饰考》（陈瑞庚）、《士昏士丧民俗研究》（黄启方）、《士昏士相见礼文法研究》（胡嘉阳）及《武威汉简仪礼校记》（刘文献）等研究成果并未收入"丛刊"之中。此后一段时间，在学界的共同努力下，台湾地区有相当多的学者投身到了《仪礼》的相关研究中来，涌现出不少扎实的研究成果。

不管是论文还是专著，纯粹的学术研究虽然严谨科学，但毕竟艰深难懂，受众有限。孔德成先生认为，取得研究成果并不是学术研究的终点，就《仪礼》复原而论，还应该"将每一动作，以电影写实的方法表达出来；使读是书者，观其文而参其行，可得事半功倍之效"。[1] 孔先生还说："'《仪礼》复原研究丛刊'是我们论证的过程，而《士昏礼》影片是我们综合的具体成果。"[2]

《仪礼》本身就是对一个个礼仪动作的记录，这些礼仪动作本身是连贯的，转换为文字，难免丧失部分要素，如果运用现代电影技术，将《仪礼》中的周代士人的仪节，以及宫室、衣饰、器物、车马等物质文化内容一一搬上荧幕，表演示范，再现周代士人礼仪的全过程，这才是"复原"的真意。

1967年8月6日，孔先生带领25名学生，先把《士昏礼》排演出来给大家看。当时在场的李济、沈刚伯、凌纯声、高去寻、芮逸夫、马汉宝、许倬云都是文史研究的权威，看过之后鼓掌叫好，连连称赞这是一场精彩的文化试验。李济教授说："学物理、学化学，都有

---

[1] 孔德成：《〈仪礼〉复原研究丛刊序》，《孔德成先生文集》，台北，艺术家出版社，2018年，第225页。
[2] 曾永义：《〈士昏礼〉在密西根大学——记孔德成教授的一次演讲》，《联合报》1982年12月1日，第8版。

试验；从现在起，学文学、教历史，也可以用试验来帮助教学了。"[1]

1969年，在复原实验学术研究和前期排练的基础上，孔先生领导小组成员拍摄了《仪礼·士昏礼》的黑白影片：它首次运用现代电影科技，将周代士人的婚礼仪节一一搬演，令古礼场面影像化、具体化，突破了传统礼图平面的、片断的视觉限制，将"读者"提升至"观众"层次，可说是礼学史上前所未有的创举。[2] 的确，用影片这样的新兴技术来记录人物动作，展示古礼，其准确鲜活的程度，胜过纯文字的叙述，比历代相传、绘制礼图的传统更加高明，仅从表现媒介的角度来看，《士昏礼》复原影片突破了纸面的限制，就已称得上是创举了。

《士昏礼》复原影片拍摄合影（选自《儒者之风：孔德成先生百年纪念》影集）

影片拍摄利用了寒假时间，从大年初五开始，到寒假结束前完工，前后耗时三个星期。虽然《仪礼》复原实验研究本身申请到

---

[1] 胡有瑞：《学礼：孔德成领导学生试演古代的婚礼》，《"中央"日报》1967年8月7日，第3版。
[2] 叶国良：《文化传承　影像再现——仪礼士昏礼彩色3D动画的研发与展望》，《台大校友双月刊》第13期，2001年。

了经费补助，但要拍摄影片的话，限于当时学术研究政策与财务制度，是无法申请摄制经费的。而拍摄影片的费用，不是纯粹研究工作的消耗所能比拟的。演员只好由同学们充任，章景明扮演新郎，贺珊珊扮演新娘，张光裕担任导演兼编剧，陈瑞庚充当场记，选角、剪接和配音工作也都由同学们分任。剪接工作专业性强，由校内农业陈列馆一位刘姓师傅指导大家完成。摄影是当时的名记者庄灵，而灯光师则是朱邦复，他之所以后来会赞助3D动画的制作，其因缘就种在此时。

即便如此，孔先生还是特地找朋友借债，才完成了《士昏礼》影片的拍摄。比如向企业界的朋友尹复生先生一次就借了16万元台币，第二年才还清。[1] 正是受到资金限制，当时的《仪礼》复原工作只完成《士昏礼》一篇的影片拍摄即告中辍，其他十六篇只能付之阙如，十分可惜！

更让人遗憾的是，受当年技术条件限制，拍摄影片使用的微型胶片（柯达16mm反转片）经数十年播放，损坏日甚。到了20世纪末，已不能正常播放，复制的录像带也惨遭同样的命运，几乎令当年孔先生及一众学生传播《仪礼》的热血付诸东流。

台大文学院保存的《士昏礼》复原影片道具

---

[1] 曾永义：《我的恩师孔德成先生》，《华人文化研究》2019年第1期，第14页。

1998年秋，从学于孔先生的叶国良教授留意到电脑动画技术正在飞速发展，日渐成熟。他充分理解前人"使古代经典重新焕发其生命力"的一片热忱，乃征得孔先生首肯，于就任中文系主任之后，以原有影片为蓝本，另行制作了《仪礼·士昏礼》彩色3D动画与影像光盘。

《仪礼·士昏礼》彩色3D动画的显著特色在于：在原有详细考证的基础上，加入了服饰、器物颜色等新研究成果，以彩色取代黑白，增强了古礼研究成果展现的效果；支持电脑随意播放、放大、打印，只需配备Intel Pentium II处理器、Microsoft Windows 98系统等基本软硬件即可使用，极方便教学；复制CD，效果良好，成本低廉，有利广泛传播；将部分成果公布于网络，可供社会大众观赏，加强社会大众对古礼及古文化的认识；绘成的人物、车马、器具可以复制，如能再加利用，可以拍摄更多古礼或古代历史的3D动画影片。可以说，借助计算机动画技术，《士昏礼》复原成果在表现形式与传播形式上都大为改进。

为了便于公众理解古礼仪节，叶教授不但为彩色3D动画设计了旁白，还撰写了说明书，简要介绍《士昏礼》的主要内容，也就是研究者通常所说的"六礼"，另外加上了一些相对次要仪节：

纳采：男家派遣使者到女家提亲，使者拿着活雁当作
　　　见面礼。

问名：男家使者向女家问取女子名字（仪式和纳采
　　　相同）。

醴使者：女家主人在堂上设宴席，用醴酒款待
　　　　男家使者。

纳吉：男家派遣使者将婚事占卜的吉凶告诉女家（仪式和纳采相同）。

纳征：男家派遣使者带着聘礼到女家订婚。

请期：男家派遣使者和女家商量迎娶的日期（仪式和纳采相同）。

预陈馔：男家在迎娶新娘之前，预先准备酒席。

亲迎：新郎在黄昏时亲自率领马车到女家迎娶新娘。

妇至成礼：新娘到达后，男家举行酒宴款待新娘和当天帮忙的人。

妇见舅姑：第二天清晨，新娘带着小礼物拜见公婆。

赞醴妇：男家相礼者用醴酒款待新娘。

妇馈舅姑：新娘用酒食侍候公婆用餐。

3D动画片长约一小时，《仪礼·士昏礼》所记周代低阶贵族（士）的婚礼，其梗概已略具于此了。

朱邦复先生及士芯科技公司对此大力襄助，花费一年时间，克服诸多困难，3D动画终于完工。其大致工作流程是，先由叶国良老师负责将《士昏礼》经文原文转换为可供制作人员理解的脚本（后来改为由士芯科技公司觅专人根据原黑白影片拟撰），再由该公司应用朱邦复开发的"图文自动转换系统"提取具体仪节的时间、地点、器物、人物及镜头取景等资料，输入电脑，再产出3D动画。虽然限于条件，篇中人物动作仍稍嫌僵硬或不自然，但结合科技与人文，"以简洁的造景、彩色的画面、井然有序的仪节、清晰扼要的旁白，使三十多年前的黑白影片得到新生，将两千多年前的先秦士昏礼做了忠实而完整的呈现"[1]，在当时尚属首创，至为难得。

四、清华大学重启《仪礼》复原工作

2012年春，"首届礼学国际学术讨论会"在清华大学召开。会议期间，彭林老师代表刚成立的清华大学人文学院中国礼学研究中心与嘉礼堂张颂仁先生达成共识，双方一致同意由清华大学提供学术支撑，尽快启动新一轮的"《仪礼》复原"计划。

会后，彭林老师率领学生多次开会酝酿，并与嘉礼堂研讨执行方案，决定从《仪礼·士冠礼》的复原开始运作。此后香港城市大学创意媒体学院亦决定加入，提供多媒体影像技术支持。

经过较长时间的共同努力，"《仪礼》复原"工作于2013年4月开始拍摄《仪礼》第一篇——《士冠礼》，并进入后期制作阶段。复原工作团队马不停蹄，随即又转入《乡射礼》的研讨与拍摄。从2013年9月21日第一次会读《仪礼·乡射礼》起，至2014年1月18日会读完毕，凡会读16次，努力为复原工作打下坚实的学术基础。

1月20日，召开工作会议，成立"清华大学《仪礼》复原小组"，由彭林老师任总指导。接下来，在正式拍摄之前，彭老师带领在读学生承担了繁重的准备工作，分别是文献资料整理、器物及音乐制作和演员排练等。

文献资料整理是一切的根基。复原团队制定了详尽的整理规范，主要原则为：原始材料应分层次整理，按经、注、疏（正义）、其

---

[1] 叶国良：《文化传承　影像再现——仪礼士昏礼彩色3D动画的研发与展望》，《台大校友双月刊》第13期，2001年。另参李名扬：《士昏礼用3D动画秀出来：科技结合人文研究，台大中文系将古书考证变得简单易懂》，《联合报》2000年8月3日，第49版。

他说法、考古资料次序，逐层分疏清楚，并加以折中案断。由于此一工作所涉及的资料十分广泛，复原小组将之分为仪节、仪容、器物、服饰、建筑、音乐等多个板块，由专人（在读学生）负责，因此最终的资料审核工作必不可少。于是，定下制度：要求每两周提交一次材料给总指导，由总指导审核；在读书会上，与会者就关键问题集中讨论。

在此期间，大家还就不同领域的疑难问题，走访了中国射箭协会、中国音乐学院、中国艺术研究院、北京服装学院和本校建筑学院、科技史暨古文献研究所等机构的专家学者。拿一句古语来说，这叫"博访通人"，用今天的话则是"汲取集体智慧"。

2014年7月，《乡射礼》复原拍摄脚本初稿撰写完毕。8月，礼服样衣制作成功。9月初，与国家京剧院的专业演员签订拍摄合同……

就在这一系列繁忙的前期准备工作火热进行之际，7月2日，2014年度国家社科基金重大项目招标选题（第二批）研究方向公布，"《仪礼》复原与当代日常礼仪重建研究"列入"一、基础类"第9号。复原小组决定竞标。

根据彭林老师的叙述，复原《仪礼》最直接的动因，是继承孔德成先生等前辈学人的遗愿；而较为宏远的目标，则是要为中华文化的伟大复兴做一些切实的工作。《仪礼》复原旨在拓宽研究空间，基于文献而又不拘泥于文献，尝试一种结合考古、实践以及新兴科技的新研究途径，为社会提供中华传统礼仪最经典、最可靠，且具有可视性的作品，并借此培养一批通晓《仪礼》文本、熟知各类学术争端的由来与症结、多次践行各类仪节的青年学子，"我们希冀由此走出一条坚实而有价值的《仪礼》研究之路"。[1]

课题的申报,得到了校方的支持,并获得了山东师范大学、山西师范大学、河南大学等高校同仁的鼎力协助。终于,11月14日,在国家社科基金重大项目的立项名单中出现了"清华大学"的字样,"《仪礼》复原"项目获得立项。

2015年1月5日上午,国家社科基金重大项目"《仪礼》复原与当代日常礼仪重建研究"开题会议在清华大学召开。与会领导有时任清华大学副校长谢维和、人文学院副院长彭刚、文科处副处长彭方雁、文科处聂培琴、历史系主任侯旭东,与会专家有清华大学历史系李学勤教授、北京大学哲学系楼宇烈教授、北京大学中文系安平秋教授、北京大学历史系朱凤瀚教授、北京大学历史系岳庆平教授、中国社会科学院历史研究所所长卜宪群研究员和该所吴丽娱研究员。另有多家媒体参加会议。

谢维和副校长指出,清华大学承担这项我国最高规格的社科研究项目,是响应习近平总书记"赋予中华传统文化新的时代内涵"伟大号召的一次积极实践,希望课题研究能忠实于历史,立足于现实,更能着眼于未来,体现出无愧于时代的学术水平。他还勉励课题组通过相关研究进一步提升清华大学在传统文化领域的研究实力,加强学科建设,扩大社会影响。

各位评议专家在听取首席专家报告后,高度评价了《仪礼》复原研究的价值和课题立项的意义,并针对课题结构、研究方法、内容侧重与方法创新等方面提出了中肯而具体的意见建议。专家组一致认为"《仪礼》复原与当代日常礼仪重建研究",选题意义重大,具有很高的学术价值,兼有强烈的社会关怀。三礼之学素称难治,

---

[1] 彭林:《〈仪礼〉复原计划的缘起、主旨与思路》,《中国经学》第13辑,桂林,广西师范大学出版社,2014年,第193页。

当代日常礼仪重建是重塑中国形象的重要途径，课题设计的两个方面兼顾了学术积累与现实导向，对于开拓传统文化现代化的新途径具有方法论上的启示。课题组选择了一条艰难的学术道路，显示出一种扎实的学风，倡导回到经典本身，发挥经典的"无用之用"，将会对社会生活产生良好的影响。

课题开题之后，礼学研究中心的师生们继续投入到紧张有序的《复原》工作当中。

2016年3月20—23日，北京嘉铭诚信录像棚，《乡射礼》试片拍摄，6月8日制作完成。8月17日上午，经过两年多的研究与筹备，《仪礼·乡射礼》复原视频在河北廊坊大厂影视产业园1号棚正式开拍，香港城市大学创意媒体学院前院长邵志飞（Jeffrey Shaw）教授担任美术指导，澳大利亚视觉艺术专家保罗先生（Paul Nichola）担任总导演，清华大学复原团队全程参与。

2018年3月12—23日，北京通州区宋庄镇双埠头影视基地，台湾新锐导演廖敬尧先生担任总导演，集中拍摄了《士昏礼》《士相见礼》，《士冠礼》也重新拍摄完成。至此，清华团队与合作同仁基于文献考证与考古复原，运用多媒体影像与VR技术，采用真人表演与半虚拟宫室场景相结合路径，协力完成了四篇《仪礼》文献的复原拍摄。同年，在著名慈善家冯燊均先生（1932—2019）与夫人鲍俊萍女士的支持下，学校决定成立清华大学中国经学研究院。9月19日，中国经学研究院副院长张勇教授主持的成立大会在清华大学主楼举行，会前播放的复原影片片段赢得了与会嘉宾经久不息的掌声。

而影片的后期制作、数据交互平台设计等工作仍在精益求精。

本书所呈现的，正是这一《仪礼》复原工作中的点点滴滴。

礼者，履也
从会读到走位
研习会推究礼射八法
礼容
复古？Excuse me?!

第二章 仪节

礼学广大精微，无所不包。"三礼"之中，《周礼》重制度，《礼记》重精神，《仪礼》则多言仪式礼节，最为琐细，也最为基础。我们平常谈论一个人有礼无礼，其实也不过是从其最基本的仪容举止这些细节着眼。见微知著，从细节能看清一个人，下学上达，从礼节能看出礼的精神。

经学之中，礼学较为特殊。《礼记·王制》云："乐正崇四术，立四教，顺先王《诗》《书》'礼''乐'以造士。"《论语·述而》："子所雅言，《诗》《书》执礼，皆雅言也。"与《诗》《书》等经典不同，礼学更强调行动，强调实践。

1963 年 4 月，快到知天命之年的沈文倬（1917—2009）去拜望老前辈马一浮（1883—1967），谈到经学典籍，他向马先生陈述己见："《诗》《书》'礼''乐'是西周的文化设施，四术在周初已形成。……礼、乐在周初都不是书。礼是贵族们举行的典礼，平时练习，用时实行，不靠文字记录而存在。"又说：

> 我们在解放前都曾见过世家巨族举行婚丧喜庆，绅士们文化既不高，手头又无任何书本好依据，然而他们熟练地有条不紊地主持和参与，无非得之于父兄师长一代一代的口耳传授和幼年的习练，可见"礼"的特征重在实践，《仪

礼》书本没有写成而典礼已经在举行了。[1]

马先生听后,连称"信然""信然"。多年后,沈先生写出那篇鼎鼎大名的《略论礼典的实行和〈仪礼〉书本的撰作》。

《史记·孔子世家》记载:"孔子为儿嬉戏,常陈俎豆,设礼容。"可见礼器、仪节之学在孔子之前就存在,孔子很小的时候就有志于以身作则,弘扬礼学,长大后学问渐趋成熟,也从不以为满足,还是"入太庙,每事问",因为"经礼三百,曲礼三千",礼学中大大小小的学问头绪繁多,学习起来,耗费精力极大,没有谁是绝对的权威,都是在实践中一点点摸索,从身边琐事到经国大业,都是如此。礼学,实在可以称作是一种"行动中的儒学"(Confucianism in Action)。

一、礼者,履也

1. 尊师重道的释菜礼

《礼记·学记》云:"大学始教,皮弁祭菜,示敬道也。"《周礼·春官·大胥》:"春入学舍采合舞。"相传孔子厄于陈蔡之间,七天没有吃饭,弟子颜回"释菜于户外",表现出对恩师的敬重与追随。后世因而用"释菜礼"来称呼儒学士子入学之际对先师的祭祀典礼。

自2012年起,清华大学人文学院中国礼学研究中心与嘉礼堂联合主办礼乐文化研习班。这个研习班是一个面向大众的公益性讲座,教学方式集中授课讲解践习并重。每届研习班在正式授课之前,

---

[1] 沈文倬:《蒋庄问学记》,《菿闇文存》,北京,商务印书馆,2006年,第978页。

都会先行释菜礼，既体现对古代开学礼的继承，又蕴含有中华礼仪文化中尊师重道的精神。

博士研究生李旭没赶上第一届研习班。2013年，第二届礼乐文化研习班在上海青浦的金泽举办，他参加了。一门心思钻研宋史的李旭，对这一类非学术性质的研习班并不太理解。然而，参加过在松柏云屯、古风犹存、号称"吴中第一"的嘉定文庙举行的释菜礼后，他好像突然顿悟了。这是他"第一次正式的行礼经验"：

> 当时我在此礼中任主献官之赞者，身着长袍马褂，微磬，手捧芹菜，当心。时值酷暑，大汗淋漓。然而，当迎神之乐响起，心志陡然提振、凝一，对于身体外缘的感受，漠然处之，唯着力于礼容之稳健凝重而已。
>
> 这是我第一次真切体会何谓"礼主敬"！我于是意识到，礼仪并不仅仅是形式，从根本上说乃是一种精神状态；这种精神状态不是个人燕居独处之际所能轻易进入的，其专注、凝一、清明的意境，来自群体庄重共处的气氛。

李旭坦言，这一感受，为他契入《仪礼》一经的义理脉络提供了重要的体验。原来讲习礼学，绝不仅止于深思明辨，更要身体力行，所谓"礼者，履也"。如能亲自体验，对礼学广大精微的意涵才能体会得更深一层。清华大学的礼学不止于书斋读写，更欲以实实在在的行动，开拓儒林心胸，匡正社会风俗。面向社会讲礼，正是这一旨趣的体现。

2014年，又一届礼乐文化研习班在江苏省宿迁市沭阳如东实验学校举办，仍以"释菜礼"为开学仪式。这次释菜礼的赞引是硕士研究生马延辉，通赞是北京孔庙和国子监博物馆的吟诵专家于晓鹏，新入学的博士研究生陈士银担任分献官（沭阳如东实验中学副校长田作明）的赞者，李旭仍然担任主献官张颂仁先生的赞者。温敦儒雅的他对"释菜礼"庄敬协和的气度和尊崇师道的功用已有了深刻理解，已经胜任愉快了。

"释菜礼"主献官张颂仁先生、赞者李旭

2. 观射者如堵墙

2015年秋，在中国下一代教育基金会、北京孔庙和国子监博物馆的支持下，正在全身心筹备《乡射礼》复原研究的同学们迎来了一次在孔庙大成殿前展演的机会。

这应该是清华大学《仪礼》复原成果第一次跟社会大众见面，也是古代《乡射礼》在当代的第一次展演，大家都很兴奋。参加此次展演的十数位演员，是来自清华各个院系的学生和校外志愿者，其中不少人射艺娴熟，曾积极参与习礼活动。之前的整个暑假，张德付带领同学们每周六、周日傍晚聚在一起，总共排练8次，几乎没怎么休息。

牺牲了假期且不说，让大家没想到的是，这次排练要比平时习射锻炼还辛苦十倍——乡射礼仪中，主人、宾客、众宾、有司等不同角色有不同的地位和职能，也有相应的行动时间，在不需行动的多数时候，众人都需拱手端立。虽然将要展演的只是《乡射礼》其中的一小片段，但也将近一个小时。因此，同学们练习的第一个动作便是"拱手"。

先拱个十分钟的手，大家的胳膊都发酸得受不了，从发酸到发疼再到麻木，再拱十分钟，从来没觉得人生有如此漫长。

志愿者王波看到大家都在咬牙坚持，就用指甲扎自己的手心，训练结束时，手心里留下了深深的指甲印。指导大家训练的时候，张德付会在一旁看书，时不时说一句，再坚持一下啊，已经二十分钟了，再坚持一下啊，已经三十分钟了。虽然早就听说过张德付是个对待自己非常严苛的人，无论多晚睡，每天都坚持早起晨读，但王波在训练时听到张德付的"口语报时"时，仍不免暗暗叫苦，以至于他自嘲"每次见到张老师就害怕"。

射手们更辛苦，他们可是要秉持弓箭站立。这弓这箭，虽然平时拿着不沉，但增加这一点重量也是够人受的。

拱手完后是跪坐，虽然有软垫，但双脚也经历了由酸到疼、再由疼到麻的过程。到最后，大家甚至感觉双脚都不属于自己了。尽管并不是所有人都有跪坐的动作，但大家也都一起努力通过了这场考验，仿佛是想着要借此难得的机会来突破自身极限似的。

肉体考验之外，尚有心理的考验。

一方面，《乡射礼》第三番射，讲究"以乐节射""不鼓不释"，就是这一环节的射箭，要与音乐节奏相配合，依礼，如果射箭动作和音乐不搭调，即使射中箭靶，也不能计入成绩。还有"唱获"时也要配合鼓点。课题组决定采用雅乐团复原的《驺虞》等乐曲。但是射手们能否合拍，谁也不敢保证，只能在主事者的统筹指导下，让每位射手反复演练，提高准确度。这种问题，都是纸面阅读所难以体会的，即便认识到这一点，不亲身充任射手，也无法感受到那种压力。

再有，除了主人、宾客、司射、司马、射手等上场的角色之外，还要有专门的人力负责舞台、道具、音箱、化妆等工作，这对同学们也是一大挑战。毕竟，读书再好，这些实际工作处理不好，仍呈现不出一场完美的《乡射礼》复原展演。这可累坏了李琳、罗婷婷、韩冰雪、王虹等人，光是前期训练场地就做了四个备选方案，平常是在文北楼西侧的清华校河边射箭，在小树林礼射广场排练，也曾跑去石景山的国家体育总局射击射箭运动管理中心的国家射箭场训练。射器要6张角弓，仅完成了样品制作，还有朱极三、缩小比例的射侯，都得陈士银、韩冰雪、刘斌去盯着。服装还差十几套，要抓紧时间赶制。各种事务压在一起，一时间忙碌得很。

更重要的是，孔庙是全国重点文物保护单位，如果射不中靶子，不要说打在柱子上，即使是将地砖划出了痕也是不行的。即使是安装了保护措施，仍然存在相当高的风险。所以，这次展演，对射手们的要求非常严格：总共三十米的射程，即使不能正中靶心，也绝不能脱靶。展演观众席都安排在了射道两侧，只由两道警戒线将观众与射道隔开，射手万一有个闪失，那可是不得了。而且当日到场的观众人数一定很多，《礼记·射义》里记载"孔子射于矍相之圃，盖观者如堵墙"，初出茅庐的同学们怕是都要体验一把"观者如堵墙"所带来的心理压力了。

在这般压力之下，演练礼仪之外，担任射手的同学们更要抓紧习射，直到练得大家的箭和箭靶之间仿佛拥有了磁力，即使想脱靶都做不到为止。

不过，在学校操场排练是一回事，到孔庙实操就又是另外一回事了。同学们真正能够在孔庙进行实地排练的次数，只有展演开始的一周前（9月19日）以及展演前两天（9月24日）两次而已。

为了适应不同的环境，射箭的七人在排练走位之余，便反复地习射。一开始用的是橡胶箭头，直到习惯后再使用实箭头，所幸排练中都没有脱靶的情况出现。在这两次实地排练的时候，偶尔有游客钻入了排练场地围观，大都啧啧称奇，完全不会感觉有任何危险。

2015年9月26日（周六）展演当天，距离通常认定的孔诞日两天之前，彭林老师亲自上阵担任礼仪解说，大家群策群力，《乡射礼》展演顺利平稳地进行，圆满成功。

那天恰逢国子监首届辟雍论坛，前来观礼的嘉宾游客极多。伴随着复原的《诗经》雅乐，演员们揖让进退，庄严肃穆、谦敬有礼，现场被围得水泄不通，用"观者如堵墙"来形容，毫不为过。前来观礼者一面拿出手机，记录下这礼乐交融、雍容典雅的场面，一面又啧啧称叹，为这古老的礼典、为清华的学子点赞。

这次国子监乡射展演，不仅用一个小时的时间将《仪礼·乡射礼》的主要礼节流程呈现出来，而且让演礼的同学们对礼有了比旁观者更真切的感受。

钟诚担任的是射事管理者——"司射"。据他自己体味，在展演过程中，曾有一种如同被"凭依"的体验：仿佛自己不是在为观众展演，而是身处周代的古人在进行庄重的乡射之礼。"不习不成礼，在通过实际操作后，人们才更清楚繁复的仪节背后的礼义，只读不习，终究是隔了一层。"钟诚深有感触。

王波担任"宾"。他先参与布置现场，搬运道具，后又换上复原的周代士大夫的服装，夏布制作的衣服一比一还原了古代的服饰。穿上服装的这一刻，他才理解了什么是衣什么是裳，真的有一种自己就是周代士大夫的感觉。每个人都各司其职，表演得相当认真。王波突然发现，有了前些天的严酷训练，演出过程中竟没有感到太多的痛苦，只觉得怎么一会儿演出就结束了。演出成功后，他听到有观众说古代演礼真不容易，孩子们大热天的在太阳底下表演得真好。还有很多观众来和他合影，王波心里很有些小骄傲。

硕士研究生刘斌刚入学不到一个月，扮演"弟子"之一。虽然只是相对次要的角色，但是他满怀真诚去做好每个细节。这是他第一次亲身参与礼仪展演，不仅一定程度上熟悉了《乡射礼》文本，而且对礼乐之为礼乐有了切身感受。

同样刚入学的博士研究生高瑞杰作为观礼者，也感受到了传统礼仪冲进现实生活的那一刻所产生的震撼："当时看到负责念旁白的马延辉师弟，在现场举着一块笏板，将一整套数十个仪节用文言文全部背了出来。原以为笏板上会写满许多提示，等展演结束、演员退场下来才看到，马延辉手中拿的笏板上面空空如也，一个提醒文字也没有。我瞬时对这位比自己仅年轻一岁的师弟小马生出十二分的佩服。"

看到《仪礼》的动态化呈现之后产生的心灵触动，尤其是在现场体会到传统礼仪可以在现实社会产生如此令人心潮澎湃的巨大反响，这让高瑞杰深切地认识到自己参与的这项事业，不是仅停留在故纸堆中，而是从古书中活泼泼地走出来，让现代人感受到古典礼教的魅力，进而效仿、遵行、学习、感悟，以期达到化民成俗的愿景。

孔庙大成殿《乡射礼》展演现场

孔庙大成殿《乡射礼》展演演职员名单

工作人员名单（34人）	
策　　划	彭林、张颂仁
射艺顾问	徐开才
礼仪教席	张德付
射艺教席	韩冰雪
服　　装	罗婷婷、蒋玉秋、谢涛、张庆、葛梦嘉、崔璨、夏英俊
化　　妆	王虹、游丽洁、张杰利、彭瑞琪
音　　响	赵媛媛
摄　　影	余孟庭、张卓嫣、黄衍朝、陈立瑜
外联后勤	李琳、吴韦娜
接　　待	杨柳、王天娇
后　　勤	刘明正、黄青岩、陈柔妤、李佳颖、江似练、董维平
安　　保	谢豆菲、张玉鹤、赵艳玲
演员名单（19人）	
执　　礼	马延辉
主　　人	郭玮翰
正　　宾	王波
司　　射	钟诚
司　　马	陈九成
上耦上射	林晓燕

续表

演员名单	
上耦下射	何谭泽司
次耦上射	余子乐
次耦下射	代光永
下耦上射	何源
下耦下射	杨远骑
获　者	李冰
释获者	单黎明
乐　正	侯丹东
司　乐	李君妍
弟　子	刘斌、刘技鑫、张婵娟、秦越

二、从会读到走位

孔庙大成殿的《乡射礼》展演，让人关注到《仪礼》礼仪演进的实操性与现实意义。与试图一一复现《仪礼》全书礼节的复杂谨严相比，这次的《乡射礼》展演也许只算得上是太仓稊米、沧海一粟。真要复原《仪礼》，对仪节的考究要更加深入，而这，要建立在细读文本和实地操练的基础上。

1. 气喘吁吁，面有菜色

2001年春，彭林老师给清华大学本科生开设了"中国古代礼仪文明"的选修课。同年秋，在思想文化研究所创办了以研究生同学为主、每周会读两次的"经学研讨班"。研讨班从研读清人胡培翚的《仪礼正义》入手，试图树立一种勤奋朴实的读书风气，并培养学有根底的研究后进。

《礼记·学记》有言："独学而无友，则孤陋而寡闻。"学者当引以为戒。研讨班采用会读形式，集体讨论、教授指导，要求参与会读的学生事先将要讨论的文献进行标点，注出繁难字的读音，查考引文出处，疏通经文大义，届时轮流讲读，然后进行讨论。到学期末，学生要将研究心得写成论文，在班内印发讨论。参与讨论的学生不仅培养了研究经学的兴趣，更由此窥见了研究的门径。[1]在此前后，"出土简帛讲读班""《论语》讲读会""金文研讨班"等师生自发的读书会纷纷兴起。会读为同学们的读书治学打下了良好的基础。

研讨班从《仪礼》入手。《仪礼》之中，又从最核心的《丧服》开始。养生送死是人生大事，《仪礼》中的相关篇章对此有详尽的规划，这是理解中国传统思想和社会的一把钥匙。丧服制度是丧礼的重要组成部分，它与古代宗法制度相为表里，是古代社会生活中非常突出的文化现象。《丧服》一篇，就是古代丧服制度的原典性文献。不把《丧服》攻克下来，则不能理解礼的基本精神。

彭林老师和同学们定下规矩，要逐字逐句阅读，不放过任何一个不懂之处。不图快，只求懂。每次设专人主讲，众人协查，有问题随时打断，随时质疑。这个约定一提出，大家又紧张又兴奋，情绪饱满地开始准备。

最初参加会读的同学大约七八人。除了以魏晋时期丧服制度作为博士论文选题的张焕君之外，有周学敏、刁小龙、林振芬、李莉、余瑾、陈倩等同学以及从北京师范大学赶过来的张勉，后来还有皮庆生、曹建墩等人加入。当时使用的核心版本，是彭老师提供的《仪礼》单疏本，字大行宽，大家人手复印一份，边读边查，随后又购

---

1 张焕君：《清华大学：经学大家云集》，《科学时报》2006年3月14日，第B4版。

置了《三礼辞典》等多种工具书。即便如此，大家仍感到阅读很费力。

开卷经文第一句是——

"丧服。斩衰裳，苴绖、杖、绞带，冠绳缨，菅屦者。"

何谓苴？绖、杖与绞带又是什么关系？仅这一句，众人的理解就各不相同，引起讨论纷纷。至于《丧服传》中的"苴绖大搹，左本在下，去五分一以为带"，不仅需要比比画画，揣摩常人的手腕有多粗，而且还需要用文科生最不擅长的数学知识去计算。好在大家都很投入，每次三个小时的研讨班，不过读一页半页，却需要花两到三天的时间来做前期准备。

随着阅读的加深，众人案头的参考书越来越多。不仅人手必备胡培翚的《仪礼正义》作为日常参考要籍，还阅读了历代许多礼学著作，孙诒让、孙希旦、朱彬、敖继公、张惠言、杨复、段玉裁等人的著述一一进入阅读视野帮助，解决了许多百思不得其解的问题。为了读懂一句话、一个字，大家翻遍手头所有资料，相互比对异同，择取最优解释。当初使用的复印本上，几乎所有空白之处都密密麻麻写满，其中既有解释性的资料，也有难以解释保留下来的疑问。2003年，思想文化研究所组织了第一届"清代经学国际学术研讨会"（后来以"清代经学与文化国际学术讨论会"为正式名称），不少同学提交的文章就是来源于平日读《仪礼》所产生的疑问，略为扩充，书写成文。对此，参加讨论会的师长们鼓励有加。而年长的皮庆生师兄，不但参与《丧服》《士丧礼》等篇会读，更通考后代礼制，将礼典与礼仪的实践，还有更广阔的社会环境结合起来，写成一篇《宋代的"车驾临奠"》，后来发表在《台大历史学报》上，大家都很佩服他。

文北楼资料室藏书颇丰，那时候学生还不多，管理资料室的阎秀芝老师又是特别和蔼的人，任由大家挑选座位，还时常给予帮助。参加会读的同学尽得地利、人和之便，各自选了一张书桌，高高低低堆满参考书。张焕君的书桌靠墙角，窗外是曲折的校河，虽然水不多，也足够支撑一个读书人关于美好生活的所有想象。他在那张桌子上，刚日读经，到图书馆老馆的阅览室中，柔日读史。

张焕君原来在北京师范大学跟彭老师念硕士，他眼中的彭老师是一个有使命感的人，事业心极强。2002年后半年，彭老师开始准备第一批国家精品课"文物精品与文化中国"，后来又撰写"中国古代礼仪文明"，即便忙碌不堪，也从不缺席会读。有大约半年时间，为了赶进度，每周会读两次，每次仍是三小时。这对于学生来说自然需要投入大量时间准备功课，但对于各种事务缠身的老师来说更加不容易。张焕君印象深刻的是一次晚上会读，大家刚坐好，打开书本，彭老师气喘吁吁地跑进来，一进门就赶紧解释，今天去拜访一位老前辈，聊着聊着突然想到晚上的会读，就推掉后边的事情，赶紧回校，但是路上堵车有所耽搁，"请大家原谅！"这种心态，即便在2003年春夏之交的"非典"期间，也并未改变，事实上那时的会读也从未因为疫情暂停过一次。

正因为有这样的师友之乐，古人感慨最为难读的礼经也竟然让人兴趣盎然。时间在书页的翻动中静悄悄滑过，痕迹却深深留在心里，永难磨灭。2004年后，又有新人加入，会读的内容转为《周礼》，再后来开始读《深衣》，再后来，又回头读《仪礼·乡射礼》《士冠礼》《士昏礼》，要读几遍。

彭老师的严格要求一直保持了下来。一开始的时候，他总是以戏谑的口吻，要求大家做到"面有菜色"。如果没有"面有菜色"，说明不曾花时间认真准备，不曾通宵奋战，也就不会有收获。这是为了给同学一些压力。有阵子大家读得很辛苦,也真是"面有菜色",不但"面有菜色",有些人还失眠、多梦,无可挽回地脱发。在这个领域,成就最为突出的是张涛,张焕君、曹建墩、刁小龙等人,甚至加上皮庆生,则无论怎样用功,迄今仍难以达到同等水平。

2. 雪地习礼,瑟瑟发抖

2012年秋季学期的会读,主要攻读的是《仪礼》第一篇——《士冠礼》。当时礼学研究中心刚成立半年,《士冠礼》的复原工作已提上了日程,拟于2013年夏天开拍,所以首选此篇。当时会读的成员,有一直跟着彭老师学礼的本科生马延辉和罗婷婷,还有从北京大学来做博士后的张凯作,更有外援赵永磊、苑辰。马延辉和罗婷婷自2009年始即跟随彭老师读书,比其他人更早进入了礼经学领域。张凯作是陈来教授的高足,刚刚完成《朱子礼学思想研究》。赵永磊是南开大学赵伯雄教授的硕士,对清代小学史有深入的探研。苑辰是清华工科生,刚刚本科毕业,精明强干。此外,还有刚刚入学的博士研究生李旭。

李旭对会读本来就不陌生。他在武汉大学读本科时,曾旁听邓晓芒教授带研究生会读康德的《实践理性批判》,以德文本与中译本对勘,往往三小时仅读三四句话,诸生执卷问难,邓先生辨析无碍,颇有中古高僧讲经的气度。后来在研究生阶段,李旭帅从杨果教授,杨老师带他们会读两宋史料,为了准备每周一次的课上讨论,几名学生基本上需要投入本周所有时间准备。即使如此,有时还是不免纠结于某些局部的问题,这时杨老师往往会明快地剖析肯綮,引导大家走出迷局。

来清华后，李旭一度感觉这里的会读进行得并不太理想。虽然参加人员各有专长，但修学分的任务很重，不能全力准备会读。更重要的是，这一阶段彭林老师斡旋各方事务，身体又突发状况，暂时无法直接带领大家作具体的文献研读。缺少了一位对《仪礼》有全面深入把握的主持者，读书会凝聚不起来。时间、主持者，这两项要素，在2012年的《士冠礼》读书会中是不完善的。因此，大家处处见疑，却无由裁断。

但不久，李旭即发现，读书会仍有一项有利的因素，即这一次的会读是以"《仪礼》复原"为目标，每读一句，都要考虑这一句话应如何复原为具象的、动态的仪节。这对以前习惯于从文本到文本的博士研究生来说是件新鲜事。

在缺乏向导的情形下，"复原"这一目标成为参与会读的同学们的向导。为了把握《士冠礼》的空间方位和时间长短，大家从文北楼跑到理科楼前的操场走位，这颇有点孔门"习礼于大树下"的古风。有一次在雪后，天气极冷，大家穿得都很严实，胸前挂一纸牌写明角色，以雪糕筒作为路障在空地上标明门、庭、涂、碑、阶、堂的界限，然后便开始揖让周旋。李旭称此为"雪地习礼"。

雪地习礼

"雪地习礼"的理科楼操场，东为物理系，西为数学系，如果楼上数理专业的师生凭窗俯视，见楼下数人在冰天雪地中时而俯仰进退，时而又僵立不动，不知作何感想。白天走位未完成，夜间这几位同学又转战五教负一楼。李旭还记得他们被保安驱赶，颇纠缠了一番，方得通融。那天他们一直奋战到夜间十一点多，待出得楼来，只见纷纷扬扬又在下雪。

李旭感觉，2013年秋季学期开始，会读渐入佳境。2013年夏，《士冠礼》初次复原大体完成，秋天始会读《乡饮酒礼》。当时彭林老师从台湾讲学返京，他原来的一位硕士研究生张德付在北京国学院工作数年后，又重返清华读博。张德付治礼经，朝夕讽诵，刻苦有恒；既宗本经，又重郑注；自觉有法，计日程功。彭老师很倚重他。

张德付提示几位师弟、师妹，可择定《仪礼》某篇，每日朗读经文30次，每读5次，则兼读郑注1次，如此用功，读《仪礼》一过，可望入门。此项建议，是从本经入汉儒之注，再从汉注入唐人义疏，又从汉唐注疏入清人新疏。这和老师所提示的从清儒新疏回溯本经的理路，适相辅相成。老师通过清儒新疏入手治经，实际上需要非常特殊的条件，一是极强的记忆力，二是极强的毅力。彭老师以此道诲示学生，资质过人者自不难寻门而入。而诵读本经、再及注疏之法，颇能接引普通人先观大略。

李旭自觉是钝根之人，这时得到很大启发。他又基于博士研究生一年级会读、演礼的摸索，融合嘉定释菜礼的体验，在这学期会读的时候，感觉自己渐渐有点状态了。

2014年9月12日是硕士研究生万剑锋第一次参加会读，他记下了当时会读使用的资料名目，主要有上海古籍出版社王辉先生整理的《仪礼注疏》、宋淳熙中抚州本《礼记释文》、张惠言《仪礼图》、胡承珙《仪礼古今文疏义》、吴廷华《礼记疑义》、黄以周《礼书通故》、乾隆年间翻刻《仿宋相台五经》、段玉裁《毛诗故训传》、《孝经注疏》、许慎《说文解字》、顾炎武《音学五书》、周祖谟《尔雅校笺》等。因为是初次参加,没什么经验,这些书目都是师兄师姐们提前告知或者帮助他购置的,所以会读时实际上是一边听一边读,同时一边记录师门同仁的阅读见解与自己的心得体会。据他自己统计,那一学期中,他参加了七次会读,收获颇多。从2014年秋到2018年春,他参加了29次会读,还在师兄李旭的基础上整理出一份《仪礼》复原研读书目初稿。

在香港工作的李洛旻于2014年向任职机构申请了半年的假期,到清华修博士学分,并正式加入《仪礼》复原筹备团队。在这段时间,每周三天的《仪礼》会读,他与张德付、张凯作、李旭、陈士银、马延辉、钟诚、罗婷婷、陈立瑜、李琳、韩冰雪、赵媛媛等人互相切磋,钻研《乡饮酒礼》经文注疏。会读往往讨论至子夜时分,在寒风凛冽的学堂路上与众人徐徐步归宿舍。翌日即整理会读所得,强度不可谓不大。

不过,李洛旻觉得,同学彼此离经析句,大有古时群儒论经讲疏之风;在办公室演习经文仪节,仿佛孔门树下习礼,真是学而时"习"之,不亦说乎!而且,大家虽然来自五湖四海,但亲密接触,互相督促,师门情谊更深了。

读书会也吸引了校外的朋友们来参加。刘斌自称是个没有功底的小白,初次参加会读,只感觉一头雾水。但他没放弃,基本每周参加会读,大半年时间坚持下来,对礼学、经学的兴趣越来越浓。在读书会上,他结识了很多同道好友,后来萌生了攻读历史学研究生的想法，并于 2015 年考取了清华大学历史系硕士研究生。

无论是不是清华在校生，大家纷纷垂头细读，眼随字行，口随文走，反复诵读，书声朗朗。有时遇到某个字作何解释时，众人各有理由，却又无法说服大家，相互辩难，一时热闹极了。

红英小学的张杰利老师那会儿刚工作，有着旺盛的学习热情，每周末与一群志同道合的朋友相聚于清华，一起研读、交流，整个过程充实而快乐。她也感到《仪礼》经文虽然有不少后世注疏，但对于一些更具体实际操作的细节，却没有记载或记载不清，例如"反位"，不同情况行进路线到底是怎样的？这时候就需要会读者联系前后文，关联其他书籍，并参考实际生活，一点点思索、探究，然后在大家画好的示意图上一点点不断尝试，甚至起身演示，以求明确最合适的理解。一旦弄清楚后则激动得点头称快、抚掌大笑。

相比通过文献比照、对比各家说法等手段来折中的方式，当时还是硕士研究生的钟诚对这种直接上手、起身演示的读书方法非常感兴趣，他把这个方法叫作"实践性复原"。虽然他刚开始完全跟不上，也听不懂师兄们讨论的内容，对仪节没有全套的理解，也不清楚郑注与贾疏对经文的注解有何意义，但慢慢地也渐有所得。

彭林老师主持会读《乡饮酒礼》，往往随机点学生逐章串讲，有此压力在，大家不敢不用功准备。一次点了刚入门的博士生陈士银讲"主人献宾"节，关于"主人降洗，宾降，主人辞"一句，彭老师发问："为何主人降洗，宾也要跟着下堂？"

陈士银博士入学考试可是拿了第一名的好成绩，读书十行俱下，在入学前已点读《礼记注疏》一过，礼学基础较佳。不过，关于这个问题，《乡饮酒礼》经文只是记载仪节，郑注释"宾降"云"从主人也"，仍是描述现象，未及内在的礼意。陈士银直据此处郑注加以阐释，而彭老师仍觉未达一间。

这时，李旭想起在《士冠礼》中，有"宾降盥，主人降"的仪节，郑注说："主人降，为宾降盥，不敢安位也。"这就点出主人随降的心理状态，似可帮助理解《乡饮酒礼》宾随主降的内在礼意。于是提出："宾降，是因为他不敢安堂上之位。接下来郑注释'主人辞'云：'重以己事烦宾也。'实为同样的对待心理。"这就从礼节深入到了礼义。

李旭说完后，看到彭老师和张德付等人均领首表示肯定，也很激动。他说："我因此得知读《仪礼》须以诸篇类似仪节互参，且知读《仪礼》须透过外缘的仪式体会践行仪式者内在的精神、心理。后来，我从《乡饮》《乡射》的贾疏疑义出发，爬梳《仪礼》全经，推求升席、降席之正例与变例，把握行礼者在不同场合中一以贯之的主敬之意，可以说就是顺着此次会读所领悟的方向，作专题性的探研。"

来自马来西亚的硕士生陈立瑜，入门阶段参加的读书会就是从《乡饮酒礼》开始。她记得第一次参与的时候，是领读者张德付师兄带着从开篇第一句"乡饮酒礼第四"开始读。

张德付先提问——

"何谓'第四'？"

然后开始讲解《仪礼》的篇章安排的结构和逻辑，如：先《冠》《昏》，然后《相见》《乡饮》《乡射》，有"二十而冠，三十而娶，四十强而仕"的意思。

陈立瑜当时完全是懵的状态，听得似懂非懂。待师兄讲完，抬头看办公室的时钟，已经过了半个多小时了。陈立瑜心想："太恐怖了，只是第一句，就用了这么长时间，那手上这本书到底什么时候读完呀！"

而当往下读郑玄《三礼目录》及贾疏的解释时，她快疯了，因为约三个小时的时间，区区五百多字，大家只弄明白了不及一半。

《三礼目录》概括的是乡饮酒之礼的行礼对象、行礼时间、为何要行礼、如何行礼以及乡饮酒礼在礼经体系中的情况；贾疏则是就郑玄的说法继续解释或者延伸讨论。第一次会读，要就如何读经、注、疏的方法提出自己的见解，所谓"提要钩玄"。领读者分享自己平时读书的方法，就是给经、注、疏加圈或方框等小记号。先对经分出层次，然后是郑注分层，再顺着经、注的分层逻辑，对贾疏也进行分层，贾疏的分层可以根据情况细致到五个层级左右。

当时的场景就像是小学生做题，张德付给会读的同学十几分钟的时间，各自给注、疏分层。接着，各位同学轮流讲讲自己如何分层以及分层的原因。

陈立瑜说，当时感觉自己真是瑟瑟发抖，因为对这些完全没有概念，加上手上的本子是古书影印本，没有标点，书上很多字都不认识，遑论标点以及在理解文意的基础上进行分层。这也真是难为外国留学生了。

会读留影

3. 赤脚，采蘑菇，切猪肉

会读有助于解读经典，更重要的是培养了学生解读文献的能力和思维方式。"《仪礼》复原"中很多关键问题，都是在会读中解决掉的。

2015年入学的博士研究生高瑞杰，先是在孔庙观看了《乡射礼》展演，国庆结束后，就参加了10月8日举行的第一次《仪礼》会读，开始读《士昏礼》。这次用的底本是清代张敦仁刻《仪礼注疏》。除了高瑞杰，还有几名本科小朋友作为新鲜血液补充进来，而马延辉、罗婷婷这时已经成长为资深"《仪礼》会读专家"了，虽然年级比高瑞杰低，但在高瑞杰看来，他们"都入门甚早，研礼精湛"，好像自己是唯一的门外汉，不免对他们刮目相看。

这时候的读书会时间更长了。一般每周一天，从上午八点开始，中午吃饭休息一小时，继续读到下午五六点。底本选用张敦仁刻《仪礼注疏》，参考胡培翚《仪礼正义》、杨复《仪礼图》、张惠言《仪礼图》、凌廷堪《礼经释例》等相关礼学文献，到后来发展到每位同门都至少分配一部礼学相关文献进行参校阅读讨论。

读书会的形式也令高瑞杰耳目一新，其中有主，即主讲人，还有宾、有史，分别负责主持、主讲、记录等。大家抽签轮流担任这些角色。如果准备不足，抽了宾，肯定要比其他人准备得更辛苦。如果没准备，恐怕这场读书会将令你终生难忘。大家明确分工，细致发掘每一个与拍摄相关的问题，并做好记录，整理成拍摄脚本。做完这样的基础工作，才有底气去筹备《仪礼》复原电影的拍摄。每位参与者全身心投入，常常会因为遇到一句经文，就会有十几种意见互相辩难，唇枪舌战，十分激烈，大家常常争得面红耳赤，一下午也就读一两句而已。

虽然阅读速度非常之慢，但所受的启发与反思非常之深。这一时期，彭林老师虽然事情繁忙，但基本上全程参与，而且每次都提前十分钟到会，然后和大家一起推敲经注、发现问题、解决问题。他跟同学们一起读到下午五六点，整整八九个小时，始终保持旺盛的精力与热情，让年轻人自愧不如。彭老师常说，项目是自己申请下来的，一定要和大家同甘共苦，会读是《仪礼》复原的根本保障，所以一定要亲自来参加讨论，不然不放心。他还和大家说，有些实际上必须有的动作，经文并不记载，我们要在无疑处生疑，这样才能够发现问题、解决问题，进而超越前人，我们的《仪礼》复原才经得起考验！

这种集体讨论的会读体验，不但对高瑞杰来说是前所未有的，更让其他参加的同学感到震撼。压力产生动力，不久，同学们逐渐提高了对《仪礼》及经学的深入把握能力，为大家迅速入门、参与《仪礼》复原打下了根基。

伴随着会读，在高瑞杰入学的前几学期，周末往往还安排有《乡射礼》复原的模拟走位。2015年深秋，数十位同学及志愿者，每周周末都要在清华至善路旁边的"礼射广场"小树林走位，从早走到晚。因陋就简，大家在地上画了很大的方位标志，方便理解行礼的方向、行走的路径；每位志愿者胸前挂上代号，按照清华团队的指示，在指定的时间点上移动。整个过程充满了挑战。志愿者对于动作的理解及行礼过程中遇到的问题，对于清华团队而言也是一种反馈，使得大家又回到书中去思考那些可能有不同理解的细节。那时北京的雾霾很重，天气又冷，大家一遍又一遍地依照礼节行礼走位,揖让进退,毫不逾矩,有礼有节,任劳任怨。刘斌还记得,有一天狂风大作,张颂仁先生、彭林老师亲临现场指导了很久,大家很受鼓舞。经查复原工作大事记,那一天是12月2日,周三,北京刮着五级大风,最低温 -3℃。

团队成员与志愿者在"礼射广场"走位

2016年的元旦过后,已届寒假,为了保证即将开拍的《乡射礼》万无一失,彭林老师决定再去清华维学馆模拟一次走位。课题组特意租了维学馆地下的一整块场地。

复原工作大事记有如下记载:2016年1月6日至11日,正值寒冬,为解决乡射礼仪节的疑难问题,确保仪节的准确性,彭老师与高瑞杰、钟诚、刘斌在维学馆地下场地进行《乡射礼》复原实地走位,并深入讨论了相关疑难问题。

在一周的时间里,彭林老师带领钟诚、刘斌和高瑞杰,每天对照《乡射礼》经、传、注、疏,在场馆里从早走到晚,反复推敲,订正,以求得出最合理的行礼路线。

维学馆场馆租金十分昂贵,大家一刻也不想浪费。常人都有体会,中午吃过饭后就会犯困,如果坐下来便很容易睡着,躺下来就更舒服了。可是钟诚、刘斌、高瑞杰三人都不敢轻易坐下,一般都是站着讨论，以防止瞌睡。当然，拜、再拜的礼节也往往免了。

但，后来发展到他们站着也能睡着，实在是无可奈何。

或许要怪清华食堂的饭菜实在是太好了。

那段时间，彭林老师也常常会和大家一样赤脚踩在维学馆冰冷的地面上（场馆规定必须脱鞋进入场地），开工前一同把礼器都搬到场馆中，行礼、走位结束后，又一同把礼器搬回仓库内。

每次收工时，同学们都建议老师先走。彭老师总说，让你们留下来搬东西，我自己先走，这说不过去，要搬我们一起搬。

于是就一起搬。

2016年11月10日，通过了博士研究生入学考试不久的佟雪，坐上杭州到北京的卧铺，哐当哐当整整一晚上，赶到北京，提前加入《仪礼》会读。她那时候背着一沓子打印好的会读资料，但其实还不明白"会读"实际到底是干什么。

11月12日，文北楼308室，佟雪第一次参加《士昏礼》会读。

彭林老师开宗明义，讲了为什么会读，要做哪些准备，看哪些文献。

彭老师说：会读绝不仅是为了拍摄复原影片而读，大家要带着问题去读。作为学者，你要发现其中的关键；作为学生，你要争取写出有用的论文。彭老师还讲了一个"采蘑菇"的理论。佟雪从此记住了，要"采蘑菇"，而不是野草、野菜全往篮子里装。

这里的会读既紧凑又缓慢。虽然佟雪之前在浙江大学也上过会读课，也是每个人标点几句，做出释义。但眼前这位彭老师总会不停提问，这个字在《说文》哪一部？这个器物是什么形制的？在哪里有出土？这句话实际如何操作？

吓人……

显然，这一连串迫击炮似的问题并不是针对领读的那位同学，在场的会读者全都是考生，都需要认真思考。在这场会读中，任何一秒的游离都会导致迷失正在前进的方向。会读好像行军，不过，在这里追求的并不是速度，而是要做好准备，扎硬寨，打硬仗。

由于佟雪还没正式入学，每周会读都是从杭州坐卧铺来北京，煞是辛苦，到了教室就想多读几页。但是大家往往会因为一个个具体的问题讨论一两个小时，她内心有些着急。

有次讨论"体解""豚解"的问题，涉及到体名，也就是"猪的部位划分"这个问题。大家不但在会读中讨论，甚至公推赵媛媛到菜市场去请教屠夫，拍下真实的猪肉解剖图来。当然，即便如此，也未必能获得最贴切的答案。

解牲体法的古今之辨

赵媛媛

《仪礼》有多篇包含牲牢用法的仪节，在行祭祀、燕饮等礼仪时，因人物身份、地位不同，他们所用的几案、鼎俎、牺牲也都各有不同。《礼记》中的《王制》《玉藻》篇有祭祀所用牲体等级规范的相关记载，根据用牲数量的不同，可分为特牲、少牢、太牢三种规格。特牲指只用一种牲畜，如特豚、特豕，甲骨文中还有特牛的记载。少牢指的是用羊、豕两种牲畜。太牢则用牛、羊、豕三种牲畜。用牲就必然要分解牲体，即"肆解"。牛、羊、豕三种牲畜各有不同的肆解之法，就用豕而言，肆解法大致有三：

第一，剖解为左右两半。先离析牲畜头部，然后将牲体剖开分成"左胖"和"右胖"。

第二，豚解。将左右两半各分为三，分别是肱、胁、股，此六部分连同脊柱共七体，这种肆解方法被称为豚解。

第三，体解。在豚解的基础上，将肱分为三，分别是肩、臂、臑共六体。将胁分为三，分别是短胁、正胁、代胁共六体。将股分三，即肫、胳、觳共六体。脊分为正脊、脡脊和横脊三段。以上加起来总共二十一体，就是体解之法。

彭老师制作的豚解和体解图如下：

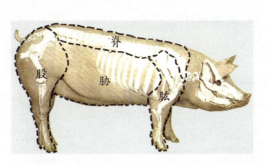

豚解

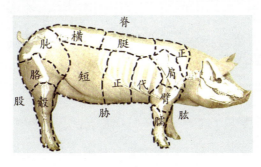

体解

2016年12月4日，礼学中心研读《士昏礼》时，就肆解牲体之法提出了许多新的问题。《士昏礼》"将亲迎豫设馔"节，经文有"举肺脊二，祭肺二，鱼十有四，腊一肫，髀不升"等语句。郑玄注解认为："举肺、脊者，食时所先举也。"贾公彦的疏文指出，经文之所以先说举肺，后说祭肺，是因为"举肺、脊长大，故先言"。也就是说，这里所用的两段脊柱又长又大。从豚解图来看，脊柱和肋骨是分开的，分别是"脊"和"胁"，脊有正脊、脡脊和横脊，胁有代胁、正胁和短胁。彭老师提出，既然礼仪所用的脊柱和肋骨是分开的，脊柱上不连带着肋骨，那么脊柱也就不会又长又大。"举肺、脊长大"的说法从何来呢？而且，古人是如何把脊柱和肋骨剖开的呢？另一方面，注、疏都已表明，这里所用的脊是正脊。那么，"（正）脊二"是怎样的两段正脊呢？有两种可能，一种是正脊纵切为两块，另一种是正脊横切为两段，到底应该是哪一种呢？

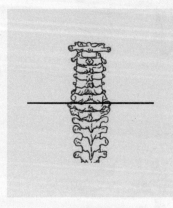
横切

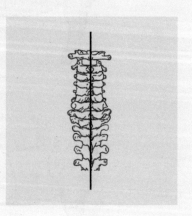
纵切

如果是横切的话，那么正脊的两段，一段靠前，一段靠后，在礼仪上，这两段是有贵贱之别的。馔食是为夫妇同牢礼而准备，不太可能用前后两段等级不同的脊，否则就坏了夫妇对等的礼仪原则。而如果是纵切的话，那么古人是怎么做到纵切的？脊柱坚硬，难以纵剖，现代人可以用大型机器来操作，然而古人用的是什么方法和工具呢？一时间，大家都难以回答这些问题。彭老师说，让我去菜市场或超市询问商贩，调查这些问题。一是，肋骨和脊柱之间有没有缝隙，能否用刀分割？二是，脊柱这么坚硬，能否用刀横切或纵切？

12月5日，我去清华园照澜院菜市场采访猪肉商贩，向他们请教猪的分解方法。现代的猪肉分割法，与古代相比大有不同。如下图所示，除头部之外，现代的分割更加精细，早已超过二十一体，而且，分解是按照肉的口感和性质来操作，侧重分解猪肉。古代的体解方法，似乎更侧重分解骨架。

现代猪肉分割示意图

我经过采访猪肉商贩得知，脊柱和肋骨之间没有骨缝，现代的方法就是用刀剁开。至于脊柱的切割，商贩说，

> 目前市场上都采用机器纵切的方式，这样切出来整齐好看。如果用特别锋利的刀或许也可以剁开，只是不够整齐，他们自己从没试过纵切。
>
> 我注意到，商贩用的都是非常坚硬的不锈钢刀，然而周代最常用的是青铜刀，青铜刀可以做到这样的切割吗？我们很难想象，似乎也无从得知，只能留作进一步考察和分析。

佟雪觉得这里的会读，非但要动脑，还要"动手动脚"，好玩，有意思。但不知道当时的佟雪，能不能够真正理解这样会读的用意。

彭老师告诉大家：我们虽然有时一下午只能读两页，但是弄清楚问题才是最重要的，否则拍摄的时候，你不知道同牢要放哪块肉，要放什么样的鱼，就傻眼吧。

直到一年半之后，《士昏礼》真正要开拍了，大家都参与到仪节彩排演练中来。准备器物道具时，佟雪才深刻地明白彭老师的那句话。当参与演练的大学生志愿者问到"放哪块肉""鱼头朝哪""先迈哪只脚"时，可以从容解答的她，终于意识到此前参加会读时那一个个两小时的重要意义。

单纯地在纸面上读，往往会使我们忽略很多重要的细节。

看似简单的文字，其实做起来并不容易。现代人习以为常的穿衣、吃饭，于古人究竟如何？我们不是《仪礼》的"搬运工"，无法把文字直接搬到视频里。要实现从文字记录到人物动作再到影像拍摄的转换，其间需要对经典文本反复琢磨，需要对古人生活尽可能多方面地感知，通过切实真切的行为模拟体验，体会古人情感思想与行为产生的动因。

清华的研究生入学教育往往安排在八九月份，教授学生安全、纪律、学风等方面的知识。佟雪私下感慨："我在清华的礼学'入学教育'似乎更早一些，是从提前参加一场场会读开始。"

三、研习会推究礼射八法

清华大学与射艺的关联可谓源远流长。强迫运动时期（1914—1918），射箭就已成为清华学子自由选择运动项目，并列入在校期间必须通过的"五项测验"（五项运动）之一。1915年6月，《清华学报》刊登了一篇学术论文《射艺进步考》，这是我国高校学报中第一篇射艺论文，作者是程其保，时年20岁，刚于上年考入清华学校高等科。在这篇论文中，程先生以历史为轴线，对射艺的起源、发展以及现状做了深入考证。此文系中国高校第一篇有关射艺的论文。1926年10月，清华大学考古团李济先生（1896—1979）、袁复礼先生（1893—1987）主持山西省夏县西阴村新时期遗址发掘工作（该遗址距今6000余年），考古团在遗存物中发现了石镞、贝镞，这是当时中国境内发现的最早的箭镞。李济先生后来对《仪礼》复原工作产生了重要影响。1934年，张唯中《弓箭学大纲》问世，首次提出"弓箭学"概念，建议在高校设置弓箭学学科，把射艺上升到学科建设高度。他还提及在高校设立弓箭学研究所，针对中国弓箭文化、弓箭制作和射箭技术进行深入研究，并通过习射加强学生的德育、体育、智育。曾与清华研究院有过短暂聘约的柳诒徵先生（1880—1956）对张氏编写此书给予了重要指导。1941年三十年校庆时，陈梦家先生（1911—1966）大作《射与郊》荣登《清华学报》第13卷第1期。

此后，清华大学的师生对射箭运动的热情一直没有断绝。2014年，彭林老师主持国家社科基金重大项目《〈仪礼〉复原与当代日常礼仪重建研究》，其中便有《乡射礼》复原和当代礼射重建子项。

1. 成立礼射研习会

彭林老师和同学们在会读完《乡饮酒礼》后，又开始再一次攻读《乡射礼》。这时，大家明显感觉到会读与"《仪礼》复原"项目之间的紧密关系，在一次次看似枯燥乏味的会读中，"《仪礼》复原"其实已经按部就班地展开了。

读《乡射礼》与读《乡饮酒礼》最大的不同，是同学们自觉多少都能喝点酒，却没有人敢说会射箭！经原国家射箭队总教练徐开才老先生的推荐，课题组聘请韩冰雪带领课题组成员研习弓箭制作与射箭技术。

看着采购来的各式各样的弓和箭日益增多，钟诚产生了一个想法："何不在清华组建一个传统射箭社团？"他跟师兄张德付聊起这个想法，说如果能成立一个射箭的社团，大家一起学习射箭，然后再读经典，相信应有不一样的进境。张德付同意钟诚的建议，并说："我们就请韩冰雪当教练。"

几人一拍即合。三年时间发起成立社团,五年时间推动开设课程，让射艺在清华能够全面落地是他们的一个执念。韩冰雪也很看好钟诚这位儒雅谦和、满腹经纶的马来西亚留学生，于是开始教他射箭。

钟诚一边向韩冰雪学习射箭技术，一边协助韩冰雪、张德付组建起了"礼射研习会"。他们给社团命名，一致认为"礼射研习会"是个比较好的名字。首先在经典中可查，而且礼和射不可分割，以射习礼，以礼修身，同时研习经典，可谓一举多得。按照社团成立要求，钟诚找寻了万剑锋等几位同学发起，请彭林老师出任指导教师，邀请射箭专家徐开才、李淑兰二老担任荣誉顾问。

筹备期间适逢时任校长陈吉宁老师来中心调研。2014年11月18日，在听取了简要的汇报后，陈校长饶有兴趣地拿起弓箭，询问学校有无此类社团。大家迅速回答："正在筹备！"陈校长很高兴，鼓励大家好好准备，争取做成特色。得到学校的鼓励，大家干劲更足，经过一个多月的准备，在2014年12月底顺利通过答辩，清华大学学生礼射研习会于2015年1月宣告成立，并在3月开始招收会员。对清华大学、彭老师团队以及韩冰雪、钟诚等创会成员来说，这都是一个历史性的时刻。

向校领导介绍传统弓（右起：时任校长陈吉宁、现任校长王希勤、彭林、韩冰雪）

2015年春季学期"百团大战"，礼射研习会展出了古董角弓、清式战矢等各类习射器物，并安排专人现场讲解礼射器物制作知识。同时设置在大屏幕轮播礼射相关视频资料，还有试拉弓体验活动，引得众多同学围观体验。经历两日报名，共有317名同学登记入会，打破高校同类社团招新纪录。协会成员有来自韩国、俄罗斯、美国、欧洲等国家和地区的留学生，他们对中国礼射文化充满兴趣，同时也带来了本国本民族的射箭文化。

礼射研习会从礼射文化、技法、器物三个方面对礼射进行深度广域研习。协会从未把研习任务当作社团活动，而是参照高校课程来制定教学内容，把教学当作一门正规大学课程来做。文化方面要求大家时刻留意与礼射相关的古籍史料，每次训练都会布置相应文化作业。

习射三年，毁之三天。技法研习日日不可中断，协会每日都有技法训练，通过习射来沉寂躁心、修身观德。对器物的研习也是持续性的，参与器物研习对同学们的动手能力提高十分有帮助，而且深入制作相应器物也有利于掌控习射所用器物特性。三方面研习有机结合，互相交融，使礼射文化得以综合发展。

礼射研习会也注重成员内心修养的培育，每次训练都有晨读，要求手抄并背诵明代大儒王阳明的名篇《观德亭记》。这是继《礼记·射义》等经典之后，又一篇弘扬礼射大义的重要文献：

手抄《观德亭记》

君子之于射也，内志正，外体直，持弓矢审固，而后可以言中，故古者射以观德。德也者，得之于其心也，君子之学，求以得之于其心，故君子之于射以存其心也。是故躁于其心者其动妄，荡于其心者其视浮，歉于其心者其气馁，忽于其心者其貌惰，傲于其心者其色矜。五者，心之不存也。不存也者，不学也。

君子之学于射，以存其心也，是故心端则体正，心敬则容肃，心平则气舒，心专则视审，心通故时而理，心纯故让而恪，心宏故胜而不张、负而不驰，七者备而君子之德成。君子无所不用其学也，于射见之矣。

故曰：为人君者以为君鹄，为人臣者以为臣鹄，为人父者以为父鹄，为人子者以为子鹄。射也者，射己之鹄也。鹄也者，心也。各射己之心也，各得其心而已。故曰：可以观德矣。

作于明朝正德十三年（1518）三月的《观德亭记》，表现出王阳明对礼义德行的重视，与其随后制定、颁布著名的《南赣乡约》并推动民间治理也有深刻关联。五百年后读来，仍令人奋发振起。

通过习射，礼射研习会的诸君，都对《礼记·射义》所说的"古者射以观德"，以及《孟子》所说的"射者正己而后发，发而不中，不怨胜己者，反求诸己而已矣"有了非常切身的体会。首先，要是自己的心态稍有偏颇不正，便很难正中靶心。即使偶有射中，也很难保持一个稳定的状态，所以要反观自己的内心，平复心绪。此外，当与他人比试时，更容易被诸如好胜、胆怯种种杂念影响，此时更应该将注意力放回到自己手中的弓箭上，只求将自己的最好状态发挥出来，而不是只想着胜过对方。比起对手，不如说此时要胜过的是自己的内心。这也是为什么孔子感慨射箭是一种"君子之争"。由此，习射者和习礼者也更能准确地把握《仪礼·乡射礼》《礼记·射义》和《观德亭记》等经典的意义，以及礼仪与射箭二者在"宽人正己"上的共通之处。礼射研习会成立一学期，已经小有影响，培养出了林晓燕、钟诚、万剑锋等一批优秀习射者。

学生礼射研习会卡通合影（林晓燕绘）

2018年岁暮礼射大赛

清华同学的认真劲儿还在课业中得到了充分体现。礼射研习会一位同学在宣纸上用小楷书写了《观德亭记》,字迹工整,十分用心。还有同学借助对礼射的理解,申请了相关的SRT。

更令人振奋的是,2015年5月18日的清华官网大封面就是礼射研习会训练照。"学校为我们做了专题报道!"研习会的各位"豪杰"奔走相告。

清华映像"学生礼射研习会:促进传统文化推广"

2. 开设射箭课

2015年3月16日上午，时任清华大学党委书记陈旭老师在工字厅西厅会见了到访的香港城市大学郭位校长一行。

两校领导体验传统弓（左起：郭位、陈旭）

香港城市大学是香港特别行政区政府资助的八所大专院校之一，成立时间虽短，在全球排名榜中的位置可不低，而且一直在上升。它的创意媒体学院是《仪礼》复原项目的合作方。

在接待郭位校长来访时，彭林老师应邀出席，为来宾和陈旭书记展示了业已基本复原的《士冠礼》视频。同时介绍了正在开展的礼射项目，并请韩冰雪当场展示了开弓。

两校领导都亲自试拉了一下弓箭，郭校长赞许道："这是我们国家的传统，清华在对传统的守护上一向做得很好。"

我们的陈旭书记一直很重视体育。她了解到清华礼射协会成立首次纳新就突破了300人，表示热烈祝贺，鼓励同学们要好好发展礼射社团。当她得知本校尚未开设射箭课程时，便说："我们射击都开课了，射箭更应该开课。请通知体育部，今年秋季把课开起来。"

清华大学开设礼射体育课,对于国内高校在体育教学融进传统体育的内容有积极的促进作用,这也是积极落实继承发扬优秀传统文化的国家号召的重要一步。

听了陈书记的这番话,在场师生感觉礼射的春天真的要来了。

果然,秋季学期,清华大学射箭课正式开课,分礼射和反曲弓两项,真正做到了射箭项目的两条腿走路。

成立礼射研习会、开设射箭课的目的既是为《乡射礼》拍摄进行实验,更是试图在当代中国将六艺之"射",尤其是君子礼让之射重拾并建立起来。

后来,安徽的一位弓箭制作师张利先生得知清华开设礼射课程后,捐赠了全套礼射器材。国家体育总局射击射箭运动管理中心的领导也调动资源,捐赠了一批反曲弓器材。徐开才、李淑兰两位老前辈和张利夫妇共同出席了清华大学第一节射箭课。礼射研习会的同学以助教的身份参与到礼射教学中,为学校培养了一批礼射爱好者。相信礼射会伴随着清华学子的脚步走进各行各业,持续产生文化影响力。

2015年9月17日徐开才先生在清华大学维学馆讲解传统射箭要领

受清华开课的影响，西安交通大学、复旦大学等国内名校相继开设射艺课程，高校射艺发展逐步进入快车道。

3. 徐开才老先生亲自指导

2015年秋天的大成殿乡射礼展演，是礼射研习会的一次重要亮相。那一次，徐开才老先生亲自前往观礼，他用"三最"肯定了这场展演："这是我目前观看的学术水平最高、射箭技术最好、参与人员最认真的一场乡射礼。你们的表现代表了清华的水平，超出了我的预想。"

徐老是我国第一批射箭运动员，1958年十八岁的时候就开始学射箭。他曾多年担任国家射箭队总教练，后来还出任中国射箭协会传统弓分会名誉主席，在我国射箭运动界有着崇高的威望。韩冰雪加入彭林老师团队，就出自徐老的推荐。那是2012年4月的一天，韩冰雪突然接到一个来自北京的电话，"你是韩冰雪吗？听说你们成立了一个射艺社团。"一个陌生却又似曾相识、带着山东口音的声音从电话中传来，韩冰雪一边回答，一边在脑海中搜索着声音的线索。"不会是徐开才前辈吧？"脑中一个闪念，于是张口问了一句："您是徐开才前辈吗？"

"我是。咱俩见过面吗？"

得到徐老肯定的回答，韩冰雪既紧张又兴奋，连忙整理了下站姿，激动地向徐老说道："我在网上看过您的视频，听过您的讲话，您的声音和我老家方言有点类似，我记得您的声音。"

"哈哈哈。"徐老爽朗的笑声，缓解了韩冰雪的紧张。"咱爷俩有缘，你们啊，做了一件很了不起的事。你们成立了射艺社团，让传统射箭进入了校园,这是我多年来想做的一件事。传统射箭进校园在中国传统射箭复兴道路上是里程碑事件,你们创造了历史。"

2005年7月,在青海河湟地区举办的传统射箭国际邀请赛上,韩冰雪见到了徐老和他的夫人李淑兰老师。李老师是我国著名女子射箭运动员、教练员,先后十七次打破八项射箭世界纪录,是世界射箭项目中打破世界纪录最多的运动员。两位前辈射了一辈子箭,为国家争取了很多荣誉,也为中国射箭培养了很多人才。2008年北京奥运会射箭项目女子个人冠军张娟娟就出自两位前辈门下。徐老和李老身材挺拔高大,双目有神,说起话来中气十足,而且十分幽默。和心目中敬仰的英雄在一起,韩冰雪十分激动,更加坚定了做好射艺研习的信心。

为了能让韩冰雪更深入地钻研射艺文化,徐老向彭林老师推荐了他,这才有了清华的礼射研习会。

礼射研习会刚成立时,还没有对射箭动作进行归纳总结,进退射位时也没有相应礼仪。射箭动作按照徐老编写的教材《射艺》中的十二式:静心与自信、站立、搭箭、握弓、勾弦、转头与举弓、开弓、靠弦、瞄准、撒放、动作暂留、收势。这十二式练习法包含了内心步骤和外在动作,训练时先让大家熟记十二式,并逐一解释。

在实际教学中,所喊的口令基本上都是动作类:站立、搭箭、握弓、举弓、开弓、瞄准、撒放、收势八个明显的外在动作,其他内在及连贯性动作由射手在合适时机把握。后来在会读和乡射礼展演训练时,逐渐吸收了经典中关于射法的内容。

比如,礼书要求射手"进退周还必中礼",在进射位时会及物揖(物,是乡射礼中射手射箭两脚所踏之处,也叫射位,呈十字状),射完离开时会南面揖。韩冰雪等人将这两个礼仪融入礼射的进退射位。因为乡射礼中射手是背向靶子进射位，面向靶子退射位。虽然前后行的都是揖礼，但朝向不同，很容易区分出哪个是射箭前行的礼，哪个是射箭后行的礼。今天射箭时，射手都是面向靶子进退射位，如果两个礼完全一样，很难从礼仪中判断射手是准备射箭还是已经射完了。为此，大家充分讨论，决定射前礼沿用乡射礼中的揖礼，即执弓行礼。

为确保安全，同时兼顾当今射箭赛事规则，乡射礼中的"挟一揸三"变通为四矢皆揸腰间。射箭的主要动作在十二式基础上，尽可能选用《乡射礼》篇的动作名词。经过反复筛选、文献比较、实验讨论以及多次向徐老请教，最后确定选用八个外在动作，每个动作都有内在要求，技术要领与十二式练习法保持一致。

最难的是给每个动作命名。不仅要求名称有出处，还要确保其内在关联性。同学们本着《乡射礼》中有的尽可能去用，没有的去查阅其他文献和资料的原则，选出备选名称，咨询专家，仔细斟酌，最终确定给这八个动作分别命名为执弦、挟矢、正笴、审固、举弓、引彀、发矢、敛弓。

有了确定的动作数量和各动作名称，还要给这种教学法起个名字。大家一致同意前缀礼射，参照十二式练习法的命名特点，动作数量也要加上。如此一来，突破点便落在了最后一个字上——是沿用"式"，还是用其他词语。大家在苏轼的《仁者如射说》中找到一句话："四肢百体，皆有法焉。"法为标准、规范之意。最后选用了"法"这个字。至此，礼射技法的动作和名称完全确定下来。后来看到资料《弓箭谱》，发现其中载有"步箭八法"，此归类和命名与大家的想法有着异曲同工之妙，感觉很是亲切。

礼射八法与十二式练习法对应关系表

总 纲		静心与自信
执 弦		站 立
挟 矢		搭 箭
正 笴		握 弓
		勾 弦
审 固		转头与举弓中的转头
举 弓		转头与举弓举手
引 彀		开 弓
		靠 弦
		瞄 准
发 矢		撒 放
		动作暂留
敛 弓		收 势

礼射八法确定后，大家马上决定在礼射研习会推广，及时搜集新学员的反馈，对每个动作进行比较细致的确定和描述。礼仪方面，比如之前的射前礼横跨的两个口令——"准备"令时，跨立的右脚内收，同时由藏弓态改为执弓态。"就位"令时，行礼并进射位。这样的处理有利于行礼的整齐划一，但收脚的动作很容易忘记。万剑锋提出把"藏弓改执弓"的动作后移到"就位"令后，和射前礼统一。后来又结合比赛现场的空间规划，取消了右脚内收，让大家在"准备"令后步行至候射线，双脚自然并拢。"就位"令后由藏弓变执弓，直接行礼，然后进射位。

技法方面，比如举弓，如何将位于心前的两手移动至举弓的正确位置？很多资料没有明确描述，是先将手向下做直前臂再升起来，还是直接升起来，在升的过程中处理好前后臂位置？考虑到先秦服饰在射箭动作中的表现，落下再升不如直接升起的表现更好。当然这是技术外的考虑，为此，他们又去请教徐老。

2016年1月13日礼射研习会同学向陈老请教礼射动作要领
（左起：杨远骑、徐开才、林晓燕、李淑兰、韩冰雪）

徐老表示这两种处理方式都可以，也很常见。一般来说，动作越少越简单越好。考虑到礼射研习的特点，徐老推荐大家在礼射教学中采用直接升起的方法。落下再升法可以作为附加教学，让大家了解，做到因材施教。经过一学期的反复打磨、调整、优化，礼射八法的整体过程确定了下来，为后面编写相关教材打下了基础。

4. 是初阶，也是良心之作

2015年9月，清华开设射箭课程，分礼射和现代射箭两类。现代射箭体系成熟，教材诸多，而礼射体系尚未完善，教材极为匮乏。不仅是清华，国内其他学校也面临着同样的难题。

基于这样的现状，也为了配合《仪礼》复原工作的推进，大家决定编写一本与礼射相关的教材。由于课题研究阶段性成果可以为礼射教学提供学术支撑，初步决定依托现有资源，结合古代射书与现代射箭理论，从文化、器物、技法、规则四个方面入手，做到文化有出处，技术有支撑，规则有实践，为礼射教学提供可操作的参考。

2016年元旦后，由清华发起，来自复旦大学、西安交通大学、兰州理工大学等17所高校的教授、学者齐聚北京，召开了《礼射》教材研讨会，并成立编委会。编委会集中讨论了大纲，并对内容和表现作了更加清晰的要求。由于礼射教学的特殊性，仅靠文字描述很难传达清晰意图，编委会提议图文并茂，以图传意。同时拍摄对应视频，通过扫码链接到对应教学节点，让教材从传统文字、图片的静态表现升格到图像、视频的动态表现。

礼射研习会的骨干成员也加入教材编写组，钟诚、万剑锋、林晓燕等同学，在经典甄选、文献查校、技法表现方面给予很大的协助，杨远骑、彭聪、王波三位实习生也积极投入到资料整理、影像拍摄、图片处理等工作中，大家干劲很足。那时候谁也没想到，两年过后，会有人在网络上造谣，污蔑清华团队东拼西凑，编造团队贪污国家项目经费的虚假信息，更攻击《乡射礼》影片反映的传统礼仪好像"僵尸"！虽说大家讨回了公道，[1] 可本来一心扑在《仪礼》复原、礼射推广的工作上，却偏偏没来由遭此无妄之灾，心酸谁知？

还是那句话：欢迎同道讨论、争鸣，但是歪曲事实、造谣污蔑，不能忍。这锅，不背！

同学们在彭林老师办公室搭建了简易的摄影棚，用白色背景布围起一个空间，林晓燕充当技法展示模特。彭聪发挥所长，利用相机和电脑建立起实时显示，通过计算机控制拍摄角度以及其他参数。试拍的图像效果还不错，咨询出版社之后，得到的回复是质量满足出版要求。在拍摄的过程中，持续强化礼射八法的细节问题，多次带着所拍样片请徐老指导。

---

1 参见李一陵:《实事求是是学术批评不可逾越的边界》，光明网时评频道，https://guancha.gmw.cn/2020-01/08/content_33465973.htm，2020年1月8日检索。

现场教学可以手把手传授以让同学们领悟。教材相当于教师和学生之间的媒介，如何让学生通过自主阅读教材领悟正确的技法，这是编写中面临的大难题。

徐老提出宝贵建议，让大家在充分体现细节的基础上，对局部进行重点描述，同时兼顾全体。因为模特在刻意表现某一个动作时，容易引起身体其他部位不由自主地偏离正确位置。编写者的注意点在局部，但是读者可能会落在其他部位，一定要确保整体和局部的表达都正确。徐老的这个建议对拍摄起了很大的作用，有时候一个动作需要重复几十次，基本上都是因为局部聚焦未能兼顾整体。

由于拍摄空间有限，为了兼顾取景和画面协调，相机高度必须低于人眼高度。如果在人眼高度去拍摄，不仅取景不全，还很容易出现俯视效果。如果按照相机取景角度去拍，原本正确的动作，在相机中表现时却错了位。比如执弦时，弓弣高度与心齐平，人眼看去这个位置没问题。但是相机拍出来时，弓弣高度到了脖子位置。如果让相机画面中的弓弣在心的高度，那就要把弓弣高度下压，而人眼看去，这动作又不对。这样的例子到处都是。服务于相机视角，可能要调整动作。服务于人眼视角，相机画面呈现的动作位置都不尽如人意。如何选择，一时间大家也不知所措。

大家带着问题再次请教徐老。徐老说道，别人通过画面中的模特去学习，那就要让画面中的模特做的动作看起来都是正确的。相机的视角其实就是观众的视角，你们要从观众的视角去思考问题，动作呈现要服务于读者和观众。大家听了恍然大悟，之前的思考完全是陷进去了，没有跳出来。只不过观众视角却苦了林晓燕，对于这位在赛场上挥洒自如的射手来说，要在导演的指挥下动作，会是一件很痛苦的事。彭聪调侃道:"晓燕成了木头人了。"

为了更好地表现动作,大家计划加入动作静态解剖、360度展示以及连续性动作轨迹追踪等表现手法。这些表现手法有助于读者多角度认知了解动作表现,进而辅助提升其对动作要领的理解。说得容易,做起来难。比如动作静态解剖,通常用多个机位拍下某一个动作,然后利用技术手段,把要表现的动作提取出来,也就是多个角度拍摄的成片中提取出某一时间点的这帧画面,连续起来就是对该动作的静态特写。中心只有两台普通相机,想实现这样的表现,必须另择其径。后来牛顿老爷爷帮了忙——运动是相对的,没有那么多相机就让模特转起来吧。

办公室采购了一个小型的旋转拍摄台,林晓燕站在台上做动作,拍摄台缓慢旋转,相机固定在一个位置拍。旋转一周通常20秒左右,晓燕必须在20秒内保持这一个动作不动,一旦有晃动,就没法抽取不同角度的动作画面。而且还要确保站立的位置在旋转台的中心,否则就偏心了。为此晓燕苦练防眩晕能力,一个镜头,有时候会转上十几次,而且是保持某个动作静止,体力消耗很大。比如举弓动作,前臂悬着,臂在额前,平时射箭时这个动作用时极短。但是静态表现时,至少要保持20秒不动。尤其是前手转到镜头前,轻微的抖动在画面上看都十分明显。就这样,一个平时做起来用不到两秒钟的动作,可能要花费半小时甚至一小时才能拍出来。

大家也学着电影导演喊"咔",这一声喊得真过瘾,仿佛喊出了大导演的气势,但是林晓燕听到后却很痛苦,这意味着又要重来。当然有时候还会有其他原因,比如背景布被气流冲得晃动了,重来;衣服有褶皱了,重来;导演太忘我,指挥棒入画了,重来。眼看着大把时间都被"咔"掉了，大家都十分着急。毕竟拍摄的时间选在寒假，再拖就要过年了。好在随着拍摄工作的推进，大家的配合也越来越默契，现场的"咔"声也渐渐少了。

连续性动作轨迹追踪被用在了礼射八法全套动作中对双手运动轨迹的追踪上。大家在林晓燕的两足、两膝、跨、两手位置加装了示踪光源，在黑暗背景下让晓燕完成礼射的八个动作，最后将两手运动轨迹呈现出来，其他部位均无位移，这也让读者直观的认识到"外体直"到底哪些部位是不能动的，哪些部位是需要动的，动与静的对比都显现在下面这张图中。

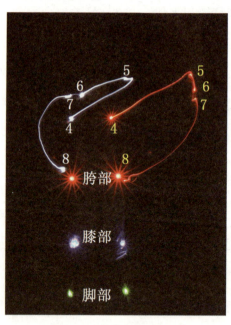

礼射八法动作光轨追踪示意图

经过一年的努力，2016年5月，初稿交付出版社。由于书中图片较多，为了确保质量，编委会决定以彩印方式呈现，而彩印成本较高，教材定价太高不利于推广。人民体育出版社十分支持这部教材，在充分考量了出版成本后，给出了极低的参考定价。8月，乡射礼复原拍摄在大厂举行，大家在现场对书稿进行最后一次校审。万剑锋熬了一个通宵，通篇看完书稿，提出一些调整意见。至此《礼射初阶》终稿完成。

2016年9月，《礼射初阶》第一版面世。看着昔日辛苦成为沉甸甸的书籍，大家都感到兴奋和激动。半年后，出版社再次加印，不少同仁反馈，书中用图之巨，所附视频之全，前所未有，可谓良心之作。

四、礼容

1. 当活道具

1982年9月21日，孔德成先生在美国密歇根大学进行午餐讲演，介绍其《仪礼》复原工作与《士昏礼》电影。那天来听讲的人特别多，包括许多著名教授，过道也站满了人，堪称"少长咸集"的盛会。这固然是由于孔先生的学术名望有以致之，而其以实验复原的方法来尝试研究中国经学、礼学，实在也是引发人们兴趣的主要原因。这次讲座不但播放了《士昏礼》影片，而且孔先生现场指导曾永义演示立、坐、揖、让、跪、拜、稽首拜等《仪礼》中的基本动作给大家看，生动地表现古礼仪节的真实面貌。[1] 多年后，曾永义先生戏称自己那时候的演示是"当活道具"。

不知是孔先生门下的缘故，还是礼学家都这样，喜欢让学生们

---

[1] 曾永义：《〈士昏礼〉在密歇根大学——记孔德成教授的一次演讲》，《联合报》1982年12月1日，第8版。

表演行礼，像是演习，又像是考试。

2016年10月15日，浙江大学举办"纪念沈文倬先生百年诞辰暨东亚礼乐文明国际学术研讨会"。在第一天的晚宴上，彭林老师与叶国良老师同席。餐余闲聊，谈起《仪礼》复原的进展，由台阶问题说到古礼行路步法，叶老师便提出要考考彭门弟子，于是发问："什么是'一步'？"当场点名钟诚回答。

钟诚（右）与叶国良老师2019年在"孔德成先生百年纪念会"现场合影

钟诚诚惶诚恐地站起来，定了定神，解释说："一步相当于如今的两步，左右脚各发一足为步。"彭林老师命钟诚起身演示，于是钟诚便在饭桌旁迈起步子，演示古人的"步"法，以及"堂上接武，堂下布武"两种步伐间距的区别。叶老师颔首表示认可，彭老师也颇为满意。

当时是佟雪第一次见到彭老师。在现场看到这一幕，佟雪不由得感慨,好像自己从来没考虑过这些事情。后来她形容钟诚那是"魔鬼的步伐"。钟诚倒是自称对此事毫无印象,说可能是被叶老师表扬,一高兴喝多了,不记得。

2. 礼容明细

礼容,又称容礼,指行礼时的容貌情色、俯仰屈伸、进退升降、揖让周旋等仪节规定。礼容琐碎繁杂,与所谓的"曲礼三千"有密切联系。先秦时期礼容很受重视,在祭祀、宾客、朝廷、丧纪、军旅等场合广泛应用,因而也是当时贵族教育的重要内容。有些内容,在今天仍不乏借鉴意义,如《仪礼·士相见礼》"若父,则游目,毋上于面,毋下于带。若不言,立则视足,坐则视膝",当代青年和尊长交流时,这些礼容也都用得到。

要想复原好《仪礼》,万不可忽视礼容。

在《仪礼》复原影片中,给予观众第一印象的就是演员(行礼者)的行为举止、神态表情,这就是礼容。如果礼容不准确或不规范,将会直接导致复原影片的失败。

礼容为古礼仪节的要素之一,不但传世礼书中多有记载,而且出土文献诸如郭店简《六德》《语丛》和上博简《天子建州》《君子为礼》等篇,也保留有丰富的礼容资料。[1] 西汉初年,贾谊还写有《容经》《礼容语》,收在《新书》中。

这些古代典籍为《仪礼》复原工作提供了丰富的资料。但是,古籍记载简略,行文习惯又与今天不同,无法直接转换成现代人一

---

1 彭林:《论郭店楚简中的礼容》,武汉大学中国文化研究院编:《郭店楚简国际学术研讨会论文集》,武汉,湖北人民出版社,2000年,第134—142页。曹建墩:《战国竹书所见容礼考论》,《中国经学》第13辑,桂林,广西师范大学出版社,2014年,第125—146页。

望而知的动作形象。如《礼记·玉藻》云："足容重,手容恭,目容端,口容止,声容静,头容直,气容肃,色容庄,坐如尸。"尸是什么?不免让初学者读得似懂非懂。而读到《礼记·祭义》之"洞洞乎,属属乎,如弗胜,如将失之",更让人如坠五里雾中,非用心绎读、诚心体悟不可。

拍摄《仪礼》复原影片,目的之一是让人能够较为容易地明白这些礼容。而要拍好《仪礼》复原影片,就要先让演员、导演明白礼容。

为此,在充任复原视频的礼仪指导的同时,张德付还带领苑辰、钟诚等其他团队成员细致梳理了《仪礼》所涉及的行礼仪节及可能用到的礼容,编成《礼容明细》(*Vocabulary of the Confucian Body*),附有详细的解释。

礼容明细

礼容名称	英　译	动　作
正立	Standing Straight	
微磬	Standing Respectfully	

续表

礼容名称	英 译	动 作
磬折	Standing Solemnly	
卑立	Standing Humbly	
叉手而立	Arch-Armed Standing	
正坐	Sitting Straight	
恭坐	Sitting Respectfully	

续表

礼容名称	英 译	动 作
肃坐	Sitting Solemnly	
卑坐	Sitting Humbly	
跪	Kneeling Down	
兴	Standing Up	
折旋（站立：左和右）	Turn to the Side, Standing: Left & Right	

续表

礼容名称	英　译	动　作
折旋（行进：左和右）	Turn to the Side, Walking: Left & Right	
行之接武	Walking Casually Short Step	
行之继武	Walking Casually Normal Step	
行之步武	Walking Casually Long Step	
疾趋之接武	Hurry Short Step	

续表

礼容名称	英译	动作
疾趋之继武	Hurry Normal Step	
疾趋之步武	Hurry Long Step	
升	Going Up Stairs	
降	Going Down Stairs	

　　2015 年底，新年之际，为筹拍《乡射礼》，韩冰雪和钟诚到国家京剧院给主演进行礼仪培训。几位主演都是京剧演员，为首的王好强是国家一级演员，还有好几位从上一部《士冠礼》视频拍摄时期便作为主力参与到了复原拍摄工作中来。

培训演员（前方居中白衣者为王好强，后方居中白衣者为钟诚。最右白衣跪坐者为石善栋）

王好强清晰记得几年前最初去清华园文北楼和清华团队推敲仪节动作的场景。作为长期在京剧文化氛围中熏陶的演员，王好强和他的同事们对礼仪的理解十分"在行"；在演练礼仪的过程中，他们在步法、仪态方面与清华课题组进行了深入的沟通。他们会追问诸多细节的处理方式，如：

"拜时手至地，手要如何摆放？是分散还是合在一起？"

"跪下拿东西起身时，无法牵起下裳，就容易踩到，要如何处理？"

"宽衣大袖，去取东西时，袖子有点碍事，可不可以用左手拨一下右手的袖子？"

"不同人物的礼容，如乡大夫、主宾、有司，他们行同一种仪节，其举止是否有等级的差别？同一个'揖'，上射和下射是一样的吗？"

这些实际操作时才会出现的问题，钟诚等人也是第一次遇到。脱离了书本，他们在张德付此前考据的《曲礼》仪节基础上，又进一步做了探索和研究，制订出本于经、注，折中诸家的工作方案，尝试补充了更多具体的细节。而王好强也借鉴京剧基本功中的"半步快圆场"，来表现《仪礼》中"趋"的动作，多次在现场进行示范，弥补了很多人仅知道是"小步快跑"的不足，为礼仪表演和动作拍摄提供了启发。

可以说，在指导演员进行排练的同时，课题组对礼仪的理解也更深入。钟诚的硕士论文《〈仪礼〉拜揖的礼法与礼义研究》便是在此期间初具规模。

五、复古？Excuse me?!

1. 孔夫子的身体

2016年6月3日，第八届斯洛文尼亚U3当代艺术三年展在斯洛文尼亚首都卢布尔雅那（Ljubljana）开幕，在三个月的时间里，来自欧洲及世界各地的艺术家们在此交流先锋艺术的最新"情报"。

第八届斯洛文尼亚U3当代艺术三年展（Matija Pavlovec 摄）

这次展览的主题是"超越地球"（Beyond the Globe），策展总监是美国纽约大学艺术史学系和德国卡尔斯鲁厄大学（Karlsruhe）艺术与媒体中心的知名教授鲍里斯·格洛伊斯（Boris Groys）。

鉴于近年互联网技术发展的大形势，全世界都热衷于"万物互联"（Internet of Everything）的概念。鲍里斯由此概念类推，认为人类和地球并不是孤立的，宇宙的无垠和广大，不论从无穷的知识或无法测知的力量来看，都远远超越人类的掌握能力，人类对宇宙的想象既隐藏着恐惧，也寄托着无限的希望。因此，探索多种因素之间联系的可能性成为本次展览的主题：艺术与科学之间的联系、宇宙作为科幻文化的分析对象，身体不朽的视角和对当代技术的批判……鲍里斯注意到数字化的复制功能打破了时间的延续性，他反驳了本雅明（Walter Benjamin）的一个假设，认为复制时代的艺术并没有保证其同一性，而是在不断变化的媒介中保持信仰、仪式的"不朽性"。[1]

为了从当代视角回顾中国"前现代"的宇宙观，展览邀请了来自中国的策展人嘉礼堂张颂仁先生的两个项目：《雅集园林：山水里的雅玩》（Yaji Garden）、《孔夫子的身体：〈仪礼〉复原》（The Body of Confucius）。前者着眼点在"雅集"，旨在提供中国古代文人圈子"玩赏"自然的角度，这是不同于现代美术馆"展示"藏品的艺术鉴赏方式；后者则聚焦于"儒礼"，正是清华团队与嘉礼堂制作完成的《仪礼·士冠礼》的三屏投影视频。鲍里斯·格洛伊斯认为，这两种法天法地的文化行为都表现出带有乌托邦色彩的宇宙观，能够跟时下流行的后殖民/新帝国的文化政治思考拉开比较大的距离，具有独特的韵味。

在社会学视野下，"身体"属于文化社会与生物有机体的交合

---

[1] [德]鲍里斯·格罗伊斯著，刘正飞译：《数字化复制时代的宗教》，载[德]鲍里斯·格罗伊斯著，苏伟、李同良译：《走向公众》，北京，金城出版社，2012年，第195页。

产物。生物性的"身体"只是一个"未完成"的发展过程，它会透过政治、经济、军事、思想、教育、公共卫生来主宰或影响这个肉体，建构身体，甚至有学者因此提出现代社会中人的身体具有五种形态：世界态、社会态、政治态、消费态和医疗态。其实在任何时代，"身体"都是复合而不容易被限定化或单一化的。而对这个身体存在的自我认识，包括其形塑过程和普及形式，就成为了这一范畴下的重要命题。[1]

"孔夫子的身体"：《仪礼·士冠礼》复原（录影装置之2）

三屏幕投影，15分钟

礼教是离开现代最远，让现代中国人最听不懂，却最贴近中华文明核心的世间秩序。在传统中国社会，无论官民关系还是乡土情谊、识字还是文盲，自觉的礼教秩序每个人都懂。"礼"是中国人行走天下的教养。

儒礼是一种"身体的技术"，是一套带着宇宙观的技巧和知识，可以通过学习潜移默化。"《仪礼》复原计划"企图重新呈现这套被忽略的重要知识系统：

一、"现代性"考古：中国的"现代身体"是如何被塑造出来的？（中国的"现代"离不开"身体规范"的极端改造。因此"现代"的意识形态被埋藏在新的身体规范内）。

二、社会秩序如何在"社会身体"中呈现？反过来问："个体"认领一个"社会身体"需要什么"技术"？"个体"如何认同一个秩序？个体与社会磨合、对话的技术，也牵

---

[1] 参看［加］约翰·奥尼尔著，李康译：《身体五态：重塑关系形貌》，北京，北京大学出版社，2010年；黄金麟：《历史、身体、国家：近代中国的身体形成（1895—1937）》，北京，新星出版社，2006年。

涉个体如何保持互动对话的距离和自主。

三、在国家体系内，以"礼"构成的"社会身体"如何构筑自我开创的可能？同时，从个体出发的"礼"又如何成为普天下的共识？

　　作品呈现：张颂仁、邵志飞
　　学术主持：清华大学人文学院中国礼学研究中心、彭林
　　录影制作：香港城市大学创意媒体中心、保罗·尼古拉
　　出品机构：嘉礼堂、清华大学人文学院中国礼学研究中心

本次展览中的《仪礼·士冠礼》三屏投影，借鉴了装置艺术的形式，也可以说，其本身就是一件装置艺术品。装置艺术可以综合使用多种艺术媒介，成为一种开放的艺术形式，近期，电子产品尤其受到装置艺术家们的青睐。《仪礼·士冠礼》三屏投影以这种形式，试图让欧洲观众理解中国的"礼"与中国人的身体。

三屏投影（Dejan Habichb 摄）

这一装置艺术，尝试诱发人们对三个层面问题的关注：

一、关键的问题：现代中国人的身体是如何被建构？其过程如何？要成为现代中国人，需要适应一个全新的社会制度，在这个制度中嵌入了中国"现代"的意识形态。

二、社会秩序如何透过社会视野下的身体来呈现？从另一角度看，个体如何通过社会身体而成为自我？个体在与社会交涉并同时与之保持距离，又需要什么技巧？

三、在国家制度中，"礼"作为社会制度的展现如何部署人民治理？这种基于个体的技巧如何成为国家/国际通用的社会身体语言？[1]

由个体、社会到国家，考察"礼"与现代中国人身体建构的关系。现代西方视角下的身体生成本来是一个非常政治性的过程。如若从中国的"礼"切入观察，身体生成也具备其美学性和伦理性。儒家礼典作为美学、伦理、思想的综合体，礼的政治目的除了展示和架起一个庞大的伦理网络外，更在于体现出美学与政治两者之间的优雅感。

这种在现代中国曾被中断的身体建构模式，又给中国人现代化的进程带来了什么变化？换句话说，古代的礼制、礼典、礼仪等塑造出的"身体"，其方法、过程和成果，正是中国的《仪礼·士冠礼》——这项非物质文化遗产的真正精髓。

《士冠礼》从文本的状态，重制为具象化的影像，将此系统之下的空间和身体以美学形式重新编纂、描绘和突出，并且透过沉浸

---

[1] Sarah Kenderdine and Jeffrey Shaw: "Archives in Motion: Motion as Meaning", Museum and Archive on the Move: Changing Cultural Institutions in the Digital Era, Ed. Grau, Oliver, De Gruyter, Berlin, September 2017, p. 228.

式观感将现代观看者的身体带进这个虚拟与真人混合的空间,形成了一个古今身体与空间的有趣互动体验。《士冠礼》三屏投影营造出了一个能使观众置身其中的三维空间,在现实空间(卢布尔雅那的一座博物馆)之外,创造了一个平行宇宙,令观众感觉既陌生,又似曾相识。观众见证了现代中国人扮演的古老的东方男子从年幼无知到成人的关键环节,并且凭借装置所创造的新奇环境,透过异文化服饰与礼仪,关联了自身成长的记忆和对东方文化的想象。由此,观众得以进入这件装置艺术之中,成为艺术品的构成部分。

与普通装置艺术构件往往取材于生活不同,《士冠礼》的内容与在场的欧洲观众有着天然的疏离感。因此,《士冠礼》三屏投影就是在这样一种双重疏离之下,利用感觉的冲突增强了展示作品的张力。而且,尽管《仪礼》复原影片本身是基于线性图像叙事平面化的展示,但三屏投影实现了比影片内容更加直接的扩充方案,加之以装置空间向外延展的特性,使得视听经验与观众的身体经验、文化经验融合一体,塑造出艺术活动的新意义。

观看《士冠礼》三屏投影展示的瞬间(张颂仁摄)

在这一通过技术复制形成的场域之中,原本以追求准确性为最大目标的《仪礼》复原视频也要接受美学的评估,而原本以反诘并超越传统为特征的装置艺术也容纳了来自东方的古老文明展示。

在这里，张颂仁带来的古中国的生活形态竟然与鲍里斯·格洛伊斯那种来自基督教—斯拉夫传统的追求身体不朽的观念，获得了某种契合。

2. 张先生的一只脚和另一只脚

好多人知道张颂仁先生，是通过当代艺术。一大批如今赫赫有名的中国当代艺术家，通过他的引介，才获得了世界性的声誉。

其实除了当代艺术，传统中国艺术也是张颂仁最早对艺术发生兴趣的两个出发点之一。据他说，他尤其关注文化的"统绪"（lineage），"道统"的"统"。一个人、一波艺术潮流、一种文化，究竟是怎么来的，怎么形成现在的样子的，"How one establishes or continue lineage（如何建立或延续血统），这是我一辈子在关心的事情。"[1] 张先生如此自陈。

早在美国留学时，他就对满世界的美式价值标准有所保留。那种西方文化艺术天然代表了最高等级的"集体无意识"，不应该被审视吗？回香港后，他曾听一些私塾老先生讲学，跟着宣讲中国传统文化。"传统在那么多年里一直是反面教材，可其实，那是西方文明中所不具备的资源。"[2] 他的人生就在这些经历中奠定了双重基调。

尽管在西方文化生活中游刃有余，但近些年，他更想投入一种古典士大夫的生活。

张先生在公开场合亮相，穿的都是对襟中装，软底鞋，还时常

---

[1] 成都当代美术馆主编，[美] 威德默 (Richard Widmer)、黄诗云编著：《历史之路：威尼斯双年展与中国当代艺术20年．访谈集》，北京，中国青年出版社，2013年，第91页。
[2] 孙行之：《张颂仁：回归传统也要先行一步》，《第一财经日报》2016年5月13日，第A14版。

斜单肩挎着布袋。他觉得中装确实舒服，没有束缚。"30来年以前，我就觉得自己可以按照喜好去选择穿着了。"张先生很开心。他还随身携带着自来水毛笔，产自日本，非常好用，曾经送给参加《仪礼》复原研究的学生每人一支。这是他的趣味，是他在"寻找与中国传统相连的方式"。他会写下"孔夫子"的牌位纸条，让两位公子在开学的日子拜拜，也有张家历代祖先的牌位，重要节日，家人聚起来祭祖——在台北的大成至圣先师奉祀官孔德成老先生，也是这么行事的。为了尽孝，也为了体验"文人艺术的精髓"，张先生为母亲在古老的苏州园林办堂会，一切都按照旧时雅集的方式进行。他和家人还在上海青浦金泽淀山湖畔复建了一座隐秘的庄园，随着节气，定期举办民俗活动，有歌有舞，有木版年画，有射箭。射箭是清华学生帮助设计的，是效仿礼射的形式，也有一个像是从公文里面挑出来的名字，叫"市民文化节"。

现在的金泽，越来越凸显出"中国根柢"。[1]

现在的张颂仁先生，早已对当代艺术模仿西方的强烈倾向感到厌倦，尤其对一些艺术家迎合西方"冷战意识"的"政治波普"和"玩世现实主义"表示惋惜。出于艺术家的敏感，他对"文化殖民"充满警惕，他总是想寻找中国自己的立场，在一次采访中，他把这种想法称作是"消除向外的心魔，你才可以回到自己那里"。

在华人社会里创造现代艺术，一定要找到有文化根源的东西。所以张先生对扎根传统工艺再转换到现代艺术表现的艺术家最感兴趣。最激进的当代艺术，恰恰是要回到传统。

鲍里斯·格洛伊斯曾开宗明义地强调："对新的理解必须建立

---

[1] 参见李天纲：《金泽：江南民间祭祀探源》，北京，生活·读书·新知三联书店，2017年。

在与旧,以及传统之间的关系的基础上。"¹ 创新必须脱胎于传统,同理,所有的传统复兴,也都是大规模的更新过程。从来源上看,艺术创新除了来自于作为规范的文化传统,也来自文化之外、真实的世俗世界。就形式而言,新的艺术要么与传统相同,要么不同。在此意义上,所谓创新,仍然是一种对传统的适应行为。真正能够产生并持续下去的创新,一种并不构成危险的创新,是在传统能够保持稳定、被大众广泛接受的时候出现的。

20世纪90年代的当代艺术反映了文化大环境下个人的立足点与精神价值。这一时期的中国艺术日趋成熟,形成了本土文化的新生力量,"可是以西欧文化为主导的当代化或后现代艺术思想体系,尚未能发展出与中土固有文化接榫的新艺术。"² 如何立足现代而接续传统,这是张颂仁先生要思考的问题。"中国文化最迷人之处,在于它的分寸感和尺度感。我以为我能在这里做一点功课。一般有我这样的想法不会去做实事,大部分都是去做教书先生。而我还是相信文化依靠实际的权力架构,才能成为影响社会的力量。"张先生说。

"中国'现代化'成功后该怎么办?富起来后怎么用财富?回顾百年历史,现代化的成功其实跟文化的西化是密不可分的,但中国今天的策展和艺术创作要重新发现本土资源的魅力,这样才不至于迷失方向。"他认为,在当下中国,一个重要的任务是"把中国找回来":"今天已经处在一个非常西化的情景里,连大家讲话,关键词汇都不是中国的词,那我们怎么再找到文化的脉络呢?有些人甚至认为中国基本上已不再存在……"张先生有些感伤,但他也很实际。

---

1 [德]鲍里斯·格罗伊斯著,潘律译:《论新:文化档案库与世俗世界之间的价值交换》,重庆,重庆大学出版社,2018年,第xiv页。
2 张颂仁:《在讯息时代的中国艺术》,载首届当代艺术学术邀请展组委会编:《首届当代艺术学术邀请1996—1997》,广州,岭南美术出版社,1996年,第9页。

面对西方（实质主要是英美）在世界范围内的强势，张先生能够做到的是尽力推动非西方的文化登上国际舞台。他在接受访谈时坦言：

> 对我来说，最痛苦的事情就是，在亚洲的艺术家做作品的时候，脑子里想的，不是做给我们自己看的，他们老是考虑这个作品放在纽约，大家会怎么想？放在国际潮流里，会在什么位置？……肯定都是这样的，只是大家不大好意思说出来。这种创作的姿态，是跟有效的观众有关。所谓现代是跟时代潮流结合，那时代潮流谁在定，时代潮流发生点在哪里，这对创作者是非常核心的问题。
>
> 我一开始就是从一个——那个时候没有这个词——就是一种策展人的立场来考虑事情。我的想法是：要是中国人梦想的平台是在海外，这个海外平台短期内基本上是不大可能上去的，这对创作来说是非常大的伤害，因为重要的平台上不去，你总会有一种卑下的情结，总觉得自己不及别人。所以我在（20世纪）80年代很积极要做的事情是希望把中国艺术家推上西方的平台。[1]

张先生认为中国艺术与文化，既要从中国历史本身的脉络来看，也要注重把中国摆在整个大时代的转变的全球视野上来看，"我们不能和西方处在同一个平台上交流，就永远无法解决这个西方情结"。所以他认为自己可以发挥策展的专业优势，给中国文化与艺术建个舞台，搭个桥，"我老是一只脚在亚洲，另一只脚在海外。"

---

1 成都当代美术馆主编，[美]威德默（Richard Widmer）、黄诗云编著：《历史之路：威尼斯双年展与中国当代艺术20年访谈集》，北京，中国青年出版社，2013年，第93页。

张先生说:"我关心的是美术史怎么往前推。"

张颂仁先生在芝加哥艺术博物馆检视《乡射礼》复原定妆照

他想,既然我们已经在一个很有效的西方体制下运作,那我们就要立足在这里,再把传统的东西引进来,这个东西必须要比现代的东西更有效、更好玩、更有魅力。并不是说要用中国传统来颠覆西方,影响世界,而是要让现代人认识到传统的价值,让传统与现代生活接续上,这也是能对当今生活作出贡献的。

长久以来,中国总是将西方当作一个整体,当作是中国文化的对立面,却忽视了世界的其他部分,很少将眼光投向其他的文明与文化。张先生很羡慕印度知识分子从民间开始,关怀印度本土的那种精神信念。[1] 他认为可以在近代西方单线条的历史叙述之外,找到许多不同的历史使命。

1　张颂仁、陈光兴、高士明主编:《从西天到中土:印中社会思想对话》,上海,上海人民出版社,2014年,第365页。

20世纪末时，版画引起张先生的重视。他感觉："在中国的文化界，版画虽有很长的历史，却一直默默无闻。然而，这种艺术形式在当代中国艺术、社会和政治意识发展中却起了至关重要的作用。……也许在20世纪的亚洲，中国的艺术家比任何国家的艺术家都要热情地投入于现代版画艺术。他们既把它当作一种宣传手段，也当作一种表达个人艺术感受的形式。"[1]视觉艺术没有语言的障碍，所以更容易直接进入对世界的想象，还有与世界的感性上的沟通。

2017年，他指导在中国美术学院带过的学生、青年策展人吕豪在武汉主办了"艺与用"当代青年漆艺家邀请展。中国传统制造工艺取之于民用之于民，希望还能回归今日百姓的日常生活与礼仪之中，"日用而不知"。

寻源探本，张先生以中国经典礼仪为皈依。他尝试设计一个有关传统礼仪的项目，最初找了很多大学教授，可是他发现这些教授热衷于追捧法国传来的时髦理论，对中国的事情或其他古老的文明没有什么兴趣。

直到他遇到彭林教授。

"单周尧教授介绍我结识张先生，是我的荣幸。等于是圆了一直以来的《仪礼》复原梦！"彭老师说。

"我最向往的其实是经典研究，可是我的个性坐不住，所以发现还是做一些要跑动的事情比较好。"张先生说。于是，嘉礼堂的相关计划开始实施，不但针对全国各地生育、成人、婚嫁、寿诞、节庆、丧葬等各式礼仪开展多样化考察，以文字、图片、影像、器物等媒介整理日趋消亡的各式礼仪制度，召开研讨会，深入研究，与

---

[1] 张颂仁著，胡森译：《在风暴中心（有删节）》，载朱维明编：《赵延年文献集》，杭州，中国美术学院出版社，2018年，第170页。

此同时,《仪礼》复原影片的筹备、拍摄、后期制作与数据库建设,一样样落地。就像他培植艺术家并不局限在市场眼光一样,他推广中国礼仪的项目也不计回报。

张颂仁与彭林两人都关心传统礼仪和器物在当今时代的重生。

"很多人一听礼学,就说是复古,凭我彭林,真能复古吗?就算我想回到十年前,也做不到。孔子当年想回到西周去,也没成功。朱子向往三代,可还是要立足南宋。社会总会往前走,没有谁能真正复古。"彭老师常说,我们是"复原",不是"复古"。因为根本没有办法"复古"。历史不断前行,没有人可以再造一个"西周",但是我们可以通过经典文献了解当时的礼仪文化,为现代人的生活提供借鉴。

张先生是深入体察过中西文化的人,他会觉得礼学是"复古"吗?

"保留自己的文化,这是这个时代的我必须要做的事情,是我的天命。"张先生还是穿着他感觉舒适的中装,言笑晏晏。"别将西方文化中心化,同时将自我边缘化。"像传统节庆、木结构建筑都在复兴,并有了崭新的发展,张先生很开心。

礼学会迎来复兴吗?

问题关键在于,面对五千年文明,我们应该更审慎地去思考,其中究竟有没有好的东西。日韩的发展道路证明,传统并没阻碍现代化,也没损害其国际形象的树立。那么,我们为什么要彻底推翻传统呢?纵览历代制礼,一心复古之人绝少,大多数都会强调要适于今。

1907年,鲁迅先生鉴于"青年之所思惟,大都归罪恶于古之文物,甚或斥言文为蛮野,鄙思想为简陋,风发浡起,皇皇焉欲进欧西之物而代之",乃作《文化偏至论》,倡言:

明哲之士，必洞达世界之大势，权衡校量，去其偏颇，得其神明，施之国中，翕合无间。外之既不后于世界之思潮，内之仍弗失固有之血脉，取今复古，别立新宗，人生意义，致之深邃，则国人之自觉至，个性张，沙聚之邦，由是转为人国。人国既建，乃始雄厉无前，屹然独见于天下，更何有于肤浅凡庸之事物哉？[1]

"取今复古，别立新宗"，这样可以吗？

---

[1] 鲁迅：《鲁迅全集》第1卷《坟·文化偏至论》，北京，人民文学出版社，1981年，第58页。

新媒体数字技术的灵光一闪
让礼图『活动起来』
四维时空的具体连续活动
信息时代的礼图新传统

第三章 礼图

通常我们研读古书，是眼观其字，心知其意，并不大会刻意在脑中呈现其画面，而且有很多论说性质的古书，其文字内容本身也并不会涉及呈现画面的问题。甚至在读《仪礼》的时候，人们往往关注前后文本的勾连与注疏提示的精蕴，而不必去思考纸面记载的动作仪节以及名称繁杂的各种器物，在真实世界中究竟会呈现出何种样态。纵是古人，当其礼学研究与生活实践相脱节之后，也多如此。以至于乍遇行礼如仪的场合，无论是饱读诗书的老儒，还是初次参加《仪礼》复原的清华同学，都难免落入如宋人郑樵（1104—1162）所讥笑的那种窘况，"虽平日胸中有千章万卷，及置之行事之间，则茫茫然不知所向"，或是"议一典礼，有如聚讼，玩岁愒日，纷纷纭纭，纵有所获，披一斛而得一粒，所得不偿劳矣"。

虽然并不一定是为了避免类似的尴尬，但是"礼图"的出现，无疑强化了礼学的"行动"属性与客观属性，把礼从凝练深邃的思想意识又向着细碎繁复的实际生活拉回来一些。"礼图"就是对礼节、礼器、礼制乃至礼学思想的图像表达。从抽象的文字转变为具象的图画，表达方式的变化，丰富了礼学的面向，增加了人们接近礼学、亲近礼学的渠道。

从古至今，中国礼学的"礼图"传统就一直这样绵延不绝地存在世间。

然而，礼图不仅是存在于古老的线装书上的版刻图画。黑白影片、3D动画也都可以是礼图，而且凭借不断出新的媒体技术，礼图活动了起来，颜色鲜亮了起来。

清华大学这一次《仪礼》复原工作，尝试用多机位同时高清拍摄的方法从多角度（包括全景、侧景、近景、空中视图等）对礼仪过程进行完整记录，把繁复古奥的礼仪应用数字技术在多界面中呈现出来。

数字技术作为一种工具，提供了更好地呈现内容的方式，仅以《仪礼》影片而论，数字技术展现出了远远超出单一视觉画面之外的多层次的发挥空间。因此，尽可能全面、深入地挖掘《仪礼》文本的丰富面向与内在意涵，以配合表现形式上的突破，成为《仪礼》复原工作的又一重点。

一、新媒体数字技术的灵光一闪

虽说数字电影为展现古礼风貌提供了崭新的条件，但如何才能使二者密切配合、相得益彰，在《仪礼》复原项目执行之初，其实是个令人头痛的问题。

影片拍摄对象既为《仪礼》所载的礼器与礼节，要保障其学术性，就必须力求严谨精确，不能像是生活电影或科幻电影那样，可以随意取景，任意发挥，甚至是凭着想象力向壁虚造。《仪礼》古文，翻译成现代汉语也没法自动转换为影视剧本。电影工作者不谙古礼，想要了解拍摄什么东西的确困难。而清华团队这一方，大家当然都爱看电影，却谁也没拍过电影，一说要拍摄《仪礼》影片，自是兴奋不已，不曾想却还要从最艰苦的工作做起。

1. 绘制礼图 600 张

《仪礼》复原是在人文研究与科技的交叉点上展开工作的，需要人文工作者与科技工作者做到良好的沟通。举例来说，如果在制作过程中，人物动作、器物造型、礼服色彩、宫室方位等未能提前加以准确的描述，拍摄之后再加追改，耗时耗力不说，经济损失便难以承担。

叶国良老师曾经建议：

> 若有人准备执行 3D 动画案，在提出申请之前，应先申请前置的工作计划案，不可一边研究，一边制作。亦即须先考订各个场景、人物、器物之造型（含大小尺寸）与颜色，并绘成彩色草图，以备电脑工程师参考；之后，须撰写分场分镜的剧本，包括每个人物或动物的姿态、动作和方向、位置。如有配音，也须事先撰写，并说明每段话配于何场何镜中。[1]

所以，他以过来人的经验提醒，在制作之前必须有充分的规划、可靠的草图，才能有效降低画面的错误率。

2014 年 11 月，复原拍摄的筹备工作开始稳步地开展。2015 年春，《乡饮》《乡射》会读已基本完成，拍摄工作将由香港城市大学的邵志飞教授（Jeffery Shaw）把关视觉效果的呈现，并请澳大利亚导演保罗（Paul Nichola）来主持拍摄事宜。

---

[1] 叶国良：《〈仪礼·士昏礼〉3D 动画的研发》，《科学发展月刊》第 29 卷第 5 期，2001 年，第 338 页。

导演保罗不谙汉语。清华团队要对《仪礼》的每一处仪节变化作出图像描绘与文字说明，以便导演能够精准把握礼仪的全部流程，确保分场景拍摄设计准确无误。这既是保障影片拍摄质量的必要前期工作，又是传统礼图学的一项细化的工作，《仪礼》复原小组决定由团队成员李旭来承担。

李旭依据《仪礼注疏》和师兄张德付所拟拍摄脚本，参照清儒张惠言、黄以周的礼图，开始用电脑绘图。因为没有纸质媒介的限制，每一处细微的仪节变化，都可以在前一幅礼图的基础上呈现（复制前一仪节图即可以为基础，正是电脑带来的便捷），所以画起来比古人自如。但也必须谨慎推进，因为这样的做法，只要有一幅图出错，后面所画就是白费力气了。

当然，失误是难免的，李旭也曾多次返工。每一帧仪节图，还需要附英文说明，以便导演阅读。李旭自觉精力有限，英语水平也有限，遂请太太欧阳帮忙翻译。在 2015 年春光明媚、柳絮纷飞的时节，李旭和欧阳在清华二号楼宿舍中，半天准备各自的博士论文，半天绘图，如是三阅月，6 月 30 日，终于完成《乡射礼分节图表》。

《乡射礼分节图表》由 1 张人物表、23 张仪节表（也就是行动脚本）、600 帧礼图构成。人物表囊括《仪礼·乡射礼》所有的行礼者，一一以字母序号标识，以便入图：

  主人 the host-A

  宾 the principal guest-B

  众宾一 the body of guests No.1-C1

  众宾二 the body of guests No.2-C2

  众宾三 the body of guests No.3-C3

众宾四 the body of guests No.4-C4

众宾五 the body of guests No.5-C5

众宾六 the body of guests No.6-C6

众宾七 the body of guests No.7-C7

相（司正、司马）the assistant (the overseer or master-at-arms)-D

沃洗者 the washer-E

有司一 the officer-F1

主人之吏一 the subordinate of the host-G1

大夫 the great officer-H

乐正 the bandmaster-I

工一（瑟）musician No.1(Se)-J1

工二（瑟）the musician No.2(Se)-J2

工三 the musician No.3-J3

工四 the musician No.4-J4

相者一 the helper with the musicians No.1-K1

相者二 the helper with the musicians No.2-K2

相者三 the helper with of the musicians No.3-K3

相者四 the helper with the musicians No.4-K4

笙一 the musician of Sheng No.1-L1

笙二 the musician of Sheng No.2-L2

笙三 the musician of Sheng No.3-L3

和四 harmony-L4

磬 the musician of chime stone-L5

鼓 the drumer-L6

三耦一 the three couples No.1-M1

三耦二 the three couples No.2-M2

三耦三 the three couples No.3-M3

三耦四 the three couples No.4-M4

三耦五 the three couples No.5-M5

三耦六 the three couples No.6-M6

司射 the director of archery-N

弟子一（释获者）the pupil No.1(the scorer)-O1

弟子二 the pupil No.2-O2

弟子三 the pupil No.3-03

弟子四（获者）the pupil No.4 (the marker)-O4

  这些人物在礼仪进程中逐次登场，而整个礼仪进程则通过仪节表来描述。礼经分节，乃是历代礼家把握礼仪节奏的重要手段。此次所绘仪节表，大体依照清儒胡培翚《仪礼正义》之分节，一节制一表。如"宾酢主人"节，制表如下：

表中横轴第 1 行，列出此节行礼者；而纵轴 A 列，则列出仪节的序号。同一仪节进程中不同人物的行动，可从表中清晰地看到；同一人物所参与的不同仪节段落，也可从表中准确地把握。每一个仪节序号对应一帧礼图，如本节中最核心的部分，为 5.2.14—19，对应礼图如下：

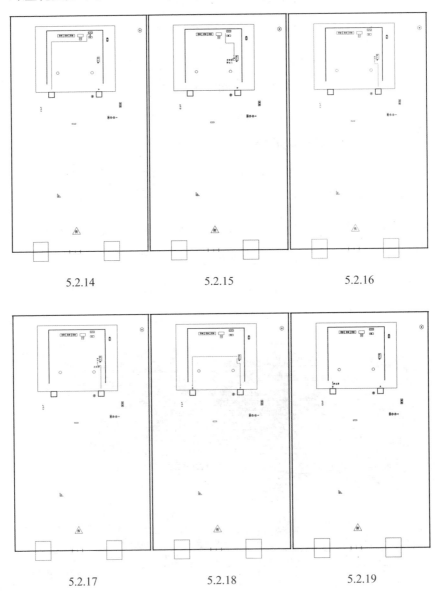

5.2.14　　　　　5.2.15　　　　　5.2.16

5.2.17　　　　　5.2.18　　　　　5.2.19

图中的宫室、礼器等静态之物，均用黑笔标示。而人物的定位与移动，则用红笔标示。

这一工作是传统礼图学的细化。例如，下图为清儒张惠言《仪礼图》中对于《乡饮》《乡射》二礼的共同环节——献宾、酢主人、酬宾——的图示，张氏只用一张图表示：

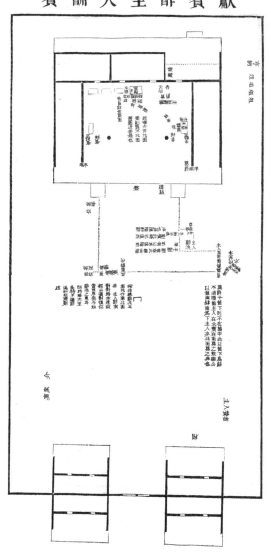

清代张惠言《仪礼图》

而对于这一仪节，李旭一共用了 84 张图来描述。当把传统礼图十数页的内容细化到数百帧礼图时，其实动态化的礼图已呼之欲出。后来，这一步的跨越是由钟诚完成的。

在李旭和欧阳绘制礼图的前后，复原团队还发动很多志愿者，在 2 号楼和听涛园食堂之间的"礼射广场"进行演礼走位，每个人身上都挂着巨大的编号标签，以此拍摄视频，提供给导演保罗，以便他更加清晰地规划礼仪需要展现的内容。尽管在演礼之前，团队已经进行了会读，展开大量的讨论，但仍有许多问题是到了演礼的现场，才发现或意识到的，只能当场展开讨论，试图解决。

绘制礼图以及拍摄走位视频，对于日后编写最终的行动脚本来说，是非常重要的一个环节。

所谓"实践出真知"。

2. 再做一个 flash！

复原团队将礼图和视频发给导演保罗，保罗表示仍然不够直观。

为解决这一问题，复原小组提出了用绘制动图来增强表现力的方案。由于当时李旭已进入博士四年级，必须集中精力投入博士论文的撰写之中。钟诚毛遂自荐，从师兄手中承接了这份工作。

这位来自马来西亚的小伙子，刻苦认真，本着对中华文化的一腔热爱，不但迅速钻到传统三礼之学的研究之中，而且对导演拍摄、APP 制作这些《仪礼》复原会用到的十八般武艺，全都"现学现卖"，硬生生顶了上去。他花了不少时间和精力将李旭的礼图改编为动图。

钟诚最初的想法是用 PPT 来绘制动图，而当时有位经常来办公室帮忙的志愿者胡力晖同学，见钟诚吭哧吭哧地用PPT在作画，便教他使用一款叫Macromedia的软件来制作动图，效率飞跃性地提升了。

这个动图以乡射礼的主场景"州序"的平面图作底，在上面绘制了许多不同颜色的圆点，标上编号作为礼仪中的各个角色，然后按照时间顺序让这些圆点在图上移动，以便显示出整个礼仪中所有人物的时间和空间关系。

导演保罗看了样品之后，觉得这是目前最直观的方式。于是钟诚便参照着李旭的礼图，以及此前拍摄的走位视频，开始进行动图的绘制。

在绘制动图期间，仍出现了不少问题亟待解决。复原小组租用清华东操场旁的体育活动中心维学馆一块地下场地，在上面用胶纸标志出建筑的墙面、道路，在彭林老师的亲自带领下，反复走位，研究礼仪具体实施的方法。

记得当时讨论最多的是宫室的尺度。马延辉是宫室尺寸的负责人，于是彭老师便拿着尺寸图，一边在用彩色胶纸在地面粘贴出的"建筑"中行走，一边对马延辉提出各种问题。器物的摆放位置以及大小形制，也是团队切切关注的问题。大家在具体操作的过程中，发现了某些已经制作好的器物存在尺寸及形制问题，并由此对一些器物提出了重新制作的要求。还有仪节方面的问题，有些在《仪礼》文献上仅仅写了结果，却没有写出其得以实现的过程，而这些部分都需在视频中进行交代。有些仪节，如执礼人员将弓箭交递给射手时，书上的记载和实际操作之间出现了矛盾。

在《乡射礼》"司射诱射"这一环节中，被称为"三耦"的六名射手有这样一个仪节："三耦皆袒、决、遂。有司左执拊，右执弦，而授弓。"此时，"三耦"面朝南并肩而立，执礼人员"有司"将弓、箭授予他们时，当以面对面授予为便；然而射手执弓之法，以左手执弓，而右手勾弦，若有司亦左执弓、右执弦对面授之，则弓体必是反向的！

遍观诸家注解，皆未言及这一细节。只有《礼记·曲礼》提及一则横向授弓法："凡遗人弓者，张弓尚筋，弛弓尚角。右手执箫，左手承拊，尊卑垂帨。"即赠人以弓时，弓弦若是已经搭好，则弦朝上交给他人。弓若是松了弦，则弓把朝上交给对方。右手执弓梢，左手托着弓把。如果授受方尊卑相等，则双方都需要鞠躬致意。

彭老师与各位同学通过反复的讨论与实操，得出一个折中方案：即有司持弓、弦，左手在上，右手在下，横弓以授三耦，三耦亦左手在上、右手在下而受，然后将弓体竖之如常——如此处理，方不违背经、注。

若不是上手实操，极难发现如上的问题。凡此种种，不一而足。

经过实验性行礼走位的反复辨证，钟诚在团队同仁协同合作的基础上，终于完成了23幅动图的绘制。这批动图由彭老师亲自检查后，于2016年1月末全部交给了导演。

3. 试片·建模·沙盘

2016年3月，为迎接即将到来的国家社科基金项目中期检查，同时也落实导演保罗关于在正式拍摄前进行一次完整演练的建议，《仪礼》复原小组组织进行了一次试片拍摄。

嘉礼堂委托一名北京的制片人陈伟来筹划此次拍摄，并为此投入了几十万的资金。陈伟先召集了拍摄团队来到清华，观看复原小组此前在香港拍摄的《士冠礼》视频。为了指导与配合拍摄工作，复原小组决定由钟诚负责与拍摄团队接洽。

试片拍摄的导演姓王，他让助理教钟诚如何编写拍摄脚本，以便在拍摄时能够有本可循，还让钟诚尽可能地标注出复原小组所希望出现画面的镜头数量和角度，如在射箭时需要几个大全景、几个近景、几个特写来表现。凡此种种，钟诚都需要在写作全部仪程细节的同时，将镜头角度一一设想并标注出来。把深奥的《仪礼》经文转成详尽的脚本，其实干了编剧的活儿。钟诚也由此加深了对《仪礼》结构和要拍摄的全部礼仪的了解，这对后来拍摄时清华团队能肩负指导工作起到了决定性的作用。

经过这一次的试片筹备，清华团队获得了更多的经验，为了更好地投入正式拍摄，大家又作了进一步的准备。

高瑞杰从安徽黄山参加学校的暑期实践回来后，便紧急参加到复原工作中来。他在钟诚所绘制的动图和脚本的基础上，进一步对每一个仪节行礼前后的器物陈设情况作了爬梳，这样便使得无论下一场切换到哪个仪节，都可以迅速将当时的礼器陈设情况呈现出来。如"一人举觯"节，行礼前器物图示如下：

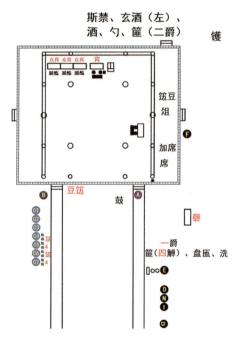

该仪节之后，局部的器物陈设有所变化，如下图：

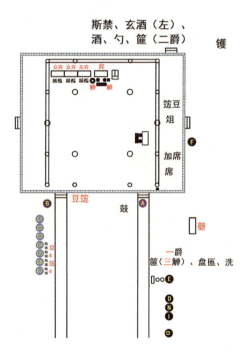

对比两幅礼图可以看出，建筑最深处（图中左上部分）有所不同：宾客已然进入席后站定，而"举觯"环节的酒觯已被放置在了宾席左侧（即西侧）。类似的内容在脚本中比比皆是，为更加准确地掌握礼仪的位置和内容提供了帮助。

　　又比如，保罗导演提议复原小组用电脑绘制 3D 的乡射礼行礼场地——"州序"的模型，以便结合现场布景，对最终成片进行特效加工。为此，复原小组特别请本校建筑学院的在职博士生杨扬先生参与设计建模，由马延辉与之对接。此一合作事项，让马延辉生出很深的感慨：

> 　　《仪礼》复原是一项跨学科研究。跨学科的难度，不仅在于各方知识背景的不同，还在于不同专业训练下形成的思维差异，导致彼此的旨趣不一，因此在与其他专业的人士合作的同时，有时候也会因难以相互理解而加大了沟通成本。
>
> 　　复原视频拍摄与导演及摄制组的沟通自不必言。在制作《乡射礼》"州序"的模型时，由建筑学院的在职博士生杨扬负责设计，尽管我事先做了一定功课，把礼书中的设洗当东荣、东霤转化成建筑学术语中的庑殿与悬山，把五架转化成四椽栿，甚至为了查看模型图在我那老旧笔记本上安装了 SketchUp 和 Tekla 软件，但是与杨扬沟通的时候，还是会在一些细节问题上纠缠。
>
> 　　例如建筑尺寸问题，除了《周礼·考工记·匠人》篇中的一些零星记载，文献中可求证的不多，只能根据考古发现的建筑基址，结合《仪礼》中具体仪节所需的空间去

推测。因此，在我看来，建筑尺寸并不能限定于一个标准数字，而且，这也并不是宫室研究中的重点。

但是建筑学背景的杨扬在制作模型的时候，一定要求我提供一个标准数字，甚至屋瓦的形制、墙面地面的质感这些很具体的问题都要我提供一个答案。当时的我，也只能推测一个具体数字报上去，或者直接委托杨扬根据自己的经验去决定。杨扬费了很大工夫，可惜后来做的一个模型，在外观上很像一座明清建筑，甚至将垂脊做成了举折。而我最初给的草图明确说明不要做成举折，结果不得不返工。

整个复原研究中，这样的情况遇到过很多次。

马延辉感慨合作研究的困难，师兄李旭宽慰他说："独力做研究不难，合作才考验心性，包括'反求诸己'的能力和对对方的理解尊重。"这番话给了马延辉深刻的启迪。

影片后期制作需要在拍摄的画面中合成宫室的画面，又必须用3D的州序建筑模型做成特效，结合现场布景来对最终成片进行加工。沟通合作暂时遭遇了瓶颈，复原小组不得不另谋出路。毕业于江苏建筑职业技术学院的志愿者王波对模型制作软件有一定经验，大家鼓励他尝试制作州序的3D模型。

王波回忆说："制作的过程远比我想的难，因为能力不足，很多的软件功能我只能现学现用。所幸还是制作出了符合要求的模型。也是老师们对我的包容，让我丑丑的模型过了关。"

他太谦虚了。实际上，团队成员那阵子总能看到他一整日坐在电脑前，一窗一挂，片砖碎瓦地抠细节，最终凭一己之力完成了一份高质量的 3D 建筑模型。

为了在最终拍摄时能让保罗导演理解建筑布景和建筑样貌，韩冰雪提出除了制作周代州序的 3D 模型外，再建一个沙盘（建筑实体的模型），帮助保罗理解。他在网上买了很多小木方，购买了台锯、角磨机，在办公室一角搭建了一个加工小车间。趁着每天一大早各位同仁还没上班时，或每天晚上其他工作人员下班之后，几位志愿者开起吵闹的机器，加工零件，制作序的沙盘模型。

大家合力，序的小沙盘做得十分精致，木框架的建筑结构妙肖如真。完工当天，大家还围着沙盘，用紫砂泥捏起了小人，模拟乡射礼过程中的站位。王波还记得："一个个丑巴巴的泥人弓身站着，赵媛媛姐打趣说，一看就知道这是杨远骑捏的，和远骑一模一样。"

传统的礼图，为媒介所局限，只能以少量而且非常抽象的图像来描述复杂的仪节，其挂一漏万，自不待言。清华团队始而将传统礼图尽可能分析细化，进而运用 flash 技术绘制动图，在二维平面中注入了时间的维度。在此基础上，再进一步构拟三维空间，真人行礼其间，作全景拍摄，此可谓是传统礼图学的全面升华。

但仅仅如此，则仍属传统礼图学的"客观"模拟。实际上，保罗导演请清华团队构拟 3D 模型，其目的不止于此，更指向一种"沉浸式体验"的目标。从"客体旁观"转向"主体沉浸"，这种目标的切换，固为现代新媒体艺术的先锋变革，同时，也与"礼者，履也，体也"的故训遥相呼应。这一革新观念的倡导者，为香港城市大学的邵志飞（Jeffery Shaw）教授。

4. 踏上新媒体艺术先锋之路

2014年1月的一天,清华自动化专业毕业生苑辰拖着行李箱走在香港的街头,行李箱里是一台台式电脑主机。

那时距离《士冠礼》复原交互数据库在香港汉雅轩的展出,还有不到两周的时间。作为交互数据库视觉及数字部分总负责人,已届古稀之年的邵志飞教授因为意外受伤,行动不便,这给《士冠礼》交互平台最终的修改和调试带来了很大的不便。同时,专业的落差和语言的障碍,都给远距离的交流带来挑战。为了加速课题进度、满足平台效果要求,唯一的解决方案是苑辰带着设计文件和程序,跑去香港邵教授家中,在他的指导下现场修改。

整整一周时间的密集工作,除了重新认识这位原本只会在艺术史书籍中才会出现的长者外,更令苑辰好奇的是,究竟是什么令这位来自澳大利亚的艺术家能够投入如此的热情和能量?每一个图标的位置、颜色,操作的手感和流程,他的专注和严谨,以及他对工作事无巨细的认真态度,都超出了苑辰对一位古稀老人的想象。

在一周后展览开幕的时候,看到来宾和观众真正见到最终呈现的状态,再想到在《士冠礼》复原开始这十几个月的时间里的种种协作,一个模糊的答案仿佛出现了。

一位曾获美国计算机协会计算机图形与交互技术组(ACM SIGGRAPH)终身成就奖的数码艺术大师,一位当代新媒体创作的先锋。

邵志飞教授在学术会议上作报告

邵志飞教授是香港城市大学创意媒体学院的讲座教授及互动媒体与电算应用中心总监。多年来，他的作品突破传统，荣列全球大小展览，好评如潮。在创作上，他不断探索视觉感知的沉浸式体验 (Immersive Experience) 的可能性，将无形的知识、技术及经验作出具象化的编纂，为文化遗产的保护、传承带来了重大意义的革新。

从 2013 年开始，他参与了与清华大学和嘉礼堂合作的"《仪礼》复原计划"，利用多种数码捕捉技术及编辑的手段，注入了他对文化遗产重制 (Re-enact)、再现 (Re-embodied) 的理念。这是他近年来最重要的项目之一。

多年来，邵教授的创作专注于探索沉浸式的交互体验。所谓"沉浸式交互体验"，就是打破固有的实物呈现方式，利用数码技术向观赏者展示艺术作品，让观赏者能够脱离固有的现实而完全进入并沉浸其中，与之互动，有一种置身于虚拟环境中的感觉，由此重塑观众与艺术作品间的关系。他在 1992 年曾发表论文讨论虚拟现实（Virtual Reality）在艺术作品中的功用：

传统的艺术活动往往都是现实的重现——利用材料制造自身经验和渴求的具体的反映。现在，有了新式数码科技技术，艺术作品可以成为它自身现实的一种模拟——一种我们可以真实地"进入"的无形数码空间。在这里，观看者不再是木然的被动接受者，而是在视听资讯的潜在空间里成为旅行者与发现者。在这个短暂的维度里，交互式的艺术作品透过观看者每次的活动都被再次建构和再次创造——每个人都成为了众多可能形态的艺术作品的说书人或讲述者。[1]

透过不同的装置，制造出无形的虚拟空间，让观众能"进入"并且"发掘"艺术作品，与作品形成一种交互体验。在过去的近五十年中，邵教授致力于探索各种沉浸式感观环境的无限可能，打破虚拟与现实的界限。例如他 1989 年创作的"清晰可读的城市"(The Legible City)，让观众通过骑自行车来游览不同城市，1995 年创作的 PLACE—A User's Manual（场所——使用手册），在一个直径长达九米的圆柱体投影幕内，以三部投映机投放全景 3D 影像。他与敦煌研究院合作的有关敦煌莫高窟的全景投影作品"人间净土"(Pure Land) 增强现实版，透过 iPad 或 VR 装置就可以观赏不对外开放的莫高窟第 220 号窟，应用多种交互设计，展现壁画的动态图像，让人无比惊艳。不同的装置和主题，呈现无穷变化的沉浸式体验，对艺术作品自身来说，也是一个被不断解读的过程。

邵教授在实验性美学及互动叙事技术上不断开发，创作了许多

---

[1] Jeffrey Shaw. "Virtual Reality: A new medium for the artist?", in: Virtual Reality International 92, Impacts and Applications, Ed. Feldman, Tony, Meckler, London, 1992, pp. 65-68.

优秀作品，近年更着眼于对文化遗产的保护与传承。

他与夫人萨拉·肯德丁(Sarah Kenderdine)教授都认为，现在一般提供的交互及3D技术，用于在数字人文的各种视觉范畴下作出的认知性发掘及考察，仍有待注意。[1]因此，2010年开始，他就致力于文化遗产的具像化(Embodiment of Cultural Heritage)，先后启动了多个项目，利用他擅长的数码交互、沉浸式技术等方式，将文化遗产数字化并加以重组、重现，将之记录和保存之余，重新定义与解读。

除敦煌莫高窟"人间净土"项目外，还有记录书法大师王冬龄书写时第一视角的作品"First-Person Painter"（第一人称画家）、重组新加坡著名诗人Edwin Thumboo（唐爱文）诗歌作品的装置"Recombinatorial Poetry Wheel"（重组诗轮）及一系列呈现中国武术主题的文化遗产数字化成果，都是其中的重要成果。邵教授搭建了多个沉浸式交互装置，在世界各地展览。与清华大学合作的《仪礼》复原项目也是其中的重头戏。

文化遗产，有有形与无形之别。2003年联合国教科文组织通过的《保护非物质文化遗产公约》界定所谓"非物质文化遗产"为世代相传且不断地再创造的社会实践、观念表述、表现形式、知识、技能以及相关的工具。敦煌莫高窟就属于世界遗产中心所列的项目，是有形的。古代中国礼仪《仪礼》的重制则属于非物质文化遗产(Intangible cultural heritage)范畴，是无形的。

---

[1] Sarah Kenderdine, Jeffrey Shaw, and Tobias Gremmler: "Cultural Data Sculpting: Omnidirectional Visualization for Cultural Datasets", in: Knowledge Visualization Currents: From Text to Art to Culture, Eds. Marchese, Francis T and Ebad Banissi, Springer-Verlag, London, 2012, pp. 199-220.

《仪礼》所记录的典礼仪式，在其定义下属于"活的遗产"(Living heritage)，其形式与剧场或其他表演相似，同时具有物质及非物质的元素，包括动作、表情、器物、服饰等，只不过，儒家的典礼仪式更富有想象力。[1]

邵教授认为，中国的"礼"是一个涵盖美学、伦理、意识形态范畴的概念，更是一种运用肢体语言的技巧，而这种技巧是需要学习和记诵的。《仪礼》所载的典礼在过往一段很长时间里，几乎已在现实社会中湮灭。要将过去的仪式在现代重新制作，涉及严格的考证工夫，包括各种物质及非物质的元素，也代表着对这种遗产的再度诠释，展现今人对往昔的文化审视。而这，正是清华团队的多年追求。

清华团队与邵教授合作的《仪礼》复原项目，一共制成了几种不同的装置和软件。包括：

第一，三屏装置。2016年在第八届斯洛文尼亚U3当代艺术三年展上展出的《士冠礼》，用真人拍摄与虚拟现实叠加，再以三块屏幕来展示完整流程不同角度的视觉效果。三块屏幕以沉浸式的建设模式，依序播放《士冠礼》视频，营造出包含礼仪记录和器物分析的多向性展览环境。《乡射礼》在摄影棚内搭建了整个建筑，以舞台剧风格进行拍摄，后期加入了天空、树等背景，也使用了三屏展示装置。三屏投影已在杭州和英国伦敦、斯洛文尼亚卢布尔雅那、德国卡尔斯劳厄、瑞士苏黎士、美国芝加哥等地展出。

---

1 Sarah Kenderdine and Jeffrey Shaw: "Archives in Motion: Motion as Meaning", Museum and Archive on the Move: Changing Cultural Institutions in the Digital Era, Ed. Grau, Oliver, De Gruyter, Berlin, September 2017, p. 227.

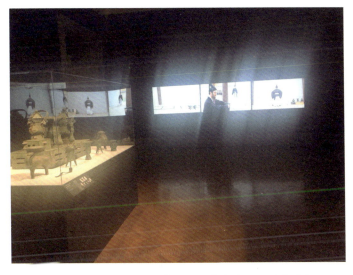

三屏投影在芝加哥艺术博物馆"吉金鉴古"展览展出

第二,"《士冠礼》交互数据库"。这是一个供学术研究及公众学习的多媒体数据库,以线性方式播放《士冠礼》流程,并备有与视频同步移动的礼图。而且,每个分镜都可以单独点击浏览相关器物、服饰、仪节的资讯。所有动作、名物更可以360度旋转,以便利学者对器物仪容等深入考察。

第三,360度的全景视频,戴上VR眼镜后可以完整观看整个礼仪的全景。

第四,制作虚拟和电影纪录片的混合呈现。在VR中呈现出整个虚拟3D场景建模,并按礼典行进时间顺序及空间位置标示出礼仪视频画面,观看者可以根据导航进入不同屏幕观赏不同时空中进行的礼典段落,也可以随意转换观看视角。这种呈现方式虽然是虚拟的,却可以完全体验拍摄的全过程。

邵教授看重《仪礼》复原项目具有很高的学术含金量,在重制这项文化遗产时,决定采取更谨慎的数字技术与工作方式。这种数字技术与工作方式不仅要保存历史，而且要具备知识传播的能力。

过去二十年，在世界范围内，兼具历史保存和知识传递的数字化遗产项目极为稀少。在与清华大学团队共同设计《仪礼》复原的具体展现效果时，邵教授使用了增强现实（Augmented reality）、动作捕捉（Motion capture）及动作标注（Annotation of movement）等技术，希望制作出一种交互式记录的艺术装置，产生能够在博物馆播放及大学教学级别的应用功效，供学者研究及公众学习之用。

在既往的数字技术项目实践中，设计师关注的重点往往被锁定在新技术的设计形态之中。如何运用更新的技术手段来实现新的设计意图，从而改变人类的现实生活，这是面向未来的新媒体从业者所思考的主要问题。而邵教授似乎转向了过去，他更愿意将他的技术、设计和文化创意与人类、特别是中国的文化遗产进行联结（conjunction），运用新媒体数字技术实现对文化遗产进行一种特殊的"保护"，以一种独具创意的方式增强人类与过去的联结。[1]

中国传统的礼学属于经学范畴，在现代学术体系中，充其量在民俗学、历史学、考古学、伦理学等领域能稍稍占其一隅。但当"礼"成为一件艺术装置在美术馆内展示时，就纳入了美学讨论的范畴。《仪礼》复原合作项目，重制了儒家的礼仪，搭建了像《士冠礼》《乡射礼》的三屏及 VR 系统等艺术装置，利用具象化的"礼"去引介全新的概念框架，让研究者、观看者去开发不同的命题。

---

[1] Sarah Kenderdine and Jeffrey Shaw: "The Conjunction of New Media Art and Chinese Cultural Heritage"，中译文见萨拉·肯德戴、邵志飞：《新媒体艺术与中国文化遗产的联结》，设计互联编：《数字之维》，上海，同济大学出版社，2017 年，第 127—135 页。

《士冠礼》交互数据库演示界面

针对中国的"礼",邵教授本人提出了三项重要命题:一、突显我们对礼学研究作为一种思想与实践系统的理解。二、反映中国人的"身体"和生命意识,其在现代化过程中的迅速变化。三、突显艺术调和这些社会的新敏感性方面的潜力,而这正是艺术在社会关系中的一项重要使命。[1] 最新锐的现代美学观念,为远古礼典的内在精神创造了复苏的机缘。

二、让礼图"活动起来"

与前贤的黑白影片和彩色3D动画不同,清华大学《仪礼》复原工作,尝试采用真人表演与实际加虚拟场景相结合的路径进行多媒体影像拍摄,从多个视角对《仪礼》的礼仪动作、建筑、服饰和器

---

1 Sarah Kenderdine and Jeffrey Shaw: "Archives in Motion: Motion as Meaning", Museum and Archive on the Move: Changing Cultural Institutions in the Digital Era, Ed. Grau, Oliver, De Gruyter, Berlin, September 2017, p.228.

物进行展示与分析，旨在全方位复原周代礼仪的风貌，为学术普及、更为进一步研究提供便利。其关键技术路线是要打通学术考证成果与新媒体数字技术结合的路径，实现《仪礼》复原展示形式的创新，达到形象生动地再现周代礼乐文明的精神面貌与文化特质的目的。

邵志飞教授和张颂仁先生、彭林老师规划了研究成果的展现方式，而要将之落到实地，首先需要专业的导演和演员把复原的礼节一一排演出来。

1. 一个澳洲人，不远万里来到中国

经过多年筹备与擘画的《仪礼》复原计划，在 2012 年之后加速了。

《仪礼》的第一篇，是士之子举行加冠仪式的《士冠礼》。这篇中国古代的成人礼文献，详细记载了中华先民为从少年过渡到成人这一人生重要节点所作的礼仪准备和其蕴藏的深刻精神内涵，它是人类社会数千年的文化积淀，不但在古代备受重视，有"冠者，礼之始也"的说法（《礼记·冠义》），而且对当代生活也具有重要的启示意义。作为复原工作的"第一枪"，清华团队决心先完成《士冠礼》。

《士冠礼》拍摄于 2013 年 6 月初在香港城市大学影棚开机，清华团队选派了三人赴港，分别是当时在礼学中心办公室负责行政与项目统筹的苑辰、负责拍摄内容撰写及演员培训的张德付，还有负责服饰、化妆、器物等后台工作的罗婷婷。

这一复原工作在开展之初便是分北京和香港两条线共同进行的，也即是以清华大学彭林老师为首的学术复原研究团队和以邵志飞教

授为首的香港城市大学创意媒体学院为中心的数字化拍摄制作团队。

《士冠礼》复原的数字内容和交互平台制作团队,是一个跨国籍、跨地域的专业性团队。在邵志飞教授的带领下,城市大学创意媒体学院组织了拍摄制作团队,其中由来自澳大利亚的影视特效专家保罗·尼古拉先生(Paul Nichola)作为视效指导,按照脚本结合复原研究及展示的需要设计并组织进行现场拍摄的技术工作,并指导后期影片特效团队完成虚拟数字内容的合成与制作。影片的导演及摄影工作由在香港具有多年影视剧拍摄和制作经验、同时在城市大学任教的赵崇基先生和谈智伟先生担任,通过专业性的影视制作流程及拍摄把控,确保拍摄工作的顺利开展和最后成片的拍摄质量。在基础的拍摄工作之后,影片的后期剪辑工作由匈牙利导演久尔基帕罗斯(Gyorgy Palos)教授进行,计算机特效由来自香港天极电影制作有限公司的资深导演冯子昌先生带领他的团队完成。

在香港拍摄《士冠礼》(右2保罗,右4赵崇基,右5罗婷婷)

罗婷婷当时还是本科刚刚毕业的小女生,第一次参加拍摄,觉得很新奇。但后台服化道任务相当繁重,经常无法在导演规定的时限内完成演员服装更换工作，压力大得几乎喘不过气来。她后来回想起来，只记得当时导演特别凶，凶人很厉害。不过，她也由此认识了保罗这位来自澳大利亚的视觉艺术专家。

保罗是拍摄纪录片的导演，也是视觉特效领域的专家。2010年，他执镜的一部环境保护纪录片《甘蔗蟾蜍：征服》(*Cane Toads: The Conquest*)，以其风格独特的画面感令观众直呼过瘾。他虽不谙中文，却对中国传统文化有着深深的兴趣，多次协助邵志飞教授拍摄中国传统武术的动作捕捉。邵教授信得过保罗的专业素养，于是请他来负责拍摄。

再次见面是2016年。《乡射礼》正片的拍摄定在这年8月17日至9月5日，在河北廊坊大厂影视产业园1号棚，一共十六天。此次拍摄计划分两个阶段。第一阶段从8月17日至28日，拍摄迎宾拜至、献酢酬、奏乐、三番射等仪节。从8月29日至9月1日暂停拍摄，进行棚内改景。第二阶段从9月2日至4日，拍摄戒宾、速宾、送宾等仪节。

《乡射礼》在大厂影棚开拍

保罗导演于 7 月 10 日便抵达北京，先是住在清华大学的国际学者楼，每天与清华团队、拍摄团队召开各种会议，讨论确定拍摄的具体方案。开完会，就满北京去寻找拍摄场地。

正式拍摄现场的工作流程也与此前试片时有相当大的区别。试片拍摄时，清华的指导团队是片场中最忙的，导演组是比较清闲的，几乎所有的工作都是由团队亲自执行：比如开机前给演员"说戏"，开机后用喇叭现场指导演员的动作、走位，关机后检查拍好的内容是否有错误，每天规划拍摄的进度等。这是由于需要拍摄的内容要求十分精确，没法由导演来代劳，于是主持试片的工姓导演便只能做些调整机位、灯光的工作了。在正式拍摄时，这些工作都是在保罗导演的控制之下。这也是为什么在拍摄前保罗要求清华团队绘制《乡射礼》动图的原因。他需要对要拍摄的内容，以及需要用什么方式呈现，都有一个通盘的考虑。

保罗导演在片场

与试片时不一样，保罗导演要求正式拍摄时每一名角色都应由固定的演员来扮演。试片时，由京剧演员们去演绎所有角色的礼仪动作，其他演员只需"站桩"。保罗认为，这样做将会让观众在观看时产生混乱，因为课题组同学们熟读经书，自然非常清楚仪节的推进过程，观众却不一定，他们没有相应的知识储备，只能把特定的演员和角色一一对应，看到同一张面孔去饰演不同的角色，任谁也会发蒙。大家以前没考虑过这一点，经过讨论，都认为保罗说得在理。

看来专业的事，还要由专业的人去做。

此外，正式拍摄现场的工作流程也与此前试片时有相当大的区别。

保罗对镜头十分讲究，每每让钟诚带着演员们现场先走一遍，然后才开始考虑如何架设摄影机的位置，或铺设摄影机的轨道。而且，同一个镜头，往往要拍摄十几次才满意，耗费的时间也就更多，这一点和试片拍摄时的导演呈完全相反的风格。

保罗虽然配有专门的翻译，但拍摄现场的指示需要非常及时，往往等到翻译员把保罗给出的指令翻译过来后，已经产生了一两秒的延迟，从而发生错误，需要重新来过。保罗也饱受语言障碍的困扰，常常因为无法将自己的意图及时且迅速地传递给现场工作人员，变得十分沮丧。

所以，在前几天的适应阶段中，整个现场的气氛是很僵硬的。

作为一位经验丰富的导演，保罗对现场的安全性要求极高。《乡射礼》拍摄中有射箭的镜头，他便要求射箭时必须撤离所有无关人员，以免造成危险。有一次为了在现场测试靶子的性能，韩冰雪带着礼学中心的志愿者们在安全距离内发了几箭，被保罗看到了。保罗一下子怒火上头，张口大骂，挥舞着双手让所有人都离开现场。别看韩冰雪他们平时"武德充沛",这时也吓得不轻,赶紧逃走。

保罗情绪稳定下来后,又特意向大家道了歉。保罗解释说,在现场的一切行动都需在导演的监制下才能进行,否则容易因为管理混乱而出现意外,万一失控,后果不堪设想。韩冰雪表示非常理解,罗婷婷因为有参加过三年前香港拍摄的经历,反倒觉得保罗虽然严厉,但还谈不上坏脾气。

确实,保罗尽管在拍摄时会发脾气,但毫无疑问,他是一个尽职尽责、且对《乡射礼》拍摄有着特殊感情与高度要求的导演。这十几天拍摄下来,可能是因为水土不服,也是因为在片场中来回奔波,他的双脚肿了起来,连鞋子都穿不下。在片场,经常可以看到保罗拖着用绷带包扎的脚,穿着宽松的凉鞋辛苦地走动。保罗不但十分执着于拍摄出礼仪的庄严肃穆之感,甚至到后来逐渐熟悉了,当礼仪指导出现错误时,他都能够及时发现并指出,令清华团队刮目相看。

保罗对演员王好强的表演刮目相看。这位国家京剧院的骨干演员,在拍摄《仪礼》视频时,基本上是一次即过,从无"NG"。尤其是在拍摄《士冠礼》定妆视频时,为了向观众展示360度的视觉效果,保罗制作了一个转盘,让王好强站在上面弯腰侧首,保持不动,连续转了十圈儿。这要是一般人,没点真功夫,真熬不住。王好强一个镜头拍完,直接通过,让保罗轻松不少。后来王好强到澳大利亚去演出,保罗还请他吃饭叙旧,惺惺相惜,可见一斑。

保罗在业界的名声是通过不断改进摄像手段建立起来的。2015年上映的《疯狂的麦克斯4:狂暴之路》(*Mad Max: Fury Road*)原本打算应用保罗配置的 4K 摄影机做 3D 拍摄，后因多种原因改为先拍 2D 再做 3D 后期转换。[1] 此次《仪礼》复原拍摄决定引入保罗的摄像技术，主要是从全面反映礼仪动作为出发点的，但也显示出嘉礼堂不惜代价打造精品的决心。

摄像质量水平的高低很大程度上能决定一部影片的成败。数字图像的质量高低主要由分辨率、位深度、帧速率、色域和动态范围等因素决定，分辨率是最基础的。近年喷薄而出的 4K 技术，迎来了超高清视频的时代。随着电脑和影像技术的发展，电子现场节目制作（EFP）和数字视频应用中已经频繁使用高动态范围图像技术（HDR），已取得远超标准动态范围图像（SDR）的视觉效果。集合的因素越多，图像的表现程度就越好，摄影器材自然也就越高档，越昂贵。

保罗的技术优势在于，他使用现有的工业成像相机，开发出 360×60 高动态范围全景摄影机系统，并将其整合到一个零视差装备中，因此能够捕捉与人眼几乎相同的明暗动态细节。保罗改造了多台专业数码相机镜头，实现了 360×60 度的视野，而且使得相机操作者能够沿指定两点进行线性曝光采集，以降低感光度。保罗还巧妙应用动态增益控制（dynamic gain control）来处理数字信号，在一帧画面的曝光过程中对每一个像素单独操作，从而实现伪对数曝光（pseudo log exposure），达到同时保留深阴影和高亮区的效果。这样便给摄影师提供了更多的拍摄自由，进而实现以前无法实现的拍摄创意。

---

1 Simon Gray: "Max Intensity", American Cinematographer, Vol. 96, No.6, June 2015, p.34.

360×60 高动态范围（HDR）全景摄影机系统

2017年6月，第46届澳大利亚电影摄影师协会全国电影摄影奖颁奖典礼在悉尼举行。保罗导演以在《乡射礼》拍摄中所应用的这一新技术荣获该会颁发的 Bob Miller-ACS 技术与创新成就奖。这个以全球首个电影摄影机液压云台设计者命名的奖项，是澳大利亚国家电影摄影奖的一部分，电影摄影师协会每年都会以此表彰澳大利亚优秀的电影摄影艺术家，保罗是第三位获此殊荣的摄影家。颁奖者称赞保罗为《乡射礼》复原项目专门开发的摄影系统，不但满足了项目需求，更表现出智慧和原创精神。

澳大利亚电影摄影师协会为保罗颁奖

"全景摄像系统能够获得 Bob Miller-ACS 技术与创新成就奖，是我的荣耀。"保罗在颁奖典礼上说，"创新是我这个人自带的属性！现在，这个系统不仅获得了电影摄影师协会的认可，而且真为保护中国文化做了一点贡献。我很高兴！"

是的，所有参与此事的师生都替他高兴！

2. 鸟瞰狗镇，师兄没意见吧？

后来《士昏礼》《士冠礼》《士相见礼》礼仪影片的拍摄，依然使用了全景摄影器材拍摄，而且加入了新的技术。

2018年2月，春节前几天，张颂仁先生与邵志飞教授碰面，邵教授谈了他对接下来《士昏礼》等影片拍摄的基本构思。为了后期制作的方便，他希望介入场景设计，3月中下旬可随时到北京查看场景现场，准备开拍。其中最重要的要求是：希望整部礼仪连贯拍摄，360度全景摄影器材要一直放在中庭不动。同时，要架设鸟瞰摄影机。经慎重考虑，邵教授认为，鸟瞰摄影机与全景摄影机同时拍摄没有问题，由于全景摄影器材一直在中庭不动，后期制作中可以很容易地将全景摄影机从画面中抹去。倘若鸟瞰、全景要分两天来拍摄，不但过于耗费人力、物力，而且演员的表演恐怕也会出现不匹配的情况。因此，他希望尽早进入现场参与调整鸟瞰摄影机位置。

鸟瞰摄影机的加入，是2017年底在与新任导演廖敬尧沟通过后的决定。由于保罗导演要花费大量时间精力来投入《乡射礼》素材的后期处理，课题组另聘请廖导任后续影片的导演。

来自台湾的廖敬尧比保罗年轻许多,是一位新锐导演,近年主要精力也花在拍摄纪录片上,2009年曾获第44届台湾电视金钟奖最佳摄影奖提名,2016夺得第11届华语青年影像论坛年度新锐摄影师奖。他在拍摄上也有很多创意。

大家考虑到搭实景会用到较大预算支出,一致同意若能讨论出合宜的表现形式来呈现会更好。因此,廖导在2018年1月跟邵教授在清华会面时,第一个提出讨论的点子,就是可以借鉴Dogville(《狗镇》)电影采用的形式,以俯视的镜头鸟瞰全场。更进一步,搭景和场面可采用白线勾画的抽象表达,不追求"真实性",而人物和器具则务求"真实性"。

大家决定借鉴电影《狗镇》的拍摄方式

《狗镇》,又译《厄夜变奏曲》,是丹麦导演拉斯·冯·提尔（Lars von Trier）2003年拍摄的著名电影,导演也凭借此片捧得了第16届欧洲电影奖最佳导演奖。

《狗镇》的全部场景都在"狗镇"——这个美国小镇是在摄影棚内一个巨大的舞台上搭设起来的，极端简约，甚至可以说是一张平面图，全片没有任何外景。大部分布景是虚拟的，镇上的各家各户和街道，都是用白色线条在地上区隔出相应的领域，并用文字做提示说明，仅有少数几幢建筑有不完整的门窗、墙壁、果园，甚至连那只经常狂吠的狗（Moses）在整部影片的绝大部分时间都是在地上画出来的。

　　从影片一开始，导演就使用了鸟瞰的镜头，展现小镇的全貌。通过俯视格局来呈现，使观众对影片发生的环境、背景有整体的印象。影片中还多次出现小镇的航拍镜头，加强了这一视觉效果。此外，九幕（外加一个前言）分割的故事情节推进方式与旁白叙事（仿佛报幕），也是着意安排，使得电影穿上了话剧的衣裳，方便观众从故事情节中暂时抽离出来，进行独立思考。

　　廖导和邵教授在借鉴《狗镇》的拍摄手法这一点上很快达成了共识，提议《士昏礼》的拍摄，要大量减少实景搭设，在后期制作时，先用3D技术在画面里建立建筑模型，等人物开始走动后再予以抽离。抽离建筑模型，保留人物、器物和舞台框架，这样观众也可以直观地"透视"到室内。这对于门内门外进出走位实在繁多的《士昏礼》来说，应当是最合适的选项。不过，现代人对古礼太过隔膜，视觉上见不到建筑实体，想象行礼场景就成了难题，彭老师对此有些担心。廖导还提出，《士昏礼》里的"日夜晨昏"在视觉观感上十分重要，正式拍摄时必须用灯光或投影背景的方式去营造。邵教授也希望先看到拍摄时的灯光安排，以便于他后期的安排。

1月22日，在清华召开了会议，邵志飞教授、张颂仁先生和彭林老师经过漫长的讨论，最终达成了一致的意见：不会搭建实物的建筑场景，只会有一些最基本的、有礼仪用途的简易结构，比如台、台阶，而墙壁等东西都只用地上的线条来表述。但是每一个场景开始都会用3D重构一下建筑的样式。建筑消失，人物再开始行动。钟诚、高瑞杰、佟雪旁听了会议。

就这样，经过双方的友好协商，"婚礼"的形式确定了！

大约是《仪礼》内容让大导演们感到"害怕"，为了更好地通盘考虑拍摄计划，廖导提出了比保罗更"过分"的要求——他想请清华团队带着演员们将礼仪演示一遍。彼时已经接近农历鸡年年关，一开始团队成员都觉得不太可能，打算沿循原先的做法绘制动图即可。廖导与邵教授都认为，实际观看一遍演示非常有助于他们确定拍摄技术及安排计划。于是，团队成员便在张先生委托的制片人辛波的帮助下，在京郊找了一个摄影棚。团队又招来了几十名志愿者，在试演的前四天（19—22日）进行《士昏礼》《士冠礼》和《士相见礼》的通盘排练。

廖导说话带有浓重的台湾腔，他告诉同学们他从小时侯就喜欢邓丽君，大家误以为他可能会非常温婉，可实际上廖导在工作中是个不折不扣的工作狂，每天都可以连续工作十七八个小时，而且总是精神抖擞，仿佛永远不知疲惫。志愿者杨谊康一开始只顾排练，对廖导演了解还不多，后来才发现廖导是一个十足的片场"开心果"。

片场"开心果"廖导与志愿者杨谊康

廖导领受任务之后，先行到图书馆借来《仪礼》的现代白话本反复研读。虽然他谦称自己完全读不懂，但在和他交流的过程中，同学们发现他对整个仪节的行进过程是大体清楚的。在2018年1月22日的工作日志中，有同学这样写道：

> 今天上午和廖敬尧导演、制片辛波一起开会，确定了很多拍摄技术问题。廖导演人很不错，而且考虑得很周到，很有热情。在来之前，他不只是研究了脚本，还找了《仪礼》的白话文来看，做了很多作业，让人觉得非常值得信任。

1月23日的工作日志，又记：

> 今天导演观看、拍摄《士昏礼》的排练，过程很顺利。时不时我和导演都会停下来交换许多想法，默契越来越深，让人越来越感觉这次的拍摄会非常顺利。

正因为提前做了准备，所以廖导对细节抓得特别精准而严苛。来到北京观看试演时，他架上了摄像机，从各个角度对礼仪进行了通篇拍摄，并解决了几个场景设计的问题，比如门的结构和户牖的结构。原先在邮件中，他认为礼仪中在门内门外进出走位的内容繁多，一开始并不倾向于搭建大门的实景。然而在现场观看演示后，他发现在庙见舅姑和婿见外父母的环节，会有开关门的动作，所以将这些结构又包含进去了。美编也来看过了几个场景，确定了场景设计方案。众人眼里的廖导，总是一副胸有成竹的样子。

　　在工作的间隙，廖导总是时不时冒出金句，插科打诨，谈笑风生。高瑞杰辅助钟诚指导仪节，需要在拍摄过程中站在导演旁边，对着《仪礼》经注检查演员的动作有无缺漏之处。廖导好像对他情有独钟，经常会冷不丁回头瞅瞅他，做出搞怪的表情，声音略带幽怨："师兄，您看是这样吗？没意见吧？"有时候高瑞杰离得远，廖导便会打开麦克风喊："师兄，要开始了，请到片场来！师兄！"于是整个片场的工作人员都喊高瑞杰作"师兄"了。有时拍摄结束后，一起观看回放时也会发现问题，高瑞杰指着脚本告诉钟诚，便不得不请廖导演再拍一次。每次在拍摄结束后，如果看到高瑞杰凑近跟钟诚说话，廖导也会紧张兮兮地走上前来，嘴上说着：师兄！你辛苦了！快去休息吧。一边开玩笑地抱着高瑞杰的肩膀，作状要把他支开。

　　和廖导演共事时间长了，大家都注意到他时不时会问："（礼仪中）这么做的意义是什么？"钟诚、高瑞杰等人就会告诉他——"这是礼尚往来之义""因为大夫不回拜，所以坚决不收礼"之类平近通俗的解释。这时，廖导就会说："哦——有意思！"满满的台湾腔。双方既为达成共识而感到高兴，又觉得对方"非常值得信任"。

三、四维时空的具体连续活动

2015年12月2日,北京寒风凛冽,气温很低。按照先前的计划,清华团队全体人员在听涛园西侧的"礼射广场"拍摄《乡射礼》走位视频,嘉礼堂张颂仁先生和彭林老师前来指导。此次拍摄的参与者包括:张德付、陈士银、刘斌、钟诚、高瑞杰、单黎明、韩冰雪、罗婷婷、陈立瑜、杨远骑、王波、李琳、赵媛媛,以及47名群众演员。

这是众多习礼中的一次,是众多排练中的一次,也算是众多试拍中的一次,有了一次次这样的准备,才能真正开始拍摄《仪礼》复原影片。

《仪礼》复原进入拍摄阶段,其间遇到的问题更非会读、钻研文献所能比。在会读、考证的同时,清华团队就已经借用"礼射广场"等训练场地反复开展实地演练,并前后多次,辗转香港、河北、北京数个影棚,接触、招募、培训各种身份的演职员和志愿者。导演、摄制组、演员的档期要不断协调。仪容动作不过关就重拍,服饰器物不合格就重做。通过导演和其他工作人员辛勤努力工作,演员们一丝不苟完成整套仪节动作,彭老师和清华同学们倾注满腔心血复原出的古礼仪节一步一步定格在影片中。

《仪礼》复原绝非一人一手一足之力所能完成,只有众人的力量、智慧、心血汇聚起来,勠力同心,才能够将这一项事业推向前进。

1. 这是咱京剧范儿

在《仪礼》复原影片的众多演员中,八位主演是专门从国家京剧院请来的资深京剧演员。他们有扎实的京剧礼仪功底，对《仪礼》复原拍摄的礼仪要求能够快速领会，着实事半功倍。

《仪礼》复原项目拍摄启动之初，便将演员的选择视为重中之重。这是一项礼仪溯源的学术研究，并非一般的影视制作，故对参演人员的要求极高，既需要一定的舞台表演经验，又要对传统礼仪有基本理解。经磋商后，嘉礼堂决议邀请国家京剧院的演员加入拍摄团队。这一决定显然为之后的拍摄提供了极大便利。

2019年6月，国家京剧院举办专场演出《三打祝家庄》，这是第二届武戏展演的重点剧目，也是为了纪念京剧表演艺术家张云溪百年诞辰。不少票友相约前来，就是为了一睹"'新'石秀"的风采。9月，经典传统剧目《大闹天宫》又在梅兰芳大剧院上演。锣鼓声起，台上翻、打、跌、扑，热闹非凡，继李少春、李光先生之后的新一代"美猴王"在舞台上现身，意气风发。前来观看演出的孩子们比大人更兴奋，"要看孙悟空啦！"

这"'新'石秀"与"'新'齐天大圣"的扮演者，就是首先加入《仪礼》复原拍摄的王好强老师。

出身于梨园世家的国家京剧院演员王好强老师，曾先后4次参加《仪礼》复原项目的拍摄，是目前为止参与时间最长、出演角色最多的演员。他将对京剧的热爱与执着延伸到传统礼仪中，恪守严谨，追求完美。他也在传统文化中不断汲取力量，成就更好的自己。

初次听闻清华大学要做这样一个项目，王好强便认为这件事情对于复兴传统文化很有意义。衡量自身能力，也有信心能够做到。就这样，他与张先生、彭老师进行了第一次谈话，彼此观念契合，目标一致。

回到京剧院，王好强联络了几位业务能力较强的师弟。虽然大家演出安排十分紧凑，还是积极踊跃地报名，他们是：姜建光、马燕超、马有权、石善栋、武智、徐明远、杨东超。《仪礼》复原拍摄的主演班子就此顺利组成了。

与京剧一样，复原拍摄最初也要苦练基本功。《仪礼》的坐立跪拜等基本礼仪动作需要演员来完美展示。王好强是武生演员，每日练习基本功，风雨不辍，为拍摄奠定了基础。在繁忙的工作中，他硬是抽出了十个下午，亲自赶往清华大学，在文北楼304，与项目仪节组一起逐字逐句地演练基本动作。时至今日，王老师回忆起那段忙碌且枯燥的时间，仍记得那是一间极小的屋子，地上铺一张席子，就在席子上进行坐、立、跪、拜、揖等动作。"他们读一句，我做一个动作。一开始很慢，但是因为我小时候受过严格的训练，每个动作必须规范到位，加上有戏曲的基础，对古礼的理解就稍微容易了。"

王好强行礼与出镜的频次最多，每一次亮相，无不目光炯炯，行礼如仪。他工作态度极为认真，而且谦善和蔼。有一次，应该是一场大夫与宾的戏，本来他可以去休息了，可他刚卸完妆、换掉衣服，回到宾馆，副导演突然通知他下一场有他的戏。他过来又化好妆，等待上场时才知道，原来是一场乌龙，其实导演并没有要拍主人的戏。他没有一点愠色，而是索性也站到片场指导演员们规范行礼动作，俨然成为片场当之无愧的礼仪指导。

事实上，王好强不仅是礼仪指导，后来还能指出清华团队的工作失误。记得有几次，在指导某个仪节时，由于《仪礼》中相当一部分仪节相似度极高，钟诚等人稍不留心便会漏说一个动作或者一个环节，王好强都会及时纠正。因为他早已经对某一个场次烂熟于心，因此相关礼节顺序，是绝不会出错的。这也更使清华的同学对他添了十二分的敬意。

　　王好强始终认为：中国戏曲是教人向善的，是要传递美的精神的，古礼也是这样。因此只要他穿好玄端站在那里，举手投足间都是礼仪范儿，戏曲基本功使他对复原拍摄驾轻就熟。不仅是王老师，参与拍摄的所有京剧演员的精气神、镜头感以及对动作、表情的控制，都展现了他们的专业功底，也带动了在场的群众演员及工作人员。

　　京剧精神与传统礼仪在《仪礼》复原拍摄中相遇，二者相得益彰。

　　比起京剧院舞台上的表演，复原拍摄条件艰苦得多。《乡射礼》拍摄时，仪节较多，强度很大。每次超高难度拍摄，大家都会不约而同地选择王好强，他一定行！《士冠礼》主人"筮宾"时，要手握50根长长的蓍草进行卜筮。这是一个特写长镜头，导演要求一气呵成，中间不设停顿。多年脚伤的王好强老师在席上一跪就是20分钟，面色始终从容。就连一向严苛的导演保罗都很感动，露出了难得的笑容。

　　《乡射礼》射箭之后，执弦之手应该如何放置，文本没有说明。单就读书而言，可能考虑不到这个问题。但演员在拍摄现场就必须直面此事。就目前经典所述，并没有提及处置方法。好在京剧表演中也有射箭动作，再结合动作的韵律感和美学展现。王好强在现场提出了一套解决方案，即发弦后，右手小臂向耳后展至45度。试拍效果良好，既兼顾了美又不失礼。

　　进入"执旌"环节，由于旌过于沉重，负责擎执的演员实在不堪重负，举都举不稳，更别提走路和摇动了。拍摄一度停滞不前。彭林老师焦急万分，一眼望向站在旁边的王好强，茅塞顿开："请王老师试试!"王好强毫不畏缩,双手接过旌,举重若轻,按照标准动作一气呵成。导演终于宣布此条通过。单看成片中王好强的行礼动作,观众并不会觉得旌很重,而实际上是——"沉!是真的很沉!但是,镜头前就一样要做好!"他说。

想必,这不仅仅是一个演员的自我修养,更是他对京剧、对中华文化传统礼仪的敬畏与坚守。

渐渐地,演员们有问题都会去请教王好强,他既是现场的演员,又是礼仪指导,片刻也不得闲。拍摄间隙,京剧院的几位老师还会聚在一起,秉持"台上一分钟,台下十年功"的精神,认真琢磨动作,追求团队整齐,每个人寻求最美角度,争取用戏曲的"圆"和"美"将《仪礼》经文中的动作展现出来。有几次拍摄前,他们还会在京剧院的舞台上先演练几次。王好强说:"我们知道这不是一般的表演,这是学术的复原,最注重严谨。"正是这样的使命感支撑着他,使他在拍摄《士冠礼》服饰展示时,即使面对连续转十圈的圆盘依然敬业,依然专业。

唱念做打之间的仪容

万剑锋

王好强是参与《仪礼》复原拍摄时间最久、最任劳任怨的一位演员,是当之无愧的"男一号"。

因为深知王老师的传统文化素养深厚,彭林老师便盛情邀请他在自己所主讲的、由清华大学人文学院历史系所开设的全校本科生文化素质核心课"民族文化与民族命运"

课程中担任神秘嘉宾，讲解中国传统文化之瑰宝：京剧。

"民族文化与民族命运"这门课从2014年秋季学期开始，一直是由我担当主任助教之责。那时王先生虽然担任过《仪礼·士冠礼》复原影片的主要演员，但是由于中国礼学研究中心那一年还正在集中全力准备申请国家社科基金重大项目"《仪礼》复原与当代日常礼仪重建研究"，因此彭老师既未亲自与王先生约谈继续参演《仪礼·乡射礼》复原影片之事，也未和其谈起计划邀请他莅临清华园讲课之事。

等到2015年、2016年连续两个秋季学期的"民族文化与民族命运"开课之后，彭老师深陷于中国礼学研究中心繁重的日常教学、外联项目以及研究工作之中，也无暇顾及请王先生来校讲课之事。而2017年秋季学期彭老师因诸多事务烦劳导致心力交瘁、身体抱恙，于是忍痛决定不开《民族文化与民族命运》课，邀请王先生讲课之事不得不暂时搁置，实属无奈之举。

不过在这期间，彭老师曾屡次向我谈起，希望能早日邀请到王先生来给本科新生们开讲国粹，目的是使刚入校的学生能尽早感受到中华优秀传统文化瑰宝的独特魅力，加强和激发他们对民族文化的深刻了解和真切喜爱。可惜中国礼学研究中心事无巨细，均须由他来主持、把握和定夺，因此每每忆及此夙愿，他总是深以为憾，始终盼望着、期望着能够早日实现这一心愿。

2018年春季学期，彭老师重开"民族文化与民族命运"

课程，并一再嘱咐我要在此学期最后一节课请到王先生来校作大课的大轴讲演。

2018年6月5日，我预先迎候在校门旁，接到王先生后，引导他去明理楼教师休息室与彭老师会面，一起交流课程意旨、上课内容以及讲授方式。

接着介绍王先生的简历、作品以及与他相识的机缘。当彭老师一说到王先生是国家京剧院一团的主要演员，讲台下即刻响起了掌声与欢呼，这是同学们向王先生表示他们发自内心的尊重与敬爱，当时的场景令我终生难以忘怀。这也恰好说明，中华民族文化传统底蕴深厚，大一新生这个群体渴望了解诸如京剧等传统文化形式内容之心是多么切盼，对国粹之形与质及其地位与意义的认识之情是多么火热，以致只要一听到相关的讯息就无比激动和由衷自豪。同时也表明"民族文化与民族命运"课程此前的12讲已经达到了彭老师的开课目标，即已在同学心中种下对民族历史与文化报以"温情与敬意"的基本认识和应有态度。

毋庸置疑，王先生是我至今为止见过的当代最具名角风度的京剧演员。因为每次学生们的欢呼声和鼓掌声响起，他都要整肃仪容、正立身体，接着拱手作揖、深深鞠躬，并连连抱拳向着老师和学生的方向，微笑着、绕环着致以诚挚的感谢。与此同时，他还会微微颔首低眉，表示自己不敢当之意，真可谓是温润如玉的"谦谦君子"。

除以上所说细节之外，王先生在讲课过程之中始终保持着庄严肃穆的仪态、挺拔巍峨的仪表、俊秀大方的仪容。而且在诙谐处笑不肆意，尽显武生丰采；在精妙处点到为止，留下遥想空间。在唱念时又抑扬顿挫，语词字正腔圆。

在做打时如龙腾虎跃，刻画入木三分。这些都突出表现在其对待各种各样角色的过程中，整个人的精、气、神一直都是昂扬向上。看他的演绎，也就像是在看他如何鲜活地演出自己人生的曲目，那么贴切、那么真实、那么动人心魄、那么惹人沉醉。即使只是一次浅唱、一次回眸，或者只是一颦一笑、一招一式，让人一眼望去，就觉得那便是整个人生。

诙谐处笑不肆意

精妙处点到为止

唱念时抑扬顿挫

做打时虎跃龙腾

课后，我脑海中有个念头挥之不去，那就是王先生所讲的京剧知识，比如"同光十三绝""四大名旦""四功五法"（唱、念、做、打，手、眼、身、法、步）、京剧行当（生、旦、净、丑）等，自己日后不一定都会记得，但是他在唱、念、做、打时的仪态、仪容以及仪表，乃至于其在不同的角色中凝练着个人的生活，又在角色与个性的矛盾与和谐中，用手、用眼、用身、用法、用步诠释、演绎出一幕幕、一场场成败、得失、荣辱、兴衰的精彩人生戏剧，这些都是要在我个人的生命史上牢牢打下烙印的东西。

　　有个小秘密可以透露，就是《士昏礼》夫妇同牢时所用的乳猪和鱼，这些食品自拍摄的第一天便已备好，虽然摄影棚中温度也很低，但确实是耐不了多久，很快便发出了异味。所幸从外观上看与刚做好时并无二致，于是摄制组抓紧先拍摄"夫妇同牢"和"妇馈舅姑"两段使用豚、鱼的内容。让人印象深刻的是，当旁人都能闻到乳猪飘来的怪味道时，扮演新郎新娘的张昊和陈星，两位来自北京电影学院的职业演员，竟然不动声色地将乳猪拿在手中，放到嘴边扮演吃食状。虽说按照礼仪，夫妇二人只将牲体小尝一口便放回俎上，称为"啐"，但在拍摄过程中二位演员在如此条件下做到这个地步，其敬业精神的确是让人十分感佩。

　　石善栋是《仪礼》复原拍摄中第一代《士冠礼》冠者，也是《乡射礼》射箭演员中第一位出场的"上耦上射"。当时他才从中国戏曲学院毕业，进入国家京剧院。旋即由王好强老师介绍，并得到京剧院领导的支持，参与到最早的复原拍摄队伍中来。

石善栋年轻俊朗，非常符合《士冠礼》冠者的形象要求，也可以说是现场的颜值担当。然而，此前他对于这个项目并不十分了解，以为只是简单的动作展示。抵达香港实拍之后才发现，原来是要拍摄一套完整的仪礼，更重要的是，这是复原式的拍摄，从建筑、服饰、器物再到动作都是按照西周时期礼仪进行复原。于是他和几位京剧院的老师一起边拍摄边学习。越深入接触越发现，这是一个很好的传播传统文化的途径，中国的优良传统、老祖宗的好宝贝正可以借此传承下去。

虽然京剧与周代古礼在具体仪节方面的差距不可谓不大，然而京剧演员在《仪礼》复原拍摄项目中比一般人更具备先天的优势。通过一段时间与项目组的交流，石善栋发现《仪礼》与京剧有许多相通之处，从一些基本的坐立行走再到持弓、射箭的动作，虽然舞台表演没有真箭，但是京剧基本功带给他的站姿、身段、镜头展现都可以借鉴。这也使他在拍摄两个重要角色时游刃有余。

像对待所有舞台表演一样，石善栋和其他七位京剧院演员在《乡射礼》拍摄前期，自发地聚在一起，在剧院内排练射箭。由于使用真弓真箭，这些演员们或多或少都曾受过弦反弹力的伤害，有的胳膊青了，有的手臂红了。他们中好几位大拇指被玉质硬扳指夹到过皮肉，箍得生疼，但都坚持着拍摄完了所有的镜头。不管需要重复拍摄多少次，他们眉头不皱，拿起弓箭便卜场如常。他们的领头人王好强老师担任的角色是"主人"，除了射箭之外，还有许多的跪拜动作。礼仪之中"宾主百拜"，王好强老师一天下来就跪拜了不下几百次，但每一次他的动作都十分规范，表情也十分平和安详，完全看不出来他的膝盖跪得都磨破皮了。各位京剧演员不仅完美地完成了自己的分内工作，在促进演员团队的整体提升上，他们也起到了很大的作用。

主演的费用是嘉礼堂额外负担的。看到他们的优越表现，就能够理解资助方为何不计成本坚持聘用他们了。

忆及拍摄的辛苦，石善栋忘不了大厂炎热的天气，从早晨七点戴到晚上十点的闷热头套。但实际上这并不是最辛苦的，参演的京剧演员们由于自带美感十足的戏曲身段与韵味，往往要承担更多的任务。拍摄空隙，他们会主动培训动作不太协调的群众演员。在一些不需要正面展示的场景，他们还要换上衣服替代群众演员表演动作。在拍摄之外，他们还要排练京剧院早就安排好的本职演出。

尽管京剧院已经对复原拍摄给予了最大力度的支持，但《乡射礼》拍摄时一连邀请了八位骨干演员，而且拍摄周期长。京剧院把能延期的演出全部都顺延了。只有一次实在不能不参加的彩排，让石善栋印象深刻。拍摄完一天的《乡射礼》，八位演员晚上五点自河北大厂紧急返回北京，参加晚上七点到九点的剧院排练，然后又马不停蹄地返回大厂。其他剧院演员也牺牲了宝贵的时间，积极配合他们。《仪礼》复原拍摄不仅凝聚了这八位专业演员的辛苦付出，京剧院的其他老师们也为此作出了贡献。

八位专业演员之所以能够参与到《仪礼》复原拍摄过程中，离不开国家京剧院的大力支持。这是京剧院与清华团队对中华传统文化的坚守。演员们相信传承优于创新，创新是在传承基础上的创新，要先将纯正的中华民族优秀文化传承下来，才能更好地创新。京剧是这样，礼仪也是这样。

拍摄结束至今，石善栋一直关注复原成片的消息，王好强也时不时带来一些最新资讯。他时常想起年届七十的彭林教授不辞路远，不惧炎热，到片场与演员们一起工作到深夜。当然，礼也潜移默化地进入他的内心，外化于形。但凡他看到哪里有射箭的活动，必要上场以《仪礼》动作展示一番，告诉在场观众，这才是纯正的中国射礼。闲暇时，他也会操起留在京剧院的弓箭练上一番，他爱上了射箭。复原拍摄之后，石善栋更重视礼，更热衷传播礼。在他主持的京剧讲座中，也常常自豪地介绍起清华大学《仪礼》复原项目。

2. 有你有礼

《仪礼》复原研究与拍摄，有不少志愿者参与其中，满怀热情无私无怨地付出。他们所做的工作，远远超出了志愿者的任务。他们对项目的贡献，是不能被忘记的。

对《仪礼》复原贡献最大的志愿者，要数来自江苏的三位"90后"年轻人，杨远骑、彭聪、王波。这三位志愿者都是韩冰雪的小兄弟，跟着他学习射箭。因为热爱礼射，热爱传统文化，对《仪礼》复原极具热情和认同。

他们 2015 年秋加入《仪礼》复原团队，全力辅助复原拍摄的各项工作，每天都来到礼学中心办公室做志愿服务。他们不拿工资，仅是课题组为他们提供租房和基本生活费用，保证他们在北京有安身之地，有一日三餐。三个有才华的年轻人，热爱礼射，一个喜欢印章刻制，一个喜欢摄影和美术，还有一个擅长建模，动手能力都非常强。

他们所完成的工作，不计其数，包括《乡射礼》宫室建模、器物拍摄、明信片设计、海报设计、礼射研习会建设、礼射培训和推广、演员培训、日常拍摄等等。单就器物拍摄而言，他们发挥聪明巧思，在办公室狭窄的空间里，挂起白色幕布，用最简易的打光灯和办公室可以利用的桌椅，拍摄完成了几十件器物的高清照片和 360 度旋转视频,完成了几百张礼射动作照的拍摄和360度旋转视频的拍摄,也为《礼射初阶》准备了大量书内用图。他们拍摄的时候正好是寒冬腊月时节,北京的冬天寒风刺骨,萧瑟肃杀,办公室室内却热火朝天,大家干劲十足,常常加班到晚上十点,常常被楼门口的门卫郭师傅催促下班。

年后,《乡射礼》试片在嘉铭诚信录影棚开拍,三位志愿者全部上阵参演,不拍摄的时候就在道具组管理射器、礼器,在片场扛起摄像机记录拍摄过程,或者担任后勤搬运人员,非常认真踏实。用彭林老师的话说,他们都是"眼里有活儿"的人。

由于拍摄之前的准备时间太短,很多礼器、服饰都尚未到位,因此开拍之后,器物管理便成为一件很棘手的事情。幸运的是,这三位小伙伴,个个是能工巧匠,身怀绝技。他们每天开拍前都拿着道具陈设图,带着道具师傅们将前一天收藏起来的器物按照拍摄顺序复归原位。此外,如果打乱时间顺序进行拍摄时,还需将每个器物的位置记录起来,以便后期复位。晚上拍摄结束后,还要将器物收拾到仓库里保管,并将一些盛放了食物的器皿清洗干净。在这方面,三位志愿者们都非常辛苦,而且他们做得非常用心,让人非常放心。尤其彭聪在负责现场拍摄之余,往往会及时修补破损器物,甚至能临时造出一些足以"以假乱真"的礼器来,令人叹服。彭聪常常说,他对自己所学的知识与技艺有一种敬畏之心,对所做的每一件事都有一股勇往直前的韧劲。只要有这样的心态,有信念与使命感的支撑,便很少有困难不可以克服。

除了他们,课题组还有很多短期的群演和志愿者。

在大厂拍摄时,负责片场器物摆放的是一大一小两位小哥,非常干练。刚开始对礼器不太熟悉,当提到笾、豆、俎、篚等时,他们往往反应不过来，复原小组不得不用竹子盘、带盖盘、小板凳、长筐等"绰号"代替。不过他们很快便跟上了节奏，说笾、豆、脯、醢也立马可以反应过来了。开始几天气氛比较紧张，拍摄强度大，需要换的礼器多，而礼器造价不菲，因此反复强调让轻拿轻放。他们人手不够，搬运整理礼器道具真是辛苦不堪。由于摄影棚晚上收工后并不安全，需要把礼器收回仓库中，第二天又要早早地搬出来。因此早出晚归便成为他们的日常。后来有几天因为有些器物搬动不便，而第二天还要用，他们便干脆睡到摄影棚里守护。

应导演保罗的要求，在摄影棚搭建场景的同时，临时演员们的培训也在摄影棚附近的河北大厂民族文化宫内紧张地进行着。挑选演员必须上心，为拍《乡射礼》中诸如战争、打斗的镜头，清华团队请来一批有较好身体素质和运动能力，有拍摄"武戏"经验的群众演员担当"角色"，同时要求制片演员要有一定的乐理基础，以能适应拍摄时的音乐节奏。韩冰雪和钟诚主导了三天的群众演员培训，练习拱手、行走、跪坐等全套的基本动作。王好强等几位京剧演员也主动地参与到培训工作中，他们的风范和做派给了这些群众演员深刻的印象，群众演员们学得特别认真。

当时赶上三伏天，本来气温就极高，摄影棚不但没有空调，为了追求《乡射礼》室外的背景效果，棚顶还悬挂着数百个高炽灯，个个发出逼人的热量，棚内如蒸笼烤箱一般，待一小会儿，汗便涔涔而下。在这种情况下，大家都体现出非常敬业的工作态度。所有演员都早早起床，穿上玄端服，戴上头套。这头套一旦粘上就不能取下，汗水不断涌下。一天下来，脸庞皮肤一准过敏，红肿起皮。再加上衣服极易起皱，即便暂无拍摄，也不能随便坐卧休息。八位京剧演员总是非常注意，尽量保持站姿。普通群众演员很难忍受这样的强度，也勉力支撑着，都等着拍摄暂停，赶紧撑起袖子对准落地风扇吹干汗水，或是跑到相对凉快的棚外去乘凉。

事实上，当时每天实际拍摄时间都要在十七八个小时以上，而很多演员往往只是一个简单的站位，但他们依然努力完成。即使为实现一个最佳的拍摄效果，让他们反复重复一个礼仪动作；抑或是由于指导失误，让已经拍好的礼仪环节推倒重来，他们都会严格遵从，很少有人会抱怨，这种任劳任怨的敬业态度让我们每每感动莫名。不过演员们常常苦中作乐，那种忙里偷闲的状态又常常让人忍俊不禁。

在通州的拍摄是另一幅场景。3月中的北京已停了暖气，但宋庄影棚依然寒冷。项目组制作的服装是单衣单鞋，虽层数较多，依旧不足以御寒。冬天还带来新的挑战：衣服更难洗、鞋子更难干，如若有褶皱，即便烫平，湿气依然难散。演员们当风吃饭，也仅在休息时才能喝上几口热水。《士昏礼》拍摄有两匹马的加入，还要"执烛"，这使得本就密闭不透气的厂棚充满焦油的味道。晚上十一点收工，嗓子里、鼻子里全是黑灰。大家洗一洗在大通铺上赶紧睡一觉，第二天依旧展现最好的状态。

《乡射礼》拍摄赶在了最热的7月，《士昏礼》拍摄赶在了春寒料峭三月。这成了《仪礼》复原的"冰与火之歌"。

2018年初的《士昏礼》排演其实更冷。当时大学已经放寒假，能招到的人并不多。更何况课题组找到的厂棚在通州，地铁也到不了。最终，一共招到了16名大学生，其中绝大部分人对《士昏礼》一点了解也没有，少部分是汉服爱好者，还有几位就是想做一份兼职。但是，在那个寒冷的冬季，他们帮了清华团队很大忙，也给课题组带来了诸多欢笑。

五六天的时间看似不长，但每天的练习强度非常大。为了节省大家的时间，课题组提供两种到达方式：一是校内租赁大巴车，早晨七点从清华东北门出发。二是自行坐地铁到达常营站，换乘从清华过来的大巴车去厂棚。很多同学为了节省去清华的时间，选择第二种。

为了防止赶不上大巴，第一天所有人都是大约五点半起床，七点左右就到了常营站。由于天气实在是太冷了，早到的人先在便利店躲了十多分钟，再走到约定的路边。那天风虽然不大，但始终不停，志愿者人越聚越多，一齐"蜗居"在招商银行24小时取款机的小房间里翘首期待。领路人佟雪也在其中，就这样，她结识了来自河南的康康和来自海淀五路居的康康。他俩路途都很远，但是精力充沛。到达厂棚后的佟雪和两位康康发现，冬天的冷并没有结束，会伴随接下来的五天彩排时间。大家只能穿着厚厚的衣服，开始进行礼仪排练。

给志愿者"说戏"

此次排练由于只是为了让导演组了解角色的走位，不需要穿戴复原的服饰，清华团队在地上用各种颜色的胶纸勾勒出了道路、台基、房室的轮廓，志愿者们便在其上排练礼仪走位。摄影棚中的条件相当艰苦，时值隆冬，空旷的摄影棚没有取暖设施，制片辛波便布置了几个燃气热风扇供众人取暖。每次到了中场休息时，所有人都围着热风扇取暖。即使如此艰苦，志愿者们大都认真付出。让人欣喜的是，他们的领悟能力都非常高，学得也很快，没事便自己捧着脚本研究自己的角色，即使是一个举火把的"无关紧要"的角色，他们也没有松懈。

特别让人佩服的是清华工物系的高李鸣同学，他的角色是陈放食品的"赞者"，负责指导排练的钟诚一开始忘了给他画出"夫妇同牢"这个环节中各类食品的陈设图，他便自己根据脚本的描述将正确的位置画了出来，还配上陈放顺序，将之一一牢记。于是，整个演礼的过程基本不需要为他多操心。其他志愿者也不遑多让，不但能记得自己角色的行礼内容，还将他人的内容也一并记了，时不时地相互提醒。

与大多数剧组一样，让演员们最开心的永远是开饭的时刻。厂棚里椅子有限，这些饱受寒冷的大学生们因陋就简，吃饭的姿势各式各样。虽然盒饭种类很多，但是他们最喜欢吃的竟是清爽的泡菜。领路人佟雪这时又变身为炊事班长，承担起为大家保存、分发泡菜的任务。佟雪回忆这段经历说道："从早晨摸黑起床到晚上九点后回到学校，如果这些泡菜能够慰劳志愿者们的辛苦，那真是太值得了。"

按照课题组原计划，彩排演练是由钟诚、佟雪及韩冰雪负责组织的，但是彭林老师坚持从学校赶过来，一一指导，逐个纠正志愿者的行礼动作。志愿者们大受鼓舞，都围着彭老师听讲。《仪礼》复原正是这样一个凝聚每个人默默付出的项目，多亏了志愿者们的不畏严寒与辛苦付出，排练实际时间比原计划缩短了一天。当他们得知要提早一天结束时，还特意提醒佟雪：今天中午的泡菜白留了，明天吃不到了。

2018年1月19—25日《士昏礼》排练志愿者名单

清华大学	高李鸣、张丞凤
洛阳理工学院	杨谊康
北京中医药大学	刘雅清、雷　畅
北方工业大学	刘京京、林洁皓、邝哲聪、张　康、李昌浩
北京师范大学	赵鹏飞、郭宗昕
首都师范大学	王旭东、李欣宇、王梦迪
中央民族大学	张兆驰
中国传媒大学	李立夫、陈美霖

3. 同学们累瘦了

2018年初的试拍，原定三天时间的第二阶段缩短到两天，廖敬尧导演也很快明白了要拍摄的内容，为3月份的正式开拍打下了基础。这中间当然离不开志愿者们的认真付出，而钟诚的仪节培训、韩冰雪的器物保障和佟雪的后勤联络等《仪礼》复原小组团队成员在片场的付出也是绝不能忽略的。

同学们大都是第一次接触电影拍摄，既紧张又兴奋，每天都干劲十足。比起导演、演员来，我们清华团队的工作也并不轻松，仪节、器物、服饰三大块仍然需要大家去管理。

从拍摄《乡射礼》复原影片开始，仪节方面主要是钟诚负责。当时在场的师兄师姐们虽然偶尔也会帮他分担检查的工作，但是给演员"说戏"、在开拍后用喇叭提示演员走位的工作，还有与之对应的头绪繁多的种种责任，仍由这位马来西亚留学生承担。同试片拍摄一样，重拍的成本和压力非常之大，所以在一个镜头拍摄结束之后的检查需非常慎重，以避免不必要的开销。这给钟诚带来的精神压力是非常大的。

礼仪指导貌似可以等演员到场后才开始工作，然而实践起来并不轻松。且不说事先的准备,只要一开机,钟诚就得十二分地绷紧神经。拍摄前反复检查脚本,拍摄中盯紧演员的动作,拍摄后再反复检查画面。确定没问题了,才能开始拍摄下一个镜头。要是在灯光挪走、镜头移位、演员离去后才想起刚刚犯了一个失误,请导演将此镜头再拍一遍,便需要同时承受来自导演、灯光师、摄影师、演员们失望的目光,以及因为挤占了宝贵的拍摄时间而产生的内心的惭愧。

2018年3月的拍摄,根据计划,在14日和15日两天用鸟瞰镜头和VR环绕镜头,将《士昏礼》《士冠礼》《士相见礼》三篇礼仪的全部走位一次性拍摄完毕。因为带着专业设备前来拍摄的是邵教授在香港城市大学的团队,他们只在北京待两天,所以必须要在两天内拍摄完成。因此,整个拍摄过程十分紧张。同《乡射礼》时一样,钟诚和高瑞杰又一次组成了"黄金搭档",一人负责指导,一人负责"找茬",让拍摄工作既不至于出现纰漏,也加快了工作进度。然而即使神经如此高度绷紧——也可能恰恰是因为紧张所致——往往容易出现一些简单而致命的错误。比如,新郎在昏礼时头上戴的应该是爵弁,他却戴错成了玄冠,团队成员在拍完后才发现,不得不重拍。

钟诚(中)、高瑞杰(右)和廖敬尧导演(左)在片场讨论

在片场，大家觉得廖导是一位不知疲倦的牛人，而钟诚简直可以用"牛神"来形容。同学们猜测，他或许是另一个物种，可以晚上画图，白天拍摄，又可以一边当导演，一边当演员，甚至可以一边睡觉，一边跟大家聊天，但工作效率不会有丝毫折损，完成度依然非常高。大家都说他是"长"在了片场的人，不仅要时时刻刻注意着演员的动作走位不能出错，有时候还要做调度演员、安排演员候场的工作。到了晚上拍摄完毕，演员们都回去歇息了，他回到房间，却要为第二天的拍摄画走位图，根据拍摄情况对过程做调整等。此外，他还会和演员交流当天的表演有何需要改进之处，并指导用筮草占卜的方式。难得的是，在片场千头万绪的情况下，他还能保持和善的性格。同样的事情，其他人可能已经暴跳如雷，他则仍然和颜悦色。同样的情况，其他人会焦头烂额，他却冷静得出奇。在繁忙的拍摄中，他可以应付导演、演员、工作人员、清华团队，还不忘记写写日记。连续的高强度拍摄让钟诚很疲累，杀青时他如释重负，声称要回去睡一天。结果成片刚剪出来，他又被后期叫去指导配音了。

　　作为礼仪指导，钟诚帮导演看着监视器，高瑞杰则要"监视"着钟诚。由于这次试拍时间特别短、场地也十分有限，必须要打乱之前的演礼顺序，按照每一部分场地把该场景所出现的所有仪节集中拍完。这时最考验人的地方莫过于礼器的摆放顺序了，因为有可能先拍的是后面的礼节，然后再拍前面的某个礼节时，就得恢复到之前的礼器摆放状态中，这时便难免出错。当时每天真是绷紧了弦，高瑞杰和钟诚先要想好原初的状态是什么，然而对着监视器检查，还是会有遗漏或错置。这时候高瑞杰就会拍一下钟诚，提醒他注意某个位置的纰漏。到后面，钟诚最怕高瑞杰拍他，总感觉会有大事发生，条件反射般地躲一躲。

　　志愿者对诸多礼器爱护有加，生怕有一丁点丢损毁坏。因为力图恢复《乡射礼》全貌，该拍的一个不落，所以每天都处于高度紧张的状态中。大家事后回想起来，竟然忘了三伏天酷暑的感觉。韩冰雪负责射箭镜头的指导，这份工作可说是《乡射礼》拍摄的重中之重。其中一天，摄制组花了将近一整天来拍摄"司射"单人射箭的镜头，导演特意在演员周围铺了一圈铁轨，然后让摄影机在上面绕着演员拍摄。第一遍拍摄下来，他对射箭的镜头还不甚满意，提出重拍，并对演员提出了更细致的要求，在不同景深下反复拍了几遍。现在看来，那个镜头是整个复原视频的点睛之笔，的确值得花上一天的时间来反复打磨。

　　服饰方面由罗婷婷一人担起重任。她天天与化妆师、服装师们待在一块，早上起得最早，在开拍前为演员穿戴假发、服饰，检查仪容。中场随时待命，及时调正服饰、为演员补妆。晚上最晚离开，拆卸假发、整理服饰，清点物品。在导演频频催促服装组"Faster!"的情况下，也从未听过她有一句抱怨，每次都将服饰准备、整理得井井有条。

　　婷婷是个看似玩闹不羁、实则聪慧严谨的女生。她可以十多天连轴转地工作，前提是她要喜欢，《仪礼》复原就是她非常珍视的兴趣所在。大家都知道，服化组是一个剧组里最累的组，他们永远是剧组里起得最早的一拨人，而且也是睡得最晚，必须等到最后一位演员卸妆完毕，才可以收工。在片场永远战战兢兢，随时待命，因为永远不知道导演会不会临时让某位演员突然出场。《乡射礼》拍摄时，一方面时间紧迫，导演需要控场，不允许任何意外发生；另一方面演员们高强度长时间地演礼、跪拜，经常需要补妆、换配饰、理衣脚，婷婷和助手就要趁拍摄间隙迅速给演员补妆，整理服装。往往这边导演一喊停，那边婷婷就一个箭步冲了上去……一天下来，不仅心理高度紧张，体力也耗费不少。

罗婷婷在片场协助指导

《士昏礼》拍摄接近尾声时，钟诚因故需返回马来西亚。剩下的几个拍摄片段是重拍《士冠礼》。婷婷有之前的拍摄经验，对此片段驾轻就熟，于是亲自上阵，当了一回导演。

更神奇的是，在最忙累的那些天，婷婷居然带着高瑞杰、钟诚、杨谊康和韩冰雪利用休息时间追剧，把正在热播，雷佳音、陈数主演的谍战悬疑剧《和平饭店》差不多给追完了。后来想想，这可能是同学们在亢奋状态下，舒缓压力的灵丹妙药。

《仪礼》复原小组的每一位成员都是一座潜藏的富矿，好些闪光点要走近才会发现。

不过，追剧这事，大概彭林老师并不知道。和以往拍摄一样，彭老师在这几天内也一直在片场中盯着拍摄工作。他在寒冷的片场里端着一杯热水来回踱步，只要一有机会，就给那些演员解说他们所呈现的礼仪奥义，甚至亲自指导他们要以何种精神面貌来呈现这段礼仪。他往往只要说上一席话，或给出一个提示，就能让演员们更深刻地领会到礼仪的内涵，从而在拍摄时表现出更好的精神面貌、呈现出更为符合礼学要求的演出。彭老师对这些既是演员、职员又是学生的年轻人很是关心，拍摄封镜那天，一个劲说"大家累瘦了"。

与诸多演职员的优异表现相比，大家一致认为，"动物演员"的表现便差多了。

摄影棚内都是易燃的机器设备，看到旁边逼仄的幕布，就让人有隐隐的不安。而《仪礼》记载，婚礼要在傍晚举行，拍摄亲迎节时，必须要有人举着火把在前引路。在防火甚严的北京城，室内使用明火这一举动无疑给各方都带来巨大的压力。而且更糟糕的是，参与古礼演出的马匹同志并未完全"驯服"，看到旁边的火把显得尤为惊恐，一直躁动不安，给拍摄带来了不小的难度。一度有人建议用电子灯来代替，但实在是不伦不类。为了呈现出最逼真的效果，最后还是用了真火把。大家在保证万无一失的情况下，点燃了火把，驯服了马匹——这必须要感谢古道热肠的孙玉怀老师傅及时出手相救。清华团队和导演、演员、摄影师等一系列参与人员，在开拍前都战战兢兢地准备，希望能争取一次性拍过，最终顺利将此仪节拍完，让大家着实舒了一口气。

《士昏礼》中，使者前往女家进行纳采之礼时，以雁为礼物。清华团队找来了两只活雁来配合拍摄。让人纳闷的是，当扮演使者的苏刚将裹着彩衣的雁抱在怀中时，那只雁仿佛雕塑似地一动不动。当导演喊"开机"后，它便开始扭来扭去，或者疯狂地啄起苏刚的假胡须和固定冠带的缨緌，使得导演不得不喊"咔"停下。此时它又恢复了平静，仿佛什么都没发生。如此情况出现了不下数次，搞得导演很怀疑它是否听得懂汉语，甚至考虑要将"开机"和"咔"的口令互换一下。当时大家是又好气又好笑，都说"完工后要把它给炖了"之类的。

谁才是最棒的演员？

后来，大家读到曾永义先生的回忆，才知道孔德成先生当年拍摄《士昏礼》黑白影片时，"动物演员"也制造了不少趣事儿：

> 大家各有所长，然后综合起来，把自己研究的内容做成实物，拍摄成整个《士昏礼》的影片。我们买不到大雁，于是买了鸭子，每次拍片就拉大便，我就去擦鸭子的屁股，不知擦了多少遍才拍成。[1]

四、信息时代的礼图新传统

拍摄复原影片，是为了通过图像或影音视频来研读《仪礼》，

---

[1] 曾永义：《我的恩师孔德成先生》，《华人文化研究》2019年第1期，第15页。

这是普通人进入传统中国礼乐世界的一条康庄大道。

中国古代素有"左图右史"的说法。南宋的大学问家郑樵主张，图画和文字是文化的两大载体。他打过一个非常形象的比方，说只见到文字而未见图画，就好像仅仅"闻其声不见其形"，只见图画而不见文字，则又好像仅仅看到一个人的外表，却听不到他说话，这样是无法真正了解一个人的。因此，图画和文字，"一经一纬，相错而成文"，都不可或缺，古人"置图于左，置书于右，索象于图，索理于书"，这才是为学之要。郑樵鉴于人们素来注重文字、轻视图画，故而尤其推崇"图"学，甚至将"图"学上升到了"为国之具，不可一日无"的高度。

郑樵总括天下古今之学术，以为其书籍形态应采用图像表达者，大致有十六类：

> 一曰天文，二曰地理，三曰宫室，四曰器用，五曰车旗，六曰衣裳，七曰坛兆，八曰都邑，九曰城筑，十曰田里，十一曰会计，十二曰法制，十三曰班爵，十四曰古今，十五曰名物，十六曰书。

郑樵声称："凡此十六类，有书无图，不可用也。"

图、书二者，相辅相成，古代如此，现代也是如此，而且增添了新兴科技的加持，人类对于图像的把握更是超越以往。

清华《仪礼》复原项目所做的工作，依托数字技术的多媒体影像拍摄，为枯燥的礼学研究注入了新鲜血液。项目运用传统考证研究方法，探究《仪礼》礼仪的进行方式，确定实际拍摄流程，培训专业表演人员演练《仪礼》中的礼仪，真实还原礼仪过程，并通过多机位、多角度（包括全景、侧景、近景、空中俯瞰等）同时高清拍摄完整记录礼仪过程。同时对礼仪场景建筑进行三维建模，通过图像追踪与绿幕拍摄技术将演员的空间位置与三维模型进行重合，使礼仪在三维场景中得到生动呈现。

清华《仪礼》复原项目收获了传统的礼图所无法企及的视觉效果。必须承认，从工业革命起，科技就显露出了与人文发展不平衡的突飞猛进态势。在对人类的衣食住行等生活层面产生巨大影响之后，科技也从工业时代迈入了信息时代，数字技术以前所未有的速度、广度与深度，渗透到人类精神领域的方方面面。人文与科技在数字时代的重组，必定会为礼学乃至所有传统文史研究带来新的曙光。

三材既具，巧者和之
引弓而射侯
汤盘孔鼎有述作
有服章之美，谓之华

第四章

礼器

《仪礼》复原研究涉及领域广，不仅要对经典中所载的礼仪仪轨进行梳理，更重要的是对其中提及的相关器物进行复原性研究。很多器物在《仪礼》经文中仅有寥寥数字的记载，很难确定其形制和参数。研究者只能在同时代或者靠近该时代的相关文献中寻找蛛丝马迹，对器物反复比较，从而确定其形制参数；然后再结合该时期或者靠近该时期的相关出土文物信息，对该器物进行实验性复原制作。由于出土的文物很多是明器，和当时实际生活中、礼仪中使用的礼器还是颇有区别，到底该如何取舍？这也是《仪礼》复原小组需要花费大量精力解决的难题。

　　在对这些器物进行实践性复原时，清华团队考察了很多博物馆、历史遗迹、考古现场，访谈了不同领域的专家，还拜望了一些赫赫有名的民间手工艺人，征求到了不少接地气的真知灼见。经过综合评判，复原器物的形制、参数、材料、工艺以及数量才最终确定。

一、三材既具，巧者和之

　　为了配合国家社科基金重大课题"《仪礼》复原与当代日常礼仪重建"中《士昏礼》的拍摄，清华团队需要复原古车四辆，其中男女用车各两辆。这一重任自然落到了课题组子课题负责人河南大学曹建墩教授的肩上。复原研究起步挺早，在资料梳理工作完成后，找寻一位能按照传统工艺制作马车的师傅成为马车制作的关键。按照《考工记》记载，辌轮用木三段。一个轮子的轮毂，是由三段木头牙接而成。目前存世的晚清马车，多是九段拼接，好多博物馆展示的也是这样。仅仅一个轮子的制作，就困住了大家好几年。

经过多方打听，曹建墩最后建议邀请河北省民间老艺人孙玉怀师傅负责车的制作。

孙师傅是个高人。

1. 十六做枪，六十做车

2018年8月，河北保定蠡县难得下了三天豪雨，留史镇上又有几条路走不了人，卖羊肉的孤零零守着几只吊在风中剥了皮的血羊，羊大腿已经缺了一两个了。跑出租的撇撇嘴："早知道来这儿我就不拉你了，留史这地儿没下水，一下雨准遭殃。"

孙玉怀开着车过来接清华复原小组的成员。"来了啊。"他穿着深棕色的条纹裤，手上一块一块黑乎乎的。路上恒旺利皮业、百隆皮业、鑫源皮革销售、鸿升皮业、朝阳皮业等皮革销售店面紧挨着，门庭冷落。

蠡县的蠡和范蠡没什么关系，留史却出了不少"陶朱公"，低买高出，奔走四海。20世纪90年代，留史有国家级的皮毛集散中心，这是蠡县的税收支柱。"过去只有不知道蠡县的，没有不知道留史的"，孙师傅指着刚翻新的中国留史皮毛城说道。

他是留史皮革生意第一人，最得意的时候，做过三年的朱家佐村大队书记，张罗着开了本省第一家工业园，《河北日报》还采访报道过他。再往后，就是和韩国人合资开了家叫作北极星（North Star）的工厂。至今，留史还有两条街，一条叫诺斯特北大街，一条叫诺斯特南大街,现在连街上的住户都不知道为啥叫这名。最落魄的时候,他摆摆手:"赔钱少不了,谁也不记得这事。生意场的人不爱谈生意"。2009 年,他给大儿子、小儿子分了家。从此,他就不管事了,退了下来,又成立了工作室,忙活自己的手艺。

孙师傅从小练武,打得了架、射得了箭,做得了弓、拉得了皮子,会剥牛皮,会编竹席,16 岁左右,自个儿做了把射程 100 米的手枪。

早上孙师傅吃饭,刚冲好的豆浆太热,他不耐烦等,就把一海碗的豆浆搁在脸盆里,倒进凉水"降温",撕开两包无糖饼干泡着吃。扒拉完,他就急着开车出门。这厂子废了十几年了,是小儿子的厂,老两口帮忙看着。门口的几只白鹅照例要扯着嗓子"呀呀"叫上一番。路上的人家大门正上方都有石匾,上面一气的"紫气东来""家和业兴""天道酬勤""物华天宝"。讲究些的人家还有照壁,大门口一望,毛泽东写的"北国风光"龙飞凤舞。

《荀子·劝学》言:"木直中绳,𫐓以为轮。"今天孙师傅要再一次𫐓车轮。

旧仓库里放着下好料的榆木、铁黎木、黄檀木。另有搁在一旁的两摞奇怪的木头,一摞像是老妪脸上的皱纹一样,到处是裂痕;另一摞是光滑的弧形。对面堆着蒜薹和大蒜,阳光斜射进去正好照在蒜上。孙师傅蹲下去检查这两块木头。脸皱在一块,掏出烟盒。

在新车间里,切削机、吊机、电钻都在"轰隆隆"地运转着。中间靠近大门的地界沉寂着花了十万元买的破挖土机,生了黄绣的履带依旧龇牙咧嘴,𫐓车轮的模具是早装好了的。助手赵云燕、门卫还有两个工人也到了。

孙师傅操控电排插样的控制器,用吊机掀起自己做的"电烤箱"盖子,里面的黄檀木头还热乎着。趁热用食指粗的螺丝把一米五不到的木头固定在模具上，四个人排成一排喊着"一二一"的号子往一处用力，结构细密、质硬重的黄檀像面条一样弯了一小段，断面上还渗出乳白色的泡沫。等到木头快弯成圆弧时，液体喷射而出，仿佛皮肤受挤压喷溅出来的血。

一刻钟过去，第一个輮好了。

十五年前，孙师傅给一个台湾朋友做过一辆马车，练习跪射用的，用集装箱海运走。早段时间还给内蒙古做过马车道具。这次听说要给清华大学彭林教授的国家重大项目造车，还分男车和女车，孙师傅很兴奋。国内没有春秋战国时期的车辆建造规范，孙师傅半靠曹建墩提供给他的数据，另一半就靠着自己六十多年来的经验——留史以前有一帮人专门做马具，另一帮人做皮袄，有羊皮袄、牛皮袄、狗皮袄等各种样式。他家一直做的是马具，还在生产大队赶过好几年的车呢。

他喜欢马车，到哪都去博物馆看车。石家庄灵寿县，古时候是中山国，孙师傅去遗址博物馆里看马车，摇摇头，"太现代化了，车轮用九片才合起来。宋代以后才是九辋十八辐，中山国早远了，那时候哪有这个，都是三片，你看我做的就是三片的。我可瞧不上他们的"。

2016年腊月前，孙师傅拎着自己做的小车轮跑到清华，进了彭林老师办公室，正赶上有个拍历史剧的人等着请彭老师做历史指导。"我一来可把他给挤下去了"，车要怎么做，"车高丈三，骡马都钻"。孙师傅很是得意，"我一说这话，彭老师就直眼了，'什么意思啊，再说一遍。'"

这个按照1:2的比例制作的小车轮，很精致，摸上去很光滑，车辐的形制和渐变也符合要求，最关键的是轮毂的牙接符合要求。

轴套里面也很光滑，没有毛刺什么的。孙师傅把车轮平放在地上，按住一边，使劲旋压一下，车轮旋转起来，看得出轮子的重量控制得很好，旋转中心基本上没有变化。

这是他第二次来。上一次他来到清华，带了自己做的道具马车轮。表面粗糙，而且不是清华团队要求的那个工艺。彭老师看了后，表示如果是这样，恐怕很难达到要求。孙师傅听了之后说：清华大学是全国顶尖的学校，能考进来的都是人中龙凤，我是粗人，考清华要多考两次，你们给我一个月时间，到时再考察一下。果然这次终于通过了考察。

年初开始和礼学中心谈做马车这件事，6月下旬签合同，7月份到款。孙师傅早在5月份开始准备，心知道做早了，但车轮模具还是提前做好了。负责图纸的曹建墩来留史，说直径改成1.25米了。这些模具花了1万多元。"我没敢吭声啊，就扔边上了呗。"他顺手掏出一支香烟，吸了几口又放回去，"这活放在我这里，四个月能给他完成，其他人一年都不可能。"他自己有钱买各种设备，也会鼓捣机器，缺什么都能想法子给做出来。

孙师傅的助手在打磨车具（右：赵云燕；左：庞春冉）

2. 没有女车的具体数据

要复原马车，首先要提供复原的依据，先秦的车究竟是什么样子？这难不倒考古出身的曹建墩。曹教授组织人收集了考古出土的商周时期的车辆资料，提出了个方案。

第一，男车。男车的复原以出土的两周时期车子的数据为主。根据《礼记》和贾谊《新书》等文献资料的记载，两周时期男性乘车时，多为立乘。除非特殊情况，比如乘坐安车时才可以坐着。一般而言，车子的宽度应并排容得下两个人（如果是战车，则可以容得下三个人），一边是司机（御者），一边是乘坐车者。从考古资料看，男车的车厢长度和宽度不会太大。其他车的各个部件制作时参考考古出土的部件加以复原制作，相对比较容易。周代的士由于身为低级贵族，用车比较简单。但是在他们结婚时可以摄盛，也就是说，可以乘坐大夫级别的墨车。墨车颜色为黑色，车毂、车衡、车棍等上面不加以彩绘，不覆裹皮革，是以得名。

为了弄清楚车的高度，除了参考考古出土车的资料外，曹建墩他们搜集了不少学者的研究成果，不仅在开封当地郊区考察了现代马的高度，还查阅了古代马匹的身高体长等相关数据。

中国本土的马种体型较小，不如现代从西方传入的马高大。根据学者的研究，先秦时代大多以体型较小的蒙古马为主。从秦兵马俑中体现出的马匹形象来看，中国本土的马匹耳朵长、马蹄小、马鬃短、马尾细、身材较低。另据《周礼》记载："八尺以上为龙，七尺以上为騋，六尺以上为马。"八尺以上为天子御用之马。东周时期的一尺约合23厘米，经过换算可知，先秦时代中国本土马匹的身高平均为 140 厘米左右。士作为低级贵族，其马的高度当不会太高。据文献记载，汉代禁止肩高 135.7 厘米以上的马匹出关，也能说明先秦时期马的平均高度不会太高。

蒙古马一般高 120~132 厘米。作为高级贵族驾驭车时使用的马，其高度较高，同时必须经过良好的饲养。据考古资料，可测算得知周代车、车辕的数据，再结合马匹的高度和长度，便可以大致估算出当时车的各种数据。

第二，女车。周代妇人乘坐的车与男性的车有很大不同。据《仪礼》《周礼》等文献记载，妇人乘车，其车厢上有伞形的车盖，盖下车厢四周有帷幔用来遮挡车内，古代谓之"容"，也称为"裳帏""潼容""袗""襜"等。那么车盖与车的帷幔如何连在一起呢？车的帷幔上连于车盖的盖弓上，盖弓下垂，犹如下垂之裳，故名裳帏，用以遮蔽风尘和隐蔽车中人的面容。

考古出土的车大多数为男车，女车形制没有具体的考古数据。但是依据楚地出土的战国时期漆奁上绘的车马出行图，应是御者在前，妇人在后。这种形象的车，在汉画像石上妇人乘车图中也有出现。从男女有别的礼制角度考虑，周代的妇人之车恐非司机和妇人并排而坐，尤其是婚礼中的婚车，而应是御者驾驶在前，妇人乘坐在后。

周代士礼新娘乘坐的车，其复原时应依据这些图像考虑，制作时车厢分为前后两个部分。根据《仪礼·士昏礼》记载，女车的宽度与长度应至少能容得下三位乘坐者：驾驭车的御者、新娘和她的姆（女师）。因此女车的宽度可以容纳并排两个人，长度可以容得下前后两人。从古代男女有别的习俗考虑，御者与新妇前后分坐，中间还得有隔离设施。

实际上，先秦贵族妇人乘坐的车更为复杂。有的车子旁边或者前面还有窗棂式的窗户，目的是方便车内妇人观望。但士这一级别的贵族，其新娘乘车应不至此。故此，曹建墩他们不再做相关方面的设计，而是周围加上帷幔。

那么，妇人车的颜色和样式如何复原呢？经过考察相关文献，车的复原依据考古出土两周车的样式以及车的各部件数据。而妇人车子的颜色，根据《仪礼》记载"女车亦如之"，妇人车子的形制和颜色与丈夫乘坐的车子大同小异，只不过是上面有车盖和帷幔。帷幔的颜色，为了美观和赏心悦目的需要，清华团队拟将其设计为绛色。

复原制作的男车的各部件的数据主要根据考古出土的周代车的数据来加以参核。但是，有一点需要注意，周代车多为木制，长期埋于地下之后成为灰状，因而考古测量所得的数据并不能严格反映当时的车制数据，肯定存在误差。曹建墩他们决定在制作时不要拘泥于出土车子的数据。

综合各方面的考量，《仪礼》复原项目有关车的主要数据才确定下来。

3. 带着半颗半熟的栗子

10月，最难的车轮已经鞣好，就等着组装了。车轮、车梁、车辕、车轵辘和横木也做完了。

孙师傅有些心烦，不知道用什么颜色的漆好。等专家来，他闲不住，开车到了自己的射箭场。就在村附近，他买了两三亩没人种的地,清了杂草,放了四个箭靶。戴好扳指,拿出自己做的弓,从箭桶里取出一支箭。孙师傅侧身,双脚前后分开,目视正前方靶心,把弓弦拉到最大,安静下来,松弦,中了。彭林教授说过:"乡射礼要求人们注重体魄和心性的统一与和谐。"

"一射箭,好像什么烦恼都没了。"孙师傅笑笑。他因为做马车,很久没有参加过射箭比赛了。

专家曹建墩10月底终于过来了。两个人拿着大本的图册在屋子里商量。"要我说,不能是黑色的,黑色是出丧的。"孙师傅比画着栗红色,"我做了四十多年皮子,对化料清楚得很,从来不可能用一个颜色,都是几个颜色混在一起。"院子里的条纹猫偷偷溜了进去,爬到兵器架上,把后爪搭在钩的月牙上,一个鲤鱼打挺开始咬挂着的环保袋。在屋子里讨论了半天,一颗颗猫粮掉在地上的声音打断了他们。孙师傅迅速站起来,猫扑通一声跳了下来,还是被踹了一脚,逃出了屋子。"曹老师,你在屋子里坐一会,我去外面买个东西回来你就明白了。"

曹建墩(中)与孙玉怀(左)等人讨论马车制作(陈芳婷摄)

他打开门,掏出钥匙,开车出门,回来拎着一袋生栗子,招手让助手赵云燕煮。

女车在阳光下散发出木头的香味，他和曹建墩看着，拿出手机拍照。助手拿了一水舀子煮好的栗子给孙师傅。他拿起来一看，用手擦了擦，对着阳光看了看，皱着眉说："不是让你别煮熟吗？去重煮。"

孙师傅是个暴脾气、急性子，有时带着朋友去吃火锅，孙师傅嫌碟子不够大，换了个菜盘子，加上满满的麻酱。夹了半盘子的牛肉，放在锅里搅和两下就蘸着麻酱吃了。"我这叫吃饭。"曹建墩回北京汇报，出发的时候，就带着半颗半熟的栗子回去了，颜色就是孙师傅说的这个栗红色。

上漆以前，要用谷糠、骨末、白灰调成的腻子细细地把马车涂一遍。喷漆，先喷上一遍红漆，再喷黑漆，要喷七次，最后再喷车轮内圈的红漆。工作量很大。

涂完了六个车轮的红漆，孙师傅开始准备组装用的绳子。"组装马车本来用麻绳，麻绳就数荆州的最好。"孙师傅已经买好了武汉的麻绳，但发现不行。麻绳是湿的时候紧，干了就松了，总不能马车要用了，再往上面浇水吧。他决定用生皮条。和麻绳相反，生皮条子越干越紧。

皮子泡下了，专家打电话给他。

"曹老师看了微信照片后觉得太难看，还是全黑了。"赵云燕记得，她们用小号的刮油漆刀刮了二十多天。"白干二十多天，感觉也不好受。"

"孙师傅啥也没说，整天绷着干。"

他憋着股子劲。"一个人一辈子要是能做成一件大事，就可不简单了。"

马车刮掉红漆，重新喷黑漆，组装好马车。添置女车幔子、车顶、车梯、席子，全部做完了，马车完事了。

彭老师带人来验收，说了句——"好！"

孙师傅觉得他做成了一件大事。

于是松了劲，感冒了。老伴说他："就是闲不住，马车做好，不绷着精神了，就倒了。"

4. 白天验收，摸黑押运

前期的研究和沟通，都是曹建墩负责的。后来高瑞杰也参与其中，韩冰雪主要在制作过程中协助孙师傅工作。

韩冰雪第一次去孙师傅的工作间是在轮毂完成辇制后，曹建墩、高瑞杰和他分别从开封和北京出发，在中午时分一同抵达保定，又坐了一个多小时汽车，才来到孙师傅的马车制造厂。

虽然工艺上使用古法，但工具选用上不拘泥于古今，以适用为宜。他们几人进入车间，看见一摞摆放整齐的弧形木条，一共三十段。孙师傅说，这是五辆车的轮毂，他担心轮子在制作过程中出现意外，所以多做了一辆车的轮毂，用以备用。车间另一处摆放着一个巨大的模具，这是辇制轮毂时用以定型的。孙师傅为了制作轮毂，特意制作了不少工具，很难想象古人在没有现代化工具的情况下，如何把车轮做得那么精准那么圆。

由于需要确定的东西比较多，回程去车站的时间有点迟了。到了高铁站，还有五分钟就要开车了。狂奔进站，肩膀上还扛着之前孙师傅通过考核的微型车轮，因为要暂借这个车轮作为辅助研究的教具。当他们气喘吁吁冲进车里时，列车门刚好关上。高瑞杰本来腹部不适,加上急走奔驰,此时瘫坐在座椅上,脸色蜡黄,豆大汗珠挂满额头,腹痛难忍。缓了一会,喝点热水方才恢复,所幸无大碍。真是令人心颤的赶车经历。

　　第二次去时,确定车外观颜色,当时还是本科生的张逸轩跟着韩冰雪一同前往。工作之余,韩冰雪带着张逸轩用孙师傅车间的工具和材料,做了一个牛角坡型扳指。学生们不仅人文历史素养好,动手能力也不错。当然,如果和孙师傅家的黑白条纹毒蚊子相比,张逸轩的动手能力不及毒蚊的动嘴能力。这种来自澳大利亚的蚊子,毒性极人,张逸轩两个胳膊上十几个高高降起的包就是明证。这位坚强的小同志,笑眯眯地看着胳膊,说了句:"这儿蚊子真厉害。"

2017年12月验收马车

　　三个月后,马车做完了,孙师傅邀请彭林老师来验收。彭老师、曹建墩、钟诚、韩冰雪等人再次来到孙师傅的工厂。四辆马车整齐地摆放在办公楼的大厅内,据孙师傅说,他让儿子把一楼大厅腾出来,专门摆放马车。彭老师仔细查看了各处细节,还登车试乘了一下,对孙师傅的作品表示满意。

之后彭老师抽出车轴外端的一个销子类的东西，问大家：知道这叫什么吗？有人摇头。老师说：这个部件叫"辖"，管着车轮别从轴上脱出。人们说的"管辖""辖区"，就是这个字。之后彭老师又问：车子停好后，如何让轮子不再滚动？大家又低头找寻轮子附近的部件，试图找出答案。

别找了，这个部件还没有做出来。

彭老师接着说，这个部件叫"轫"，今天我们还能看到类似于它的东西。货车停在货场时，有时会在轮子前后加一个楔形木块，这样车轮就无法前后滚动了。古时候的马车，停下时也会用这样的东西卡住车轮。

一会工夫，认识了两个马车部件，还了解了对应的汉字。彭老师的一番浸入式的讲解，宛如他在国家精品课程"文物精品与文化中国"中对文物的解读，带着大家从实物入手，然后解读背后的知识。孙师傅马上领会了"轫"的作用，清华团队回去不久，他就做出了四套车轫，复原的马车也有了手刹。

2018年3月，《士昏礼》开始拍摄，马车已经做好半年有余。因为清华团队办公空间有限，车就一直在孙师傅家中放着，开拍前夕，再把马车接来。太早无处存放，太晚耽误拍摄，大家选好了日子，与孙师傅沟通好，同时确定了入京路线和时间。

大货车进京有相应规定，只能夜里零点至凌晨六点。当日一早，韩冰雪开车去保定，同行的还有新闻学院的陈芳婷。这段时间她一直跟进拍摄马车制作，后来的成片起了名字叫"闭门造车"。

临近中午，到了目的地。几辆马车被包装膜包裹得严严实实，一字排在大厅,整装待发。

午饭是大饼卷小葱,饼是孙师傅自己家做的,又香又筋道。"庄稼人吃饼有力气,一会咱们搬马车需要力气。"孙师傅说笑。

很快,一辆叉车和一辆长长的板车先后开了进来。孙师傅叫来七八个人,现将车轮拆掉,四人抬车厢,两人抬车辕,还有两人搬车轮。大厅的门不够宽,众人非常曲折地将车体抬出大厅,然后小心地放在缠绕了旧衣服的叉车前叉上。叉车师傅倒车,前进,升举,再前进,平稳地将马车举升,落在板车车厢内。众人爬上板车,小心翼翼地摆放好车体。约莫两个多小时,四辆车装完了。四辆马车被大货车运往目的地,当然,不是去4S店,而是影视基地。

马车启运

傍晚时分,韩冰雪先行出发在京郊等候。孙师傅跟车,陈芳婷也跟车拍摄。四人挤在驾驶室内,条件很艰苦,又是夜间行车,危险系数随之攀升。小姑娘很坚强,一般人很难吃这样的苦。

进京的大车很多,排起队来有时会有十几公里长。那天晚上的运气还不错，基本上没等候太久。凌晨一点左右，到了影视基地所在的村口。村子入口比较窄，里面还有一个S弯。司机师傅下车看了下，发现无法拐过去，不得已倒出去。

夜里的村子很安静，周围的狗被动静惊动了，此起彼伏地叫了起来。副驾驶在后面指挥倒车，十几米长的板车沿着进来的路慢慢倒了出去。所幸找到第二条路，行进到一半时，出现了新的问题。一辆私家车停在路边，这让本来就窄的路显得更加拥挤。副驾驶下车测量了通行宽度，示意司机可以通过。

这时北风紧了些，一丝冰凉滑过脖子，零星雪花飘了起来。那年冬天北京没有下雪，可眼下都立春了，不曾想还有雪花这样的稀客造访。此时大家可顾不上赏雪，司机极其谨慎地操控着卡车，让车子慢慢蠕动。车头顺利通过后，车体在副驾驶的手势下摆摆停停，几乎是擦着小轿车过去的。最窄的时候，目测不到二指。真是艺高人胆大，承载着希望的卡车最终顺利通过。不过一会还要再来一遍，想想就刺激，怕是让人睡意全无了。

到达影视基地后，大家叫醒了协助卸车的工人。原定的八个人，最后来了五个，还极不情愿。这边没有叉车，卸车难度比较大，完全要靠人力协助。孙师傅也加入到卸车大军中。人少，车重，在孙师傅的几次大吼中，车子有惊无险地落了地。毕竟这是孙师傅的心血，他把它们当成了自己的孩子。卸车工人不专业的操作让他神经高度紧张，大吼指挥也情有可原。卡车再次启动，雪白的车灯撕开了黑色的夜幕，零星雪花和劳动卷起的灰尘在灯光中飞舞。望着消失在夜幕中的卡车，此时才感到初春之夜的寒意。

深夜抵京

《士昏礼》拍摄完毕，四辆马车一直暂存在清华艺术博物馆的库房里。2019 年末，马车要迁出校园，大家很舍不得，但实在没办法，只好分别安置在了丰台的北京汽车博物馆和房山的一个影视基地中。

二、引弓而射侯

《乡射礼》讲的是周朝士大夫在学校中通过射箭培养德行并为国家选拔人才的礼仪。乡是周朝的行政单位，下辖州、党、族、闾、比等，类似今天省一级的行政单位。乡射礼仪节主要包括前期准备、主宾献酬、三番射、旅酬等，尤以三番射为核心。三番射即三轮比赛，其中一轮射箭要跟着音乐的节奏，否则射箭成绩无效。即便是射箭比赛，也充满了浓重的仪式感，达到"射以观德"的目的。侯就是比赛用的箭靶，形制却和今天常见的箭靶大不相同。

1. 侯要怎么竖起来？

在《仪礼》复原项目中，清华团队成员在彭林老师的指导下，各司其职。作为在读博士研究生，陈士银负责的是青铜器、竹木器和射器三个板块。从2013年刚来读博，他就接手之前《士冠礼》复原的器物资料整理工作。主要任务就是把《士冠礼》篇中涉及的器物（主要是青铜器和竹木器等）加以整理：（1）对器物做出词条简单解释，力图凝练、明晰。比如："洗，古代盥洗用的器皿，形似浅盆，有青铜制和陶制"。（2）根据礼经注疏以及礼图等资料进行疏通，确定文献依据。（3）找到可以参照的出土实物，加以著录，供日后复原制作参考。

《乡射礼》一直是彭林老师指导会读的重点篇目。在《仪礼·士冠礼》第一次复原工作结束后，在老师的带领下，一群研究生又耗时一学期把《乡射礼》会读完毕。陈士银参加了每周六全天的《乡射礼》会读。有了这个基础，再来做《乡射礼》器物方面的工作，就不那么困难。

根据对礼经传注的爬梳，2013年底，陈士银着手撰写《〈乡射礼〉所用侯考》一文，后在清华大学第371期博士生学术论坛中提交报告，被评为"优秀报告"。应该说，这篇论文为此后乡射侯的复原奠定了初步基础。

不过，等到真正制作乡射侯的时候，团队成员遇到一个障碍：历来关于乡射侯的讨论不尽相同，到底该如何取舍？比如，郑玄认为乡射侯应该由五部分组成，即上个、上躬、侯中、下躬、下个。郑玄是礼学泰斗，他的意见很具权威性。郑众则认为，乡射侯应该由上个、侯中、下个三部分组成。清儒戴震、黄以周等人在二郑的礼图上加以修正，给出了新图。

经过反复考证和实践操作，清华团队并没有采用以上诸家的礼图，而是根据对文献的重新解读，并参照出土的战国刻纹燕乐画像椭杯上的侯图、西周时期甫人盨上刻绘的云气纹等资料，绘制出新图。

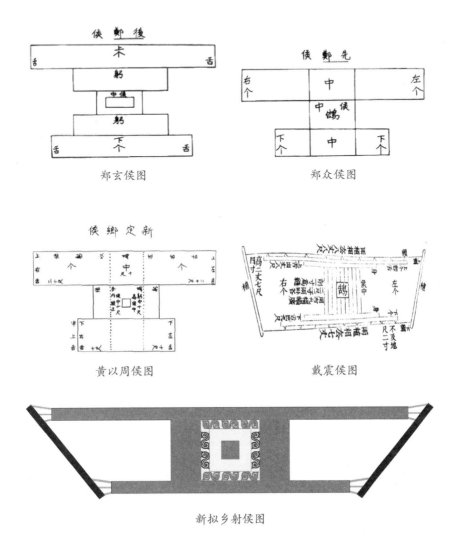

新拟乡射侯图

老实说，对于这种论证是否可从，团队成员刚开始也没有多少信心。出于复原实践的需要，遂决定将郑玄、郑众、黄以周等人提供的侯图进行一比一的制作（一尺约合 23.1 厘米）。

（1）郑玄图尺寸

上个4丈，约今9.24米，宽2尺，约今46.2厘米。

上下躬各长2丈，约今4.62米，宽2尺，约今46.2厘米。

侯中长宽各1丈，约今2.31米。

下个长3丈，约今6.93米，宽2尺，约今46.2厘米。

（2）郑众图尺寸

上个长3丈，约今6.93米，宽2尺，约今46.2厘米。

中部长宽各1丈，约今2.31米。

下个长2丈，约今4.62米，宽2尺，约今46.2厘米。

（3）黄以周图尺寸

上个长5丈，约今11.55米，宽2尺，约今46.2厘米。

中部长2丈，约今4.62米，宽1丈，约今2.31米。

下个长3丈，约今6.93米，宽2尺，约今46.2厘米。

（4）新拟侯图尺寸

上部长6丈，约今13.86米，宽约2尺，约今0.462米。

躬长2丈，约今4.62米，宽1丈，约今2.31米。

下部长4丈，约今9.24米，宽约2尺，约今0.462米。[1]

等到工作人员将四张按照尺寸制作好的侯搬到礼学中心的时候，陈士银就意识到郑玄的五段侯无法使用。如果乡射侯真有五段，而礼书上仅有上下两根绳索贯穿，不可能把这种庞然大物竖立起来。从文献和数据上研究乡射侯是一种感觉，真正触摸到实物则完全是另外一种感觉。拿到新制作的乡射侯之后，团队成员试图在中心办

---

[1] 具体考证可参陈士银：《乡射侯考》，《中国经学》，第22辑，桂林，广西师范大学出版社，第59—70页。

公室和外面的走廊将其铺展开来,但是鉴于尺寸过大,只好放弃。后来,随着考察的深入,大家对包括乡射侯在内的射器类物品才有了更为直观、形象的认识。

侯在文北楼外铺开(弯腰者为杨远骑)

在确定乡射侯的尺寸之后,复原工作又被其他接踵而至的问题袭扰。

其一,关于持舌绳。经书上说,侯的上下部各有一根绳(上纲、下纲)贯穿于后,以便固定。可是,根据反复实验,仅靠两根绳索根本不可能将射侯固定起来。根据《仪礼·大射》"中离维纲"与郑玄注"侯有上下纲,其邪(斜)制躬舌之角者为维",团队成员又在乡射侯上增加了八维(八段绳子),这才解决了这一问题。

其二,关于两植。两植就是固定乡射侯的两根八字形的树桩。出于拍摄和运输的需要,团队定做了两根移动铁桩,涂以木色。

其三,关于尺寸。时移世易,为了拍摄需要,以米易丈,不然乡射侯尺寸过大,很难找到匹配的摄影棚。

其四,关于乡射侯能否载箭。传统经师都把工夫花在了乡射侯形制、尺寸这些问题的讨论上,却严重忽略了实操性。大家在"礼射广场"排练时,发现弓箭射出去之后很难射穿一块孤零零的侯布。如果遇到大风,射侯在风中飘来飘去,更增加了射中的难度,无法体现贯穿的效果。所以,射侯背后有无衬垫?对此,礼经上没有记载。出于实操需要,复原小组在侯中的后面添加了衬垫,如此方能保证箭能安稳射在上面。

乡射侯只是乡射礼众多器物中的一种,可无论在平时训练,还是在正式拍摄的时候,因为形制巨大,反而成了最容易识别的标志性器物之一,这也是当初设计乡射侯时未曾料到的。类似的观感多次出现,加深了同学们对经文的理解,也刺激了进一步探寻答案的冲动。

《乡射礼》成片中获者手持翿旌立于乡射侯前

陈士银从2013年接触乡射侯,并开始撰写这方面的考证文字,前前后后多次到东北、河北等地考察,对乡射侯的认知逐渐丰满,陆续发表过一些有关射器方面的文章,比如《〈考工记〉里的弓箭是什么样的?》《〈乡射礼〉复原工作纪要(三):〈考工记〉弓矢制作推论》《〈乡射礼〉器物考》《乡射侯考》等。只有深入下去,才会发现,原来平日读书时看似微不足道的器物都有值得挖掘的深层意义。重大课题离不开细节的支撑。故此，在细节上反复打磨也成了《仪礼》复原工作的特色。

2. 到东北核对《考工记》

《仪礼》复原的背后，除了文献和考古报告的支撑，还必须要有各地现存礼仪制度、器物遗法的参考。获得国家社科基金立项后，彭林老师多次带领团队同仁和学生赴全国各地考察。如 2014 年 10 月，彭老师、韩冰雪赴东北。2015 年 5 月，彭老师携李琳、韩冰雪、张德付、万剑锋、马延辉、陈士银赴济南、曲阜。2016 年 12 月，韩冰雪、罗婷婷、钟诚、万剑锋赴韩国。2017 年 1 月，杨柳、李琳、高瑞杰、钟诚、马延辉赴日本等。河南、湖南、福建等地更是多次留下清华团队的考察足迹。

2014 年 10 月，韩冰雪刚来工作不久，便陪同彭老师到东北哈尔滨和安达，拜访专家，考察木箭和角弓的制作工艺，实地调研《考工记》中记载的工艺在实际制作过程中运用的状态。木箭制作专家张国权先生和角弓制作专家高翔先生，都是他的弓箭领路人。

早在 2008 年，高翔先生曾千里寄鹅毛，为韩冰雪解了做箭无羽之急。张国权先生的鸣镝制作资料，帮助韩冰雪成功制作了一枚木制鸣镝。平时与两位专家多是线上交流，一直想实地拜访一下，这次考察，也算是圆了多年的一个梦。出发那天正赶上雾霾比较重，在机场等候了一个多小时。飞机起飞爬升过程中，舷窗外的城市建筑慢慢变小、模糊，最后消失在如黑棉花般的云团中。

两小时后，航班飞临哈尔滨上空，广播中传来雾霾较大、需盘旋等待降落的通知。也不知盘旋了多少圈，乘客心情开始焦躁起来，目的地就在脚下，却久久不能落地，让人很是着急。终于，广播又响了，哈尔滨雾霾太重，无法降落，决定返航北京。

返航北京！机舱一时间躁动起来，这个返航也太彻底了，从哪里来回哪里去。一时间感觉一个上午时间浪费了，哪怕备降长春或沈阳，也有一种取得阶段性成果的感觉。这下好了，一切重来。在北京落地后，机场给了盒饭，下午再次登机，到了哈尔滨又盘旋起来了。当时心中那个紧张啊，可别再返航了，否则这一天光与哈尔滨擦肩而过了。终于听到准备降落的广播，提着的心算是落了地。到达目的地已是晚上，不管怎样，总算是抵达了。

先去参观高翔先生的工作室，听他介绍自己的角弓制作经验和对《考工记》中制弓工艺的理解，收获很多。尤其提到在筋层表面髤漆，古人可为，今人很难为。不过高翔先生经过反复尝试，终于攻克了这一难题。

在张国权先生的工作室，彭老师详细了解了木箭制作流程以及镞与笴的装配技巧。在看到工作台上皮革制作的半成品箭囊时，彭老师提到古代射箭用的"韘"可能由皮革所制。经文中曾提到该物与"决"同时出现，二者应该有匹配关系。今日佩"决"，如有不当，拇指便易磨出水泡，如果其中有一层软质皮革，便可提升佩戴舒适性。拇指、决、韘或如足、袜、履的关系。当张国权先生听到这些时，他马上拿出一枚扳指和一块皮子，没用到十分钟，便做出了彭老师提到的韘。现场试戴一下，倒是比较舒适。虽然并不敢确保形制一如文献所载，但功能方面和相关记载比较吻合。后来这个"韘"连同一张有百年历史的青海老角弓被带回清华。

因为角弓制作工艺复杂，时间跨度也比较长，清华团队经讨论，最后决定先制作三张，对其工艺和性能进行初步探索。

2014年底，第三届礼学国际学术研讨会在杭州召开。会前，高翔先生寄来一张白牛角髹漆角弓，准备在会议现场展示。这张弓从安达的工作室，经由零下二十度的室外运输，先抵达北京办公室，然后再被寄送到杭州。短短一周时间，这张弓经历了将近四十度的温差。到了杭州之后，角弓出现了局部弓胎撕裂现象。如果说是粘接问题，应该是角或者筋层与胎分离。现在是弓胎本体被撕裂了，这种现象之前未曾遇到过。

　　韩冰雪就此咨询高翔先生，他也没有遇到过这种情况，从撕裂口看，工艺方面应该没问题，要么是弓胎材料本身问题，要么是其他外力所致。最后大家将思路锁定在温度应力上。物体热胀冷缩，角弓表现更是明显。陆游写过"风和渐减雕弓力"，说的是天气转暖，角弓力量会下降。岑参诗中"将军角弓不得控"，反映了天气寒冷时，角弓力量会增加。筋层对温度的反应表现在弓力变化上，古代角弓使用时温度变化要么是缓慢的，要么是单向的，即升温或者降温。而这张弓在短时间内经历了降温、升温、降温再升温，每次温差变化都在几十度。一时间内在弓体截面上出现了多个温度分层，温度应力作用明显，超过弓胎材料本身的承受力，于是被从中扯裂开。

　　大家与高翔先生探讨了温度应力说，高先生也比较赞同。基于角弓养护比较特殊的原因，大家计划寻找易保养的现代工艺弓箭用于复原视频的拍摄。毕竟复原器物的目的是探寻其形制和工艺，在力所能及的范围内将其应用于复原视频拍摄。如果现代工艺弓箭能够满足演礼需求，也不失为一种选择。

　　在考察现代弓箭制作工艺时，复原团队成员去延庆拜访梁志先生。陈士银、万剑锋和韩冰雪一起自驾去延庆，由高速路入山后，起伏不断，弯路隧道也不少，有时是超长上坡，有时是盘旋下坡，而且限速路段十分多。这样的山路大家都是第一次走,神经高度紧张。陈士银和万剑锋都紧张于韩冰雪的车技,而韩冰雪则紧盯路边的限速提示牌,生怕超速违章。

下了高速,按照梁志老师的提示,需要穿过一座铁路桥,在下一个路口拐弯就到了。于是大家在脑海中补充了一个类似地下道的铁路桥,走了很久也没有发现,甚至开到一个部队驻地边。这下不敢再走了,再走恐怕就走不了了。

梁志先生等了很久,打电话一问,才知道大家走过头了。梁师傅守时且耿直,训斥大家不认真看路。后来在梁师傅带领下,大家穿过一座很高的铁路桥,压根不是想象中的地下道。韩冰雪平日最擅长找路,在第一次拜访梁师傅时就因走错而迟到,心中很是惭愧。

梁师傅带大家参观了工作室,并详细介绍了他的弓箭制作工艺特点。中午,在工作室吃了可口的炸酱面,还配有大蒜——这是给懂面的人准备的。后来团队又拜访了几次梁师傅,梁师傅也做了样弓。然而因其他原因,没能选用该弓,很是遗憾。

陈士银也曾独自到东北实地考察传统角弓的制作,并受到传统弓箭制作人高翔、张国权等先生的热情招待,学到了许多文献之外的知识。

和绝大多数人一样,陈士银刚开始对弓箭所知寥寥。一般所说的传统弓箭其实就是筋角弓——以牛筋、牛角等为主材制作的弓箭。这种弓箭需要利用竹木、牛角、牛筋等反复打磨、粘合,制作周期少则数月,多则数年。在考察过程中,陈士银更加意识到,掌握传统弓箭的知识和操作技能并非易事。

举个最简单的例子,刚拿到一张弓,如果不是专业人员的指导,一般人连上弦都不会。拉力稍微大一点的弓就需要单人借助大腿的力量才能逐渐让弓体弯曲，再缓缓上弦。用力过轻，根本掰不弯弓体。用力过猛，又会损伤弓体。

再比如，礼书上经常会遇到"决"和"遂"。根据郑玄的注解："决，犹闿也，以象骨为之，着右大擘指，以钩弦闿体也。遂，射韝也，以韦为之，所以遂弦者也。"读罢总觉得意犹未尽。真正拿到弓箭反复操作之后，才发现决和遂无比重要。

刚开始，陈士银没有佩戴决（扳指）和遂（护臂），赤手射箭，不多时右手拇指已经疼痛难忍，左胳膊也被打伤。因为箭羽发射速度很快，反复用拇指勾弦，难免为其所伤。另外，弓箭射出去之后，弓弦也有向前运动的惯性，会打中左胳膊。如果没有扳指、护臂这些基本防护，真在战场上反复射击，弓手的拇指都可能废掉。

在东北，陈士银先后去了好几家射箭场馆。很多射箭场馆所用的弓箭都采用现代工艺，自带瞄准镜。现代弓箭以弓箭为核心，降低了射箭的难度，提高了射箭的精度。而传统弓箭并没有那么多先进的功能设计，更加强调人的作用，追求"人弓合一"的境界。对弓箭的发烧友而言，利用现代弓箭射箭很容易射中靶心，却没什么存在感和成就感，就像赛车手选用了一台自动挡的赛车——容易操作，却在一定程度上弱化了赛车手的作用。因此，他们想方设法谋求各种制作工艺，也试图从历史文献中发掘经验。

多次交谈之后，陈士银等人感受到中华传统弓箭的尴尬处境。在邻国日本，弓箭制作比较晚出，却培育出举世闻名的弓道，并有明确的传承，蔚然成风。反观中国，即便早在《考工记》《乡射礼》等文献中就有对弓箭制作和射箭礼仪的成熟记载，但是迄今尚难看到中华礼射的国际影响力。

射箭古已有之，除了应敌之外，也有培育专注力以及提升德行的教育意义。现在推广起来,很多学校和单位的负责人听到"弓箭"二字,第一想到的反而是违禁品。在这种环境下,想要推广中华礼射,希望渺茫。不难想见,未来很长一段时间内,依然是日本弓道独尊天下的局面。每当《仪礼》复原团队成员和清华礼射研习会的同学们一说到这些,都不免有点气闷。

考察过程中,陈士银也见识到几张清代、民国遗留的弓箭,有汉族的,也有藏族、蒙古族的。不同民族和地区采用的弓箭大相径庭,甚至射箭方法都不相同。在张国权先生的箭坊之中,陈士银真切体会到一枚箭头的制作竟然蕴藏一个大千世界。箭头的材质和形制各不相同,也有幼时在书中读到鸣镝、弋射用的箭。箭杆的选材和形制也十分重要,并不像之前想的前部、中部、后部同样粗细,而是根据用途,对箭杆进行改良,有的射程较远,有的穿透力较强,有的更为平稳等。箭羽的选择也让人眼花缭乱、目不暇接,从寻常的鹅毛到鹰隼的羽毛,再到火鸡羽毛以及其他羽毛,颜色、尺寸等各不相同。如果不是实地考察,团队成员也不会想到,一支看似普通的箭竟然有那么多门道!

陈士银在安达草原上射箭

还有一次,陈士银等人驱车在安达草原搭弓射箭。在此过程中,团队成员非常直观地感受到《乡射礼》中获者(报靶人)有多么重要。因为弓箭射出去之后,射于基本上看不到射出的箭在哪里。他们也明白了,为什么乡射侯的尺寸如此巨大,还有给报靶人摇动的翻旌高达三仞并非虚设,这都是为了方便射箭以及告知射箭结果。后来,拿到制作的翻旌之后,倍感沉重。时人要举起如此重物,且能轻松摇摆,并非易事。

总之,在此过程中,假如说真有什么经验可谈的话,那就是,如果想在礼学研究的道路上更进一步,恐怕亲身实践是绕不开的路径。"纸上得来终觉浅,绝知此事要躬行",这真是古人的至理名言。礼是实学,这个"实"字不仅教导我们要做扎实的文献考证,离不开考据方面的论文,还要多从实践操作的角度出发。对古人而言,这些礼节、礼器等都是真实存在的,可以运用到实际生活之中的,并非说说而已。因此,从器物复原的角度反观礼仪,往往能给我们带来全新的体验。

三、汤盘孔鼎有述作

彭林老师在清华曾开过一门很叫座的课程——"文物精品与文化中国"。之所以开这门课,主要有两点考虑:一是充当考古学家、文物研究专家与大学生和普通读者之间的桥梁,让大家对灿烂的古代物质文化形成比较直观的印象。二是在学生中提倡学科交叉的思维方式,打破专业壁垒,拓宽学术眼界,以适应未来科研发展方向。这门课涉及古代音乐、服饰、玉器、陶器、铜器十多个领域的珍贵文物，很多都是与中国古代礼乐文明的具体象征——礼器——有着难以分割的关联。

1. 参访文物精品，参访文化中国

"文物精品与文化中国"这门课常年的课容量在300人左右，一度曾经多达600人，除了本校学生，还有外校学生、社会人士以及来自不同国家、不同年龄段的听众。

2006年选课学子到访殷墟

早些年，彭老师60岁上下还年轻的时候——都会带着选课学生出去考察，周口店猿人遗址、琉璃河商周遗址、大葆台汉墓、故宫、国家博物馆等都留下了清华师生的身影。去得最多的，是安阳殷墟。彭老师回忆说："我们每次都坐晚上十点出发的'民工车'，票价只有38元，硬座，五点左右到达安阳后，在候车室打盹，天亮后在车站前的小摊上吃早点，到了八点，几人打一辆'面的'，前往考古工地参观，我讲解一天。下午五点再坐车回京，由于是过路车，常常是站到北京站。如此,我和同学们亲密无间,也真切地把到了他们的脉、他们缺什么、我的教学应该如何切入、如何才能打动他们的心。"¹

彭林老师带领研究生在河南考察

如是多少年,百多名清华师生在火车硬座上凑合一夜之后,风尘仆仆赶到殷墟,跟随彭老师气韵十足的现场讲解,依次领略商代精美的铜器、玉器、甲骨文、宗庙建筑、祭祀遗址……熬夜的疲惫,丝毫不能阻挡同学们从文物中汲取历史文化知识的热情。这热情也打动了考古工作站的著名专家,唐际根、岳洪彬等研究员都曾应邀来给清华学子授课。经过几乎一整天充实的学习之后,意犹未尽的师生们再搭乘火车返京。这样的游学经历,还吸引着远方的旁听生慕名而来。多年下来,曹建墩也从这门课的助教成长为河南大学的教授。²

1　彭林:《在2017年教师节庆祝大会上的发言》,清华新闻网,2017年9月13日,https://news.tsinghua.edu.cn/info/1097/41303.htm,2020年8月20日检索。
2　冯迪:《中国人认中国字——安阳殷墟游学记》,《三晋都市报》2014年1月14日。

2005年5月唐际根研究员（穿蓝衬衣打领带者）给清华学生讲课（图下方黑衣者为彭林老师）

2006年4月岳洪彬研究员（居中白衣者）给清华学生授课

  2012年4月，美国哈佛大学与麻省理工学院联手创建了大规模开放在线课堂平台edX，免费给大众提供大学教育水平的在线课程。2013年，清华大学作为新加盟edX的六所亚洲名校之一，决定首批上线四门课程，"文物精品与文化中国"即为其一。

曹建墩为小朋友讲解甲骨文（冯迪摄）

　　随后一年内，彭老师携马延辉、罗婷婷、李旭等人奔走于全国各个博物馆或考古现场，历经东西，往复南北，或在殷墟洹水旁重霾弥漫的清晨，或在秦陵铜车马展厅灯影黯淡的深夜，花甲老者凝神讲学，诸弟子从旁协助，唯恐有失；或在福建泉州海外交通史博物馆承丁毓玲馆长特许拍摄维修中的开元寺古船；或在兰州大学博物馆与张克非教授讨论史前生态环境……受惠既多，成果亦丰，终于为爱好中国文化的世界学子奉上了一场可以随时在线享用的精品文物盛宴。

　　拍摄彩陶专题，需专门飞往兰州、西宁等地的博物馆。一进甘肃省博物馆展厅，李旭见各类黑陶和彩陶色泽黯淡，图案简单，心中暗想：这有什么好看的？但彭老师很激动，看来看去，口中不住地赞叹：太美了，太美了。神色如晤故人。从博物馆出来，师生二人又由友人引介去看了一些私家藏品。李旭觉得这比博物馆里的好看，但彭老师则非常平静、谨慎，不置可否，也未作详细的拍摄与讲解。待辞出后，彭老师才跟李旭说起以前当学生时，跟导师赵光贤老先生游历各地考古工地、博物馆看文物，老先生教导看陶器要用手感受，要深入腠理地去感知文物背后为历史所赋予的古朴与醇真，而不能为色泽鲜艳的皮相所惑。

正因如此，彭老师看文物，都力图近距离，甚至零距离地去接触。当然，是否有此条件，还得看机缘。李旭曾陪彭老师赴湖北省博物馆拍摄越王勾践剑和曾侯乙墓漆箱盖。方勤馆长等馆领导非常热心，特别吩咐馆员选择闭馆的日期，打开防护玻璃屏，供我们拍摄。这时彭老师兴致盎然，像个孩子。为了印证越王勾践剑的锋利，他手戴白手套，平端剑身，请在场一位女馆员拔下一根头发，演示"吹毛断发"。那位女士轻轻吹了一下，没断；彭老师认为是力气太小，又请导演来吹，还是没断；最后李旭鼓足劲"呼"了一气，还是没断。彭老师只好认为是那位女士身体健康，头发太韧了。

彭老师感知文物的那份亲切、敏锐和执着，令李旭印象深刻。老师对于考古文物的重视，与《仪礼》的实验性复原息息相关。如果离开考古这一参证维度，《仪礼》复原寸步难行。受到考古实物的启发，彭老师对《仪礼》复原中的弓檠弓韣、堂廉堂深、门塾门阑等一系列难题，提出了独到的看法。由是观之，考古工地上的文物课录制，与清华园中的《仪礼》会读，呼应交织，构成了复原研究的复调乐章。

2015年12月，借由项目组召开子课题组长会议的契机，大家还前往位于临汾市曲沃县的晋国博物馆，参观了晋侯墓葬及车马坑和晋国发展简史的展览。晋国博物馆是依托全国重点文物保护单位"曲村-天马遗址"而兴建的山西省第一座专题性遗址类博物馆。"曲村-天马遗址"在考古界名头很大，在这座遗址中，发掘周代墓葬800余座，发现了九组十九座晋国早期国君及夫人墓葬，十座车马坑，发掘各类珍贵文物 12000 余件，被列为 1992 年、1993 年全国十大考古新发现之一，其发掘成果为我国"夏商周断代工程"西周列王编年课题的解决提供了重要支撑。同时，"曲村—天马遗址"也名列第四批全国重点文物保护单位。到了晋国博物馆，看到熟悉的青铜礼乐器和复原的车马坑等展品，彭老师又兴奋地充当起了解说员。

课题组参观晋国博物馆

2. 检验礼器复原，检验学习效果

通过项目培养学生的科研能力，促进学生传帮带，不失为大学学科教育的好方法。《仪礼》复原项目在这方面也有积极尝试。如 2018 年春季学期，博士生一年级的万剑锋，带着新招收的经学特长生成立了一个"礼学研究中心互帮结对暨器物特长培养小组"，短短两个月内就组织了四次小组讨论，邓雅夫、王天骄同学参与整理汇总了《乡饮酒礼器物清单》。清华团队是要在推进项目的同时，培养学生逐步了解如何在阅读《仪礼》文本的过程中系连起不同篇章和注疏中对同一器物的描述和解释，同时透过前人的研究成果学会研究三礼涉及的名物度数。

礼器研究可以由清华团队成员完成，但是复原制作还是要依靠专业工人、技师。在复原礼器的制作过程中，被委托方都以研究的态度予以配合，为清华团队提供了超出一般合作的帮助，更为《仪礼》复原拍摄提供了便利。以射器为例，制作之前，能用的资料只有文献中一些生涩的语句和对应时期出土文物的实物图片，要将这些有限的资料转化成直观可视的实物，其难度可想而知。清华团队投入了大量精力与各领域的专家沟通，在课题组的工作日志中不乏相关记录：

> 2015年4月3日，《乡射礼》器物初期验收会在文北楼办公室举行，与会者有王刚、袁飞等以及清华团队全体人员，对器物制作中的问题展开了充分讨论。
>
> 9月7日，《乡射礼》复原项目服装组成员在办公室汇报玄冠复原情况。
>
> 2016年1月9日，《乡射礼》复原项目补做器物全部完成，并完成对器物的拍照和录像。
>
> 1月12日，《乡射礼》复原项目食物模型制作完成。
>
> 2月25日，课题组成员、河南大学曹建墩教授到礼学中心办公室参加《乡射礼》器物复原讨论。
>
> ……

袁飞先生和王刚先生在器物造型表现方面给予清华团队很多实

用性的建议,甚至出了大量的草绘图,极大地减少了复原小组的工作量。起初铜制礼器的颜色是按照金属本色做的,黄灿灿的,异常夺目,不亚于2003年发现的宝鸡眉县杨家村西周单氏家族窖藏青铜器!后来,袁飞建议大家从工艺的角度考虑一下颜色。高温出模的铜器,在与空气接触后会被迅速氧化,氧化铜的颜色发暗,会遮掩住青铜的本色。即便出炉后的氧化程度不会太明显,在使用过程中,器物外表面同样会形成一层致密的氧化铜膜。而且《仪礼》中记载的礼仪场合使用的礼器未必是新铸的,这样一分析,礼器的颜色应该接近氧化后的颜色。于是大家认真讨论,并做了相应实验,最后将颜色确定为氧化后的颜色。

射器中有一个器物叫"福",龙首蛇尾相交,赤韦覆之。陈士银描绘出其大致形制后,韩冰雪绘了一个草图,和王刚讨论如何制作。王刚时任中国射箭协会传统弓分会秘书长,有着多年的习射经验,对弓和箭十分熟悉。他听了关于福的使用方法,很快出具了制作方案,中心针对方案进行优化讨论,最终做出符合要求的福,不仅形制合乎文献,其功能也具备实操性。

"角弓""鹿中""乏""旌""侯"等不常见的器物,在王刚先生的全力配合下,均一一制出。只可惜天妒英才,王刚先生因病于2020年春去世。清华师生得知这一噩耗,很是悲痛。每当看到这些器物,不免睹物思人,眼前总能浮现出王刚先生帮大家调校角弓、讨论工艺的场景。《仪礼》复原项目给每个人都留下了独一无二的记忆。

针对《乡射礼》器物复原,清华团队分别制作了多份考察报告,如高翔角弓制作(调查人陈士银)、张国权传统木箭制作(调查人陈士银）、北京延庆区梁智玻璃钢弓制作（调查人陈士银、韩冰雪、万剑锋）、北京通州区宋庄青铜器制作考察报告（调查人陈士银、韩冰雪、刘斌、万剑锋）、河北王刚弓箭制作（调查人陈士银、韩冰雪、刘斌）、浙江湖州竹席编制（调查人张德付、韩冰雪）等。

北京通州区宋庄青铜器制作考察报告

清华大学人文学院中国礼学研究中心

（《乡射礼》复原项目器物类第7号考察报告）

考察人：陈士银、韩冰雪、刘斌、万剑锋

执笔：陈士银

（一）考察对象

《乡射礼》项目青铜器验收前制作情况。

（二）考察时间与地点

2015年10月15日13时——　　年　月　日18时

地点：北京通州区宋庄镇菜园村64号

（三）考察概况

（1）最新进展

根据之前协议，委托方袁飞已经完成大部分青铜器类器物，也包括部分射器。主体器物都已制作完毕，个别器物需要修改、加做。

（2）存在问题

其一，器物略显粗糙，还没有完成花纹装饰。

其二，个别调整器物还未完成制作。

其三，制作周期太长，时间拖得稍久。

（3）解决方案

其一，制作方承诺按照新制作的匜的标准给青铜器统一装饰花纹，同时为了兼顾美观与实际拍摄效果，器物拟为由原来的金黄色调整为暗黄色，保留氧化的痕迹（如图一、图二所示），图二所示有点暗，可以微调，其他器物的黄色应比图二所示再明亮一些更佳。

其二，根据最新修改意见，对部分器物作出调整：

1）新做俎3个，尺寸按照万剑锋之前所拟标准缩小为原来的三分之一，形状、装饰等不变。

2）新做勺3个，与壶配套使用。

3）保留鐎1个，有三足，类似鼎，烹煮用。

4）新做鼎匕1枚，与鼎配套使用。参照王子午匕的样式，长60厘米，柄宽4厘米，刃最宽处6厘米，鼎匕柄处15厘米镶嵌与原定丫鼎相同的纹路，匕口呈尖状、内凹。

5）启尊，形状似蝉纹觯，高度由原来的18厘米，提高到30厘米左右，略低于壶高。启尊可同壶一起放在禁上。

6）鼎扃，抬鼎的杠子，根据尺寸及时制作。

其三，制作方承诺在今年11月20日前根据要求将器物修改、制作完毕，以供验收。

（四）考察费用

往返交通费：168+167=335元

餐补：15×4人=60元

合计：395元

（五）考察掠影

调整前的亮黄色，过于明亮（拍摄：刘斌）

调整后的暗黄色，保留氧化的痕迹（拍摄：刘斌）

考察人员和制作方合影（拍摄：制作方工作人员）

（六）其他

（1）图三"斯禁"上灰色的"洗"以及即将竣工的生牛皮"乏"，届时都涂成黑色。

（2）以上设计最终解释权归清华大学人文学院中国礼学研究中心所有。

整个《仪礼》复原的工作内容之庞杂，涉及专业团队与领域之广泛，可能超出了所有人最初的预计。单独礼器一项，清华复原小组和各位组外同仁就耗费了大量心血。不只《乡射礼》，其他像《士昏礼》，席、筵、豆、禁、篚、俎、爵、觯、马车等器物，复原小组都在传世文献与出土文献的相互参证下做了复原，甚至礼仪中所用脯、醢、脊、肺等食物，也做了详细考证，以确保影片拍摄的严谨性。

复原礼器形制，自古为难。唐代诗人李商隐（812—858）就曾感叹："汤盘孔鼎有述作，今无其器存其辞。"器物流传匪易，后人往往不见其真面目。纵然得见原物，对其功用与礼义，亦难尽悉。加以历代学者说解不同，治丝益棼，遂见其物而不知其名，闻其名却难晓其实。宋人蔡襄（1012—1067）所说的"礼家传其说，不见其形制，故名存实亡"，确为有感而发。尽管如此，两宋学者仍对礼器研究投入了大量精力，其经验与教训都对经学、礼学、金石学的发展乃至现代考古学的建立发挥了重要作用。

《论语·阳货》："礼云礼云，玉帛云乎哉？乐云乐云，钟鼓云乎哉？"

钟鼓玉帛之类的礼器，虽然只是礼乐的工具，而非其本真。但是礼乐生活要想不完全转向内在，缩减为一种封闭的心情，就必须向外扩充。礼乐生活存在，钟鼓玉帛便会存在，且会随时进益。[1]

四、有服章之美，谓之华

大约是 2002 年，彭林老师到苏州开会，会议安排参观环秀山庄的刺绣作坊。一批批绫罗绸缎令人眼花缭乱，而最精彩的则是绣娘的表演。绣娘将一根细丝分成十根、二十根、三十根，最细的丝甚至能飘在空气中，能事至此毕矣！彭老师向绣娘讨要了其中最细的一根以及一枚最小的绣花针。后来在"文物精品与文化中国"这门课上，当讲到"河姆渡蚕纹杖饰与先秦服饰文化"时，他常把那根丝悬在空气中展示给清华同学看。

曾在台下听讲的罗婷婷，从 2012 年开始，一直承担《仪礼》复原团队服饰方面的工作，这也成为了她后来硕士阶段的研究方向。至于研究方向的选定，还要从那年夏天的一次冲动消费说起。

1. 用缝纫机缝制深衣

那年暑假尤为炎热，正是大三结束等待大四开学的时间，毕业论文方向还毫无头绪。在家中闲来无事，罗婷婷跟着网上的视频做手工，用好看的印花布料缝一些餐垫笔袋之类的东西。

手工虽然很花时间，考验耐心，却令人心情平静，有种治愈的功效。在确认自己没办法短时间练出好手艺的本事后，罗婷婷脑袋一热，买了一台家用缝纫机。可是做手工的兴趣来得快去得也快，

---

[1] 参见钱穆：《礼乐人生》，《钱宾四先生全集》第 50 册《新亚遗铎》，台北，联经出版事业股份有限公司，1998 年，第 440—446 页。

开学不久后就放下了，缝纫机也没了用武之地。怀着一种冲动消费的内疚感，罗婷婷想着可否用这台机器做点儿正事。

失之东隅，收之桑榆。当时，罗婷婷与几位同学组建了一个晨读会。不同于《仪礼》读书会那般字斟句酌，她们只是单纯地"读"书。早上七点在小树林，读20分钟，正好吃完早餐去上课。目的也很简单：一来熟悉文本，二来调整作息。大四上学期，读的是《礼记》。读到《深衣》篇的时候，罗婷婷一惊——缝纫机的新使命来了！

据经典记载，深衣是先秦时期贵族的常服、白姓吉服，因衣裳相连、被体深邃而得名。《礼记·深衣》里说这套衣服"袂圆以应规，曲裾如矩以应方，负绳及踝以应直，下齐如权衡以应平"，正对应了君子的基本品德——"规矩取其无私，绳取其直，权衡取其平"。

从这篇《深衣》中可知，深衣的基本形制是：十二幅裳、圆袂、曲裾、下裳边缘平衡且长度刚好盖过脚踝、后背从领口到脚踝有一条贯穿的缝线、衣缘宽一寸半等。

《礼记·深衣》虽然勾勒了先秦时期深衣的基本轮廓和部分尺寸，却没有翔实到可以据此还原一件服饰全貌的程度。于是，罗婷婷决定自己试做一件，就利用那台闲置的缝纫机。第一件试做的服饰被定为朱子深衣，按《朱子家礼·深衣制度》的记录进行还原，反映的大约是宋代及其后的服饰风貌。

反复研读文献后，罗婷婷确定了朱子深衣的制作方案。正逢校庆、国庆放假，假期第一天，她便迫不及待地赶往北京著名的大红门面料市场购买面料辅料。当时也没有材质的讲究，目标仅仅是做出衣服的样子来，考虑到第一次动手，便买了比较硬挺容易缝纫的厚棉布。

回来后，首先按《朱子家礼》的记载裁出衣、裳、腰带、缘边的布块,之后便是搬来熨斗和缝纫机,开始熨烫、缝纫、锁边。在文北楼的老师办公室奋斗了三天,终于将这件朱子深衣完成。

做衣服的时候,更像在完成一件有趣的手工作品。当衣服成形,试穿在身上时,罗婷婷第一次体会到中国传统服饰的包容感与约束感。

与平日习惯的立体剪裁的现代服饰不同,前后通裁、十字结构的深衣并不是随人体线条剪裁的,而是需要在穿着时,用人体去"撑"起来,重新构建服装形态。只有穿着者身姿端正,这件深衣才能穿出应有的效果,所以衣服本身宽松舒适,却又无形中约束着穿着者。这时,罗婷婷猛然对"礼义之始,在于正容体"这句话有了真切的体悟。

子曰:"君子不重则不威,学则不固。"她想,矜庄的仪容与心态的修行也许便可以从穿衣开始。深衣不仅能修饰容体,更能起到一种约束的作用,穿在身上,使人很自然地保持坐立端正、谨慎庄重的状态,再切身体察圣人容仪举止,顿时觉得距离拉近了许多。

罗婷婷(右)查验复原服饰

罗婷婷将深衣拿给彭老师看,老师很高兴,并提醒她研读历代礼学家对深衣的注解考订，结合制作进一步加深对文献的理解，尝试发现并初步回答问题。不久后，《士冠礼》复原项目正式启动，彭老师询问罗婷婷是否有兴趣挑战《士冠礼》中的服饰研究。小姑娘毫不犹豫就答应了，也由此定下了论文方向。

2. 古代经师与服饰教授

从2012年秋天《仪礼》复原项目提上议程起，清华团队便基本确定要在次年6月完成《士冠礼》的拍摄工作，这无疑是一个巨大挑战。尤其对于服饰复原而言，文献不熟，材料匮乏，从面料、染色，到形制、工艺，一切都是陌生的。

《仪礼·士冠礼》记载的是古代男子的成年礼，礼仪的核心环节是加3次冠帽，更换3套服装，因此服饰是这个礼仪中尤其重要的内容。整个礼仪过程涉及7套服装搭配，分别是：筮日时众人所服玄冠朝服；冠礼当日众人所服玄冠玄端、冠子母亲所服宵衣；冠子加冠前所服采衣；三加所服缁布冠玄端、皮弁服、爵弁服等。

从前读《士冠礼》时，罗婷婷只觉得服饰都有记载，照着念就行。但开始了专门研究，需要复原制作时，才发现到处都是问题。礼经文辞简奥，其所记载的服饰制度往往只有寥寥数语，甚至某些服饰除一个名词概念之外再无多言。最初想主要依靠《仪礼》本经研究服饰制度的计划自然无法执行，研读注疏和剖析礼图几乎是当时唯一的思路。

礼，是一门义理与实操并重的学问。礼经中记载了宫室、名物以及人物走位，就这些内容而言，文字永远没有图画来得具象直观，用简单的图像辅以必要的文字说明，便能将作者对于文本的理解与思考表达出来。最早的礼图绘制大约起源于东汉郑玄、阮谌的《三礼图》,至宋代趋于繁荣,此后延续至清代,始终是礼学研究非常重要的研究方法之一。

因此,在服饰复原工作刚刚展开的时候,罗婷婷她们确定的工作思路是以经注疏为基础,不足之处用礼图作为补充。

但是,真正到了复原实践时,却发现工作远非之前想象的简单。

首先,郑玄在注《仪礼》时也没有真正见过这些服饰。他是根据对文献的理解,结合东汉时期的服饰状态,对《仪礼》服饰做出解读。再者,对于唐代的贾公彦而言,汉代服饰依然陌生,导致《仪礼疏》中对服饰的解读更加艰难。其三,宋明之后,学者在绘制礼图时,往往掺杂自己的想象。多重推测与想象的结果,就是各家礼图对同一件服饰的描绘迥然不同,聚讼纷纷,莫衷一是。

以玄端衣为例,《仪礼·士冠礼》只有一句:"玄端,玄裳、黄裳、杂裳可也。"《周礼·春官·司服》云:"其齐服有玄端素端。"郑注云:"端者,取其正也。士之衣袂,皆二尺二寸而属幅,是广袤等也。"因此可知玄端衣的衣、袂长宽皆为二尺二寸,约为今日的50.6厘米。再则,《仪礼·士冠礼》开篇云:"主人玄冠、朝服。"郑注:"朝服者,十五升布衣而素裳也。衣不言色者,衣与冠同也。"由此可知,朝服之衣所用材料为十五升玄色布。以上这些可以从礼经中直接得来。

罗婷婷又从《仪礼》记载的丧服和《三礼》提到的其他服饰中,去寻找周代服饰的通行结构,并将其作为玄端衣形制尺寸的补充。如玄端衣衣袂末端缘边为袪,其尺寸便取法丧服,长尺二寸,围之二尺四寸。据《丧服》贾疏与《深衣》注疏,袪缘宽一寸半,表里共三寸,包覆于袂口,而不是在袂口接缘。下裳缘边亦据此为一寸有半,领缘宽二寸。有要,缝属于衣下,广一尺,衣与腰缝合线为系带之处。

玄端衣作为《仪礼》中出现频次最高的服装之一，经注对其形制的直接描述也仅限于此了。至于其他细节，如衣领缘边、腰的宽度，以及衽的尺寸、位置，都未曾提及或所述模糊。在这样的基础上，从宋代到清代的礼图就描绘出了各种各样的玄端样式。北宋聂崇义《新定三礼图》所绘玄端如左；清末吴之英《礼器图》所绘朝服如右，衣裳相连深衣制，袪接于袂末，无腰，与礼经描述有所出入。

 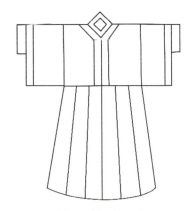

《新定三礼图》玄端图　　　　《礼器图》朝服图

张惠言《仪礼图》与曹元弼《礼经学》所绘端衣图基本一致，将深衣的衣袂形制套用在朝服端衣之上，其图（下左）违背了端衣衣袂长宽相等的基本原则：

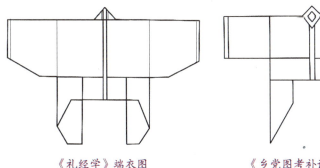

《礼经学》端衣图　　　　《乡党图考补证》端衣图

王渐鸿基于江永《乡党图考》修订绘制的端衣图中（上右），袪二尺二寸，衽接于要。黄以周《礼书通故》所绘端衣图（下左），形制最为清晰，袪、衽的使用也与文献相和。不足之处是无法看出袪缘、领缘。而当代学者王关仕（1938—2014）《仪礼服饰考辩》所绘玄端图（下右），将丧服衣领与深衣之袪套用在玄端之上，衽接于腰。

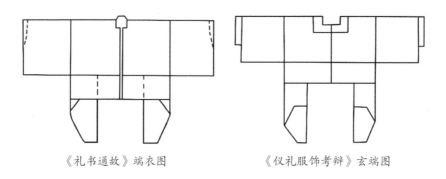

《礼书通故》端衣图　　　　　　《仪礼服饰考辩》玄端图

在材料极度缺乏的情况下，历代礼图的确为服饰复原提供了思路和方向，但也带来了许多需要——辨明的问题。第一期《士冠礼》的拍摄任务迫在眉睫，在时间极度缺乏的情况下，罗婷婷她们也只能根据注疏、礼图的思路，通过一遍又一遍的文本研读，以及动手实验试做样衣，才勉强理清这一礼仪所用服饰的基本结构。因此，第一期《士冠礼》复原的服饰，与其说是复原成果，不如说是在当时的研究进展下为影片拍摄制作的道具。

虽然研究过程中遇到许多问题与困难，难以在短时间解决，但当时的服饰制作至少能够尽可能复原已有的研究成果。

经过嘉礼堂的引荐，2012年年末，清华团队与北京服装学院蒋玉秋教授开始了《士冠礼》服饰开发制作的合作。蒋老师主要研究中国古代服装史、传统染织技艺实践，著有《明代丝绸服装形制研究》《汉服》《民间服饰》《一针一线：贵州苗族服饰手工艺》等著作，曾完成西汉马王堆汉墓出土服饰复原、敦煌壁画中人物服饰形象复原等专题研究。她致力于倡导"道器并重"的中国传统服装研究方法，强调"习古创新"的实践应用。作为专业的服饰研究者，一方面，蒋老师团队负责服饰制作，将已确定的服饰方案变成可见可穿的衣服；另一方面，也从专业的角度尽可能提供服装工艺的解决方案。

《士冠礼》定妆照拍摄现场（居中坐沙发者为蒋玉秋）

其中，令人印象最深的就是染色。《士冠礼》服饰体系包括缊色、纁色、朱色、爵色、玄色、缁色、青色、黄色、素色。其中前六种色彩都属于红黑色系，区别只是深浅不同。这些描述色彩的词汇，许多已经与今日生活相距甚远，没有实物或者画像证据，只有文献上的只言片语。

《周礼·考工记·钟人》云："三入为纁，五入为緅，七入为缁。"郑注："染纁者，三入而成。又再染以黑，则为緅。緅，今礼俗文作爵，言如爵头色也。又复再染以黑，乃成缁矣。"古代染红色和黑色属于一套染色法，凡染黑必须先染红。先将需要染色的材质在红色染料中多次浸染，得到深浅不一的红色：染一遍是缇色，染三遍是纁色，染四遍则是朱色。若需要黑色系面料，则只需将已经染成纁色的面料放入黑色染料浸染，染两遍是緅色，也就是爵色，染三遍为玄色，染四遍便能得到缁色。

《士冠礼》服饰所需要的缇色用在爵弁服的韠上，纁色用于爵弁服的下裳，朱色用于采衣的衣缘和腰带，爵色用于爵弁服的冠帽和韠，玄色是玄端、爵弁服的主体服饰色彩，而缁色用于缁布冠和腰带装饰。

文献中可以看出这些色彩之间清晰的递进关系，但是文本对具体颜色的描述就显得模糊不清。如黑色系，只说玄色看上去是黑中带着些红色，而爵色则是"赤而微黑"，缁色近于全黑。罗婷婷知道，对于染色而言，同一种染料，随着温度、浸染时间、染料浓度、面料质地不同，染出来的颜色千差万别。罗婷婷等人假定文献记载的染色法在多次浸染过程中染料的浓度、温度及浸染时间相同，那么只需要确定多个参考色，就可以通过实验反推出染料的浓度、温度及浸染时间，从而便可以推出这一染色体系上各种色彩相对准确的面貌。

但是，唯一可以参考的只有《士冠礼》"爵弁服"下郑注云："其色……如爵头然。""爵"就是"雀"，这种红而微黑的颜色正如麻雀头顶的毛色，因而得名。从现代生物学定义来看，麻雀是指文鸟科麻雀属下27种小型鸟类的统称，其中5种分布在中国境内。虽然种类较多，但是麻雀属的鸟类大小、体色基本相近，因此可以通过观察麻雀头顶的毛色，大致确定文献记载的三入红二入黑的"爵"色究竟是什么颜色。

由于有且只有"爵"这一参考色，蒋老师团队通过多次染色实验，推导出文献所记的这一套黑红色系的大致面貌。但由于不确定的因素太多，试验出的这套颜色体系只能说是最符合现有文献已知条件的。至于《仪礼》作者在描述冠礼服饰时，本来的所见所想究竟是什么颜色，大概也成为永远无法回答的问题。

材料匮乏是先秦服饰制度研究的难点之一。时至今日，考古学日渐兴盛，为早期历史提供了许多新的材料，但是对于《仪礼》服饰而言，几乎没有能够与之对应的直接出土实物。《仪礼》作为十三经之一，其经学意义自然无须赘言。但《仪礼》成书年代尚存争议是学界公认的事实，其所记载的服饰制度很可能并不是西周社会的真实写照，反而更可能是先圣所构建起来的一套并未真正得到推行的体系。

文献记载不全，能够在考古材料中得到直接印证的可能性又极低，在现有材料的基础上，只能勾勒一个服饰的大致轮廓。但是服饰的复原制作与论文研究不同，写文章遇到文献不足征处，尚可阙疑，服饰制作却不行，总不能因为不知道衣领用什么面料就不做衣领吧。

服饰复原工作忙碌而有序，有时为了赶拍摄进度，研究工作不得不停下来。直到2013年《士冠礼》拍摄暂时告一段落，终于有时间静下来，重新开始对复原的名物进行打磨研究。例如玄端服的面料，第一期制作时蒋老师和罗婷婷她们选用的是亚麻布，彭老师和张先生在看过复原视频后，都觉得亚麻布不够挺括，不能充分体现礼服的威仪。于是，《仪礼》所记载的布衣究竟应该用什么面料成为首先需要回答的问题。

《仪礼》复原出来的服饰大部分都是布衣，文献记载为"十五升布"。"升"是古代用来计算织物细密程度的计量单位，一升等于八十缕。周代的布帛正幅二尺二寸，十五升共计千二百缕，也就是说要在二尺二寸（约合现在50.6厘米）的幅宽内容纳1200根经线，这样的纺织密度，对于今天的手工麻织物，算是比较精细的，但还原难度并不大。

面料细密程度确认后，还需要明确织物原料。在棉花传入之前，中国人的衣料选择主要分麻织物与丝织物两类，辅以御寒或有其他特殊用途的毛织物、皮料等。先秦时布衣就是麻衣，但是麻有许多种：大麻、亚麻、苎麻，另外葛织物也属于麻布的一种。植物纤维不同，布料性状差异迥然，想要真正还原《仪礼》所记载的十五升布衣的服饰状态，对面料织物的还原是必不可少的。

那么，《仪礼》中的布衣，用的是哪种纤维织物呢？在文献中无法找到这一问题的明确答案，于是只能尝试从其他角度进行推测。

从一些考古资料可以看出，先民们很早就掌握了对葛、麻等植物纤维的加工工艺，在新石器时代，已经出现广泛使用的纺轮与简单的织机。至商周时期，植物纤维纺织技术与应用已经非常成熟，成为人们日常最常见的衣物面料。

根据文献记载和考古实物，罗婷婷等人基本可以确认，先秦时期用作织物纤维的麻，主要分为葛、大麻、苎麻。《尚书·禹贡》云："厥贡漆、枲、絺、纻。"《仪礼·丧服》："苴绖者，麻之有蕡者也。"枲就是麻雄株，苴是麻雌株，絺指细葛，纻为苎麻，说明葛、麻、苎麻在当时是极为常用的面料，而现代纺织最常用的亚麻，当时却更多是用作炼油，纤维用亚麻较为罕见，直到清代才有明确记载亚麻茎皮可以绩布。那么，十五升布衣究竟应该用大麻还是苎麻，抑或是葛呢？

随后，罗婷婷等人将《仪礼》中凡是提到麻或麻织物的经文进行全面梳理，发现在礼经中葛类织物都是有专用名称的，统称葛，细布叫做绤，粗布叫做绤。因此，可以认为礼经中的"布"是大麻或苎麻织物的专名。

大麻又名火麻、疏麻等，属桑科雌雄异株一年生草本植物，单纤维长度约为150~255毫米。大麻雌株，又名苴，茎秆粗壮，成熟较晚，韧皮纤维质量差，产量较低，织出的麻布粗糙稀疏。雄株又名枲、牡麻，茎秆细长，成熟较早，韧皮纤维质量较高，产量也较高，织出的麻布相对雌株更加精细。整体来说，大麻纤维比较粗硬、弹性较差，无法纺织特别细密的麻布。

苎麻属荨麻科多年生草本植物，雌雄同株，茎可高达七尺。苎麻茎皮纤维细长坚韧，平滑且有光泽，与大麻相比染色牢度更高。新石器时期河姆渡遗址曾出土有完整的苎麻叶片和苎麻编织绳，先秦时期虽然不如大麻分布广泛，但在长江流域和黄河流域的考古遗址中也多次发现苎麻织物残片，可见苎麻也是当时主要的纺织原料之一。

另外，通过汇总近年来先秦时期考古出土的纺织品实物，并根据考古发掘资料核算织物升数，可以看出，先秦时期大麻、苎麻织物都有较为广泛的使用，有精有粗，且还有在同一墓葬中出土不同升数、不同品类的麻织物，可见当时大麻、苎麻织物是同时并用，不同升数也有不同的用途，这些都与文献记载相呼应。

比较出土的大麻、苎麻织物，不难发现，大麻织物细密程度普遍偏低，虽然偶有超过15升，大部分在7~10升甚至更低；而苎麻织物则细密程度较高，最低在9.5升，较多超过15升。且最早在新石器时代钱山漾遗址中，就有超过20升的苎麻织物，可见在相同的生产力水平下，苎麻更易织造超过15升的布匹。

最后，结合文献来看，先秦时期苎麻的种植应用已经十分成熟普遍。爵弁服的冠帽，文献记载应用 30 升布制成。《论语·子罕》："麻冕，礼也。今也纯，俭，吾从众。"蔡邕《独断》："冕冠，周曰爵弁，以三十升漆布为客矣。"三十升布，在孔子的时代虽然织造不易，却可以实现。而要织造如此细密的布匹，显然大麻的植物纤维是无法胜任的。

通过梳理文献，不论从大麻、苎麻的纤维性质判断，还是通过考古材料分析，都可以证明"十五升布"所用麻织物面料的纤维种类更有可能为苎麻。基于这一结论，在之后的复原项目中，蒋老师、罗婷婷便将布衣的面料改作了手工苎麻，也就是人们所说的夏布。

3. 北京、香港，考订再考订

第一期《士冠礼》影片于 2013 年 6 月初开拍，在香港。

6 月 5 日，北京的相关事宜终于处理妥当，距离开机只剩两天。罗婷婷下午搭乘飞机离开北京，抵达深圳已经是晚上八点了，于是决定在深圳堂姐家借住一宿，第二天一早过关。那天晚上，罗婷婷和堂姐在一家不知名小店吃了扇贝鲜虾粥，抚平了连日奔波的疲惫，至今还记忆犹新。

项目组订的酒店在沙田。从罗湖口岸出关，搭乘港铁东铁线便可直达。出地铁穿过沙田购物中心商场就是酒店，匆匆办好入住，就赶到香港城市大学参加拍摄组工作会议。

香港城市大学在九龙塘站，距离沙田只有两站地铁。下地铁后步行大约 15 分钟，距离不远，却全是上坡路，坡势较陡，一路走过去便是一身汗。进到城市大学会议室，冷气又扑面而来，打一个寒战倒也提神醒脑。香港人大多在工作时比较正式，尤其是男士，即使正值炎热的夏季，也都是西装革履。也许正因为如此，香港大凡室内有空调的地方，温度都开得极低，16℃大概是标配。频繁的冷热交替让刚到此地的人极其不适应，据说《士冠礼》项目组从北京来的同仁，包括演员、化妆师，在抵达香港的三天内全员感冒，一位也没能幸免。

四位化妆师和北京过来的演员在6月7日陆续抵达酒店。服装师原计划由香港这边安排，罗婷婷负责指导。到香港后发现双方沟通有误，这边并没有安排相应的服装师。匆忙之下，只好麻烦蒋玉秋老师派了两位学生过来，和罗婷婷一起充当服装师的角色，解了燃眉之急。

场务和道具搬运都是由香港城市大学的学生兼职担任，罗婷婷团队三人与他们虽然年龄相仿，沟通却并不容易。香港的通用语言是英语和粤语，这个年龄段的香港学生，许多都没有接受过普通话学习，不会说也听不懂。罗婷婷听不懂粤语，英语口语又捉襟见肘，和他们的沟通只能是英文"笔谈"。道具中大量的专用名词实在令人头大。最终，罗婷婷她们想出一个办法，给现场每一件道具编号。之后凡是提到道具时，全都用号码代替。这一工作也算为还没来得及清点造册的器物做了一个初步的清单。

拍摄过程比罗婷婷想象的要紧张许多，九点开机，六点便要开始给演员化妆、做头发、熨烫服装并帮助协助穿戴。一个演员从头到尾打理好需要大约40分钟时间，七个人流水线作业，也只能勉强赶在开机前完成。

另一方面，由于复原制作的服装都是采用丝、麻这样的天然织物，极易褶皱。为了取得更好的拍摄效果，罗婷婷她们一边叮嘱演员在休息时尽量注意衣物平整，另一边必须抓紧一切时间为下场休息的演员熨烫衣服。遇到换场需要更换衣服时更是手忙脚乱，每个演员在服装师协助下更换服装需要八分钟左右，现场却常常是十几个演员需要同时换装，导演却只给十分钟时间。一旦超时，就要面临一趟趟地催促或者责备。长时间、高强度的工作状态，让服化间的工作人员都十分疲惫。记得有一个小姑娘还偷偷躲在拍摄场外哭了一场，调整好情绪后红着眼睛回来继续干活。

罗婷婷（右1）在片场指导演员穿衣（左2石善栋）

化妆师和服装师永远是片场到得最早、走得最晚的一批人。罗婷婷住在沙田购物中心内的酒店里，每天往返经过无数店铺，却几乎没见过它们开门营业的景象，出门时商场尚未开业，回来时店铺已然下班。服化间的几个女孩聊起这件事，纷纷调侃这才是杜绝冲动消费、节省开支的最好办法。

除《士冠礼》之外，复原团队还针对服饰、器物以及礼仪基本动作拍摄了示范短片。最后一天拍摄女子宵衣时，由于女演员早已结束了拍摄任务离开了，让罗婷婷临时客串了一次模特，在转盘上保持同一个姿势且视线不能移动地转了七八圈，下来只觉得晕乎乎头重脚轻。

时光慢慢流淌，直到第十天迎来曙光，拍摄宣布杀青。之后两天进行服装、道具的整理、打包和运送。全部完成后，罗婷婷回北京办理毕业手续，另由张德付和苑辰留在香港继续与拍摄团队一起剪辑影片。

不过，有个问题一直困扰着罗婷婷和其他有心人。

古人将冠帽称为"首服"，顾名思义，穿在头上的服饰。但似乎还可以理解为"服之首"，是一套服装最重要的组成部分，礼经所记载的礼服多用冠帽名称指代整套服饰，如皮弁服、爵弁服。

对于先秦男性而言，20岁行冠礼，由德高望重的宾亲自为其戴上三项冠帽，再换上相配的三套礼服，象征成年。这三项冠帽分别是缁布冠、皮弁、爵弁，它们所对应的服装为玄端、皮弁服、爵弁服。其中皮弁、爵弁在其他礼仪场合使用时、穿戴时，与加冠这一天所穿戴的基本一致，只有缁布冠和玄端并不是固定搭配。《士冠礼·记》云："大古冠布，齐则缁之。"在冠礼这一天，特意用缁布冠作为初加的冠帽，是为了提醒即将成年者勿忘祖先筚路蓝缕的艰辛。缁布冠在冠礼结束后便不再使用，但搭配缁布冠的玄端却是士这一阶层最常用的礼服之一，平时又应该搭配什么冠帽呢？答案在经典中非常明晰，玄冠与玄端才是标配。在还原的礼仪场景中，除《士冠礼》中的即将成年者、《士昏礼》中的新郎外，所有男性均是戴玄冠。那么玄冠究竟长什么样子？

在 2013 年《士冠礼》拍摄的那段时间，这个问题其实是没有明确答案的。礼经文辞简奥，礼学家众说纷纭，很难得出一个具体答案。当时冠帽的制作，选择的方法便是采"一家之言"，以宋代聂崇义《三礼图》的说法为复原基础，其他学者的观点则作为争议观点以文本的形式呈现在交互平台上，让观众了解关于冠帽的不同说法，再自行判断。但是在《士冠礼》拍摄结束后的打磨期，罗婷婷等人不再满足于此。彭老师要罗婷婷务必好好研究，为即将开展的《乡射礼》项目做准备，仔细梳理历代礼书礼图，至少要得出一个站得住脚的结论。

以玄冠为例，先来看看各家礼图对它的描绘：

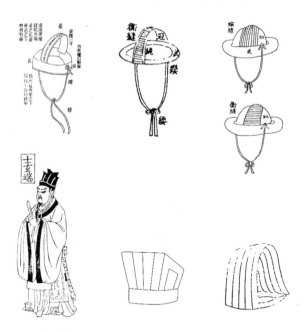

为什么礼学家对玄冠的理解会有如此之大的差异？在《仪礼》中，玄冠是玄端服与朝服的首服。在其他先秦经典中，与玄端、朝服搭配的首服又有委貌、冠弁等，所以一般认为玄冠就是委貌、冠

弁，只是称呼不同。汉代以后，委貌开始与缁布冠、皮弁冠混为一谈。《后汉书·舆服志》载："委貌冠、皮弁冠同制。"这是将委貌与皮弁冠混同。郑玄在注"缁布冠"时，云："缁布冠，今小吏冠其遗象也。"《后汉书·舆服志》又云："进贤冠，古缁布冠也，文儒者之服也"。聂崇义《三礼图》："旧图云：'委貌，进贤冠其遗象也。'"委帽、缁布冠、进贤冠、小吏冠都被认为是同一种冠帽。由于这五种冠制的混淆，使得礼学家们在绘制礼图时对文献的侧重点不同，得出的结论大相径庭。

罗婷婷们想要重新考证玄冠的形制，唯有从《仪礼》本经开始重新整理，用《士丧礼》所记载的丧冠制度类比玄冠进行推定，在《周礼》《礼记》《尚书》《诗经》等其他经典文献中寻找相关描述加以佐证。

玄冠冠体可分为冠和武两个部分，冠是指武上从前至后覆盖发髻的部分，而武是指帽圈遮盖发迹的部分。不过，大多数时候，提到冠都是冠、武的统称。这也是古书中常见的析言、混言，也就是今天说的狭义概念与广义概念。

玄冠之冠的宽度是多少？经无明文。根据《仪礼·丧服》贾疏"冠广二寸"的说法以及江永《乡党图考》"丧冠广二寸，盖吉冠亦如之"的记载，罗婷婷认为，玄冠的冠体宽度当与丧冠一致，为二寸，约4.6厘米；其高度则参考《后汉书·舆服志》"高四寸"，约9.2厘米。

争议最大之处为冠的辟积方法。所谓辟积，就是打褶子，在冠体上打褶，一则是为了美观，二则是为了使冠体挺括有型。丧冠用缩缝，也就是竖着打三个褶子。彭老师之前去韩国访学时带回的一套韩国传统丧服，是按照《朱子家礼》的要求做的，缩缝，向右打三道褶子。

玄冠是吉时用的冠帽，应该与丧冠有一些不同。《礼记·檀弓》载："古者冠缩缝，今也衡缝。"周代之前的吉冠和周代丧冠一样都是缩缝，但周代尚文，吉冠因此有了更复杂的工艺，最大的不同就是"今也横缝"。"衡缝"就是"横缝"，宋代以后的礼学家在绘制礼图时，因对"横缝"有不同理解而大致分为两派：其一，纵向不再打褶，只横向打褶而缝之。其二，仍然是纵向打褶但横向缝之，褶子方向与丧冠相反。

然而，从礼图文本来看，礼学家们绘制礼图的资料基本以《周礼》《仪礼》《礼记》经注疏为本。但是从《礼记》经注疏来看，周代的吉冠应缩缝、横缝同时存在。在"今也横缝"下，孔颖达疏云："殷以上质，吉凶冠皆直缝，直缝者，辟积摄少，故一一前后直缝之。周世文，冠多辟积，下复一一直缝，但多作摄而并横缝之。"又《礼记·杂记》："三年之练冠，亦条属，右缝。"郑注"右缝者，右辟而缝之。"孔疏："吉冠则褶上，辟缝向左，左为阳。阳，吉也。而凶冠缝向右，右为阴，阴，丧所尚也。"左缝、右缝都是根据缩缝而言，参考孔疏，可以明确吉冠是有缩缝的，辟积向左，而横缝应是向上做褶，再横向缝住固定。

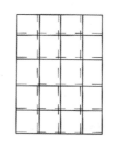

罗婷婷排除礼图干扰，纯粹根据文本还原了缩缝、横缝同时存在的玄冠冠体面貌（如右图）。

玄冠还有一个比较有趣的考证经历，就是关于"緌"应该系在下巴处还是两耳上方的问题，这一问题历代礼学家都有讨论。但两

种观点始终缺少清晰的论证，莫衷一是。

直到大家看到《礼记·檀弓》的一段记载："成人有其兄死而不为衰者，闻子皋将为成宰，遂为衰。成人曰：'蚕则绩而蟹有匡，范则冠而蝉有緌，兄则死而子皋为之衰。'"

这段话是用来讽刺兄长死后弟弟没有穿孝服，后来穿了孝服却并非为兄长之死这样一个不合礼的行为。其中用动物来做的比喻"蚕则绩而蟹有匡，范则冠而蝉有緌"正解答了緌位置的困惑。蚕会吐丝，但是盛装丝的容器却长在螃蟹身上（蟹壳的形状像一个匡），范（蜜蜂）头上像戴着一顶冠帽，但装饰冠帽的緌却长在了蝉的身上。于是，罗婷婷等人去观察了蜜蜂和蝉，对比它们头部的不同，发现蜜蜂头上有绒毛正像是戴着一顶帽子，而蝉则是口喙突出，正像结在下巴上的緌，从而确定了緌的位置。

对冠体宽度、冠武连接方式、帽带颜色等细节的考证，也耗费了大家不少脑细胞。最终，罗婷婷等人根据文本复原出了玄冠。

就缁布冠而言，冠体是一块黑色的布，难点主要在于其佩戴方式。罗婷婷她们参考了秦始皇兵马俑布冠的佩戴方法，再将文献中关于缁布冠穿戴要素一一提炼出来，多次实验后重新确定了缁布冠的形制。针对皮弁与爵弁，则是将原本的大冠调整为小冠，与《周礼》中对弁的描述相吻合。

剪裁之外，衣服的颜色也是让人头痛的问题。叶国良老师鉴于《士昏礼》黑白影片不能显示正确的色彩，决意在3D动画中恢复服饰颜色。"然而经文关于造形与颜色的记述往往十分简略，各家传注亦众说纷纭，故绘制草图之前，须先费心详加考证，且必须只取一说，不能兼存异说"[1]，因此很是花了一番工夫。可惜当时的动画技术对于显示礼经颜色来说仍不无缺憾，诸如新娘笲的颜色、新郎爵弁帽带和蔽膝的颜色、马匹繁缨的颜色等，都费了一番波折。现在清华团队要采取真人实景拍摄，自然要用染色的真实服装，情况又与动画片不同。

染色实验的逻辑比较简单，就是确定了一个爵色，再确定一个纁色，用这两个颜色反推染料浓度、固定染色时间，再进一步染出其他颜色来。但是古籍对礼服颜色的记载有限，复原工作不得不多作推测，比如纁色究竟是怎样的颜色，挺让人头痛。因为参考色很少，所以做出来的色彩体系是一种构拟的体系，就跟现代人研究上古音一样。必须承认，复原工作所确定的色彩体系虽然能准确反映色彩之间的关系，但是，每一具体颜色是否就是古人生活中的那种颜色，谁也不能一锤定音。

理论研究如此，动手实践更不容易。曾经有一次，衣服上色遇到了麻烦，专业的服装厂竟然一直提供不出清华团队所需要的纁色，最后多亏了彭聪，他在家乡的染坊里，经过数不清次数的反复调试，

---

[1] 叶国良：《〈仪礼·士昏礼〉3D动画的研发》，《科学发展月刊》第29卷第5期，2001年，第336页。

终于调出了清华团队所需要的颜色，令人大为欣慰。

经过这许多次考证、实验，2016年3月《乡射礼》试片，主、宾数十人穿着周代朝服鱼贯而入，诸人行礼济济翔翔，整齐划一，环佩玎珰，犹如天籁，场面颇为震撼。《南华早报》的一位记者曾以文学化的语言称赞"演员看起来像是直接从中国导演张艺谋的历史电影中走出来似的，但这些场景其实是具有很高学术价值的重要作品。"[1]有位绰号"小仙女"的男演员认识许多服装节的导演，对乡射礼服饰也颇感兴趣，极力向认识的朋友推荐。复原所呈现的礼仪之大、服章之美，确实有目共睹。

4. 日常礼服推陈出新

在服饰复原的过程中，先秦礼服素雅端正的气质委实令人着迷，许多曾经参加过展演或者拍摄的同学都希望能够在平日习射、习礼时穿着。但是复原的礼服形制稍显繁复，服装配饰的穿戴和养护都较为不便，加之高昂的面料成本与制作成本，都很难让它变得日常化。因此，清华团队决定尝试将先秦礼服进行改良，在保留其基本结构和搭配的情况下，让服装变得更舒适、更合体、更经济。

考虑到这套服装要兼顾习礼与习射两种场景，习礼时需要服装庄重大气，展现礼仪动作之优雅，而习射时则需要紧凑干练，方便较大幅度的动作。《乡射礼》中，射手们穿朝服，为了避免宽袍大袖影响射箭，会将持弓手的上衣袖子脱掉，或者用护臂将中衣袖子绑缚起来。现代练习传统弓的很多学生都没有使用护臂的习惯，而且直接脱掉袖子的方法也不适用女生。

基于以上考虑，罗婷婷等人改良出一款三件套的礼服，面料使

1　Elaine Yau. "Fight for the rites", South China Morning Post, 2019-8-6.

用95%的抗皱亚麻布，使其可以机洗且几乎不需要熨烫，价格只有手工苎麻面料的十分之一。中衣用小袖，外衣用大袖，下裳则改为裙裤、裙子两种形制可以自由搭配。习射时只需要脱掉外衣或者只脱掉外衣袖子即可。

后来，在蒋老师的引荐下，罗婷婷又得到北京服装学院一位专家的帮助，结合现代服装理念，对这套服装进行了许多工艺上的改良，使它在保留传统礼服的外观、气质的同时，变得更好穿、更合身。

2017年12月2日，"中华礼服设计方案学术研讨会"在清华园召开。会议以"中式婚服设计方案"为主题，旨在研讨深具中华文化内涵、有别于西式婚服的中式婚服设计思路、理论依据、核心元素、可能的方案等，并广泛探讨了"中式礼服"的历史意蕴与未来发展，为海内外中华儿女早日拥有"中式礼服"探索可行性方案，积累相关经验。罗婷婷作了题为"《仪礼·士昏礼》复原研究与周代士人婚礼服体系"的报告，与大家分享了她的研习心得。

中华礼服设计方案学术研讨会嘉宾合影
（二排左起第8彭林、9万俊人、10丁鼎、11臧迎春）

正如清华大学美术学院染织服装艺术设计系臧迎春教授在这次会议的报告《东西服饰文化比较》中所展望的那样，中国传统服饰是一座有待挖掘的巨大宝库。挖掘中国传统文化元素，结合时代精神要求，设计出高水平、富有民族特色的中式礼服，可以增强人们的民族自豪感和文化自信，而从文物、文献到实践、产业制作，需要有更多有心人投入其中。

闻知先王之乐
瞻望哲匠之门

第五章 间歌

在《仪礼》复原项目的推进过程中，清华团队需要不断吸纳来自不同专业领域的专家、学者的研究经验与相关成果。除了礼器、射器、服饰等外，音乐与宫室的复原也得到了众多专业人士的支持。

一、闻知先王之乐

1. 这可不是头脑发热

中国音乐学院的杨春薇老师从小学习古琴，先后师从于梅庵派琴家刘静韶和刘善教先生、广陵派琴家梅曰强先生。1991年，她进入中国音乐学院跟随虞山吴派琴家吴文光先生继续习琴，研究琴学。毕业留校任教后，开设了"文人音乐——古琴""宫廷音乐——雅乐"等课程。2011年起，她担任雅乐研究中心副主任及雅乐团副团长，参加并主持了《燕乐宫廷音乐》《乡射礼音乐》《明代朱载堉"六小舞"舞蹈与音乐》等雅乐的复原和重建项目。

说起来，筹建雅乐团并不是一件头脑发热的事情。2010年，年过古稀的吴文光先生退休之后，中国音乐学院的国乐馆撤销并入了音乐研究所。杨春薇老师说："当时音乐研究所中有几项工作，其中一项就是筹备雅乐研究中心，做雅乐研究方面的事情。因为我从小习琴，硕士研究生又是古代音乐史专业，就承担起了这件事情。

当然，自己也比较愿意去做。"

中国音乐学院雅乐中心从2010年开始着手重建，旨在重拾中国传统的"礼乐"精神。2011年6月，雅乐研究中心正式建立了中国音乐学院雅乐团。雅乐研究中心的成立十分不易，凝聚了许多老师共同的努力和付出，其中有当时中国音乐学院院长、第八届中国音乐家协会副主席赵塔里木教授，有音乐研究所所长、中国音乐教育学学会理事长谢嘉幸教授，有中国传统音乐学会会长、国际传统音乐学会首任中国联络员沈洽教授，还有台湾南华大学艺术文化中心主任、南华大学雅乐团团长、中国音乐学院雅乐研究中心主任周纯一教授等。

为什么想到筹建雅乐团呢？

2014年中国音乐学院50周年校庆"乡射礼"仪式音乐会演出结束留影（第二排白衣者为杨春薇教授），本图由杨春薇提供

2011年，台湾来的周纯一教授为中国音乐学院的师生带来了一次雅乐表演。正襟危坐、鼓瑟相和的演奏形式，给还是大三学生的赵越带来了极大的震撼。聆听演奏之后，他便到网上和图书馆搜集与雅乐相关的各种资料，越研究越痴迷，越研究越心惊。"大陆十几亿人口，现如今竟没有一处雅乐专业研究机构。"

当时，中国音乐学院的沈洽教授受聘于台湾南华大学，教授"民族音乐学"课程已有十多年。坐落在一片古朴田园景致中的南华大学非常重视通识教育,借以弘扬人文精神,于1996年成立了雅乐团。沈洽老师发现原来那些比较散漫、穿着奇装异服的学生,参加雅乐团不到一年,就变得彬彬有礼了。这一点对他的触动很大。从台湾回来以后,沈洽教授任中国音乐学院音乐研究所所长,便决定在学校也建立一个雅乐团。

什么是雅乐?"一般而言,狭义的雅乐特指在古代宫廷的祭天、祭地、祭祖先等仪式中使用的音乐,它伴随着礼及仪式的仪程展开。广义的雅乐被认为是除祭祀时所使用的礼乐外,运用在军队、宴飨、朝会等活动中使用的音乐和舞蹈。"[1]雅乐在中国古人的观念中有着极为特殊的内涵,古人将欣赏音乐称为"观乐","观"字体现了"观而有察"之意。正所谓"审乐以知政",通过"观乐",可以达到"观国之光"的效果。此外,通过"观乐"来"观仰"王者道德之美,使人产生肃敬之心,进而起到内在的感化作用,要比单纯的说教效果更好。正如孟子说的那样:"仁言不如仁声之入人深也。"乐不仅是古人在天地观察经验中形成的一套实践体系,也具有移风易俗、善教民心的作用。

也正因如此,建立雅乐团的初衷与目的是在现有的音乐教育体系下,结合中国传统的"乐教",培养学生的人文修养和内在气质,《礼记·文王世子》所谓"乐,所以修内也;礼,所以修外也"。

当然,雅乐的重建,面临着很多的难题。

首先是乐器。虽然我们当今使用的乐器很多是由传统乐器发展而来,但是在材质上却与古代有很大不同。其中,比较典型的一件乐器是笙。现在的笙使用金属制的簧片,古代使用的是竹制的簧片。

---

[1] 杨春薇:《中国音乐学院雅乐团的实践与反思》,《乐器》2016年第8期,第41页。

竹制簧片容易断裂、变形，这对于雅乐团在复原和保存乐器上有很大的困难。乐器的演奏方面也有一定的难题，比如瑟与筝虽形制相似，演奏方式却不同；篪与笛也是如此。雅乐团中，整个乐器的复原也经历了一定的时间，大概到2013年，团里的乐器才相对齐全。

其次是雅乐团的成员。首先缺的是乐舞队员。2013年10月，第五届北京传统音乐节"礼乐重建"举行，邀请了来自日本、韩国、越南、印尼、中国台湾等世界各地的表演团体。中国音乐学院的雅乐团参加了开幕式和闭幕式的展演。当时团里的演出人数不够、阵仗也不够，尤其是吹奏乐器比较缺乏。于是，谢嘉幸老师想到了一个主意：与学校国乐系合作。随即，2013级国乐系的新生加入了雅乐团，再加上当时从南华大学请来的乐手，一个初具规模的雅乐团组迅速组成，由指挥系的胡彪老师担任指挥。就这样，在与南华大学的合作之下，完成了在第五届北京传统音乐节开幕式和闭幕式上的演出，其中宗庙祭祀仪式及文武舞、宴乐、《韶》《大武》等乐曲令在场观众大为叹服。

中国音乐学院并没有舞蹈专业的学生，当时表演舞蹈的学员中有四位中国艺术研究院的研究生，她们有一定的舞蹈功底，后来学习了理论专业，所以担负起了舞蹈表演的主力。其余的舞蹈队员是从学院声乐歌剧系、音乐教育系、艺术管理系中选拔的学生。后来，雅乐团聘请了两位台湾的雅乐舞老师冯靖平、陈玉秀，从形体、下盘功夫的训练到气息的调整、身心的融入、天地精神的呼唤上，对雅乐团的同学做了训练，成效颇显。

中国音乐学院雅乐团的组建过程，使参加其中的专家教授深深体会到，复原雅乐的工作不是一个专业、一所学校可以完成的事情，需要很多专业单位间的协作。此外，因为雅乐是集舞蹈、音乐、文学等为一体的综合艺术形式，所以团里也要安排成员学习基本的礼学文献，也会开设有一些课程，比如任大援教授的"中国古代社会与儒家的精神生活"，还有剑道、茶道、香道等讲座。除此之外，还派了一些学员到台湾嘉义去学习击鼓和演唱。

　　在表演方面，雅乐团所面临的最大难题是音乐本体与舞台效果的呈现。雅乐的复原，主要是根据战国时期燕国的音乐来重建。两周时期是雅乐的源头。北京是战国时期燕国的都城，周武王灭商后，封其弟姬奭于燕地，是为燕召公，有其相承与延续的关系。当时为"北京传统音乐节"的展演做准备，第一批复制的乐器、服装，包括礼器的造型、色彩基调等，均依据古燕国出土的文物。比如，燕国崇尚红色、金色、黑色，因此，乐生们服装的颜色都是红色，文舞的服装是白色，武舞的服装则是黑色。还有一些是白色和红色相交。乐器方面，比如鼓、钟磬架上的花纹也参照燕国出土文物上的纹饰。当然，有人会问：经过了春秋末期的礼崩乐坏，战国时期燕国的礼乐与西周时期的已经有了比较大的变化，以战国时期燕国为基础的复原是否也与周代的雅乐大相径庭呢？杨春薇老师解释说："礼崩乐坏指的是僭越，比如诸侯用了王的制度。同时，音乐里出现了俗乐。'礼崩乐坏'是指当时的一种状态。"

杨春薇教授在 2019 中华礼乐文化传承学术前沿论坛上作报告

复原中还有一项重要的任务——乐谱的整理。这项工作主要由杨春薇教授担任，沈洽教授的博士研究生张雅婷也有参与。同时，还吸收了南华大学体系中的一些内容。复原的曲谱有的来自古琴谱，比如 2013 年传统音乐节上表演的《韶》乐用的是明代《琴谱正传》中的琴曲作编配，它的曲调是当时打谱出来的，又经过张维良老师作编配。《诗经》中有根据琴谱来的，比如《鹿鸣》等，也有一部分是新创作的，比如禹永一老师创作的《蒹葭》《甘誓》《甘棠》等。南华大学系统中的有《伊人歌》《水鼓子》等。另外，宗庙乐里的《清庙》《肆夏》《维清》采用的是南华大学体系，他们已经编配完成。其中《维清》这首曲子，后来在《大武》里面是刘青老师重作了编曲。

雅乐团的成员流动性比较大，每逢毕业季都有老团员离开，开学季又有新团员加入。团里的事情比较多，小到乐器的整理与维护、服装的整理等，大到专业的训练及每次演出乐团的编制安排等。雅乐团的成员，不管是对乐器的操作、管理，还是专业的演奏都要能胜任。甚至是唱歌的同学，没有演唱时也要学会敲钟磬、弹瑟、吹奏管乐等。因为古代的"乐"是一项综合技艺，自然需要综合性的人才。

这里就不能不说到"和"了。《乐记》中说："大乐与天地同和。"乐以配天，表现天地之间自然的样子。其实，"和"不仅有乐与天地的"和"，在实践中也有乐与人之间的"和"，以及奏乐的人与人之间也要"和"。音乐专业的学生可以从乐的角度来看待乐器的调配与协和，比如什么样的音色比较好，各种乐器在配器中的和谐等。

"从雅乐团走出去的学生，最大的特点是什么？应该是他们每个人由内而外的气定神闲，也有在团队中的和谐共处。"杨春薇老师说。我们知道，无论是歌唱、舞蹈还是器乐演奏，对气息的要求都很严格，因为雅乐团的训练要静坐、读经、习乐，所以团员们在气息技巧的专业训练之外，他们的心也相对是沉静的。有演出活动的时候，钟磬类的大型乐器都由学员自己拆卸、组装、搬运。包括每次上台之前服装的熨烫，也是学员之间互相协助来完成。这些都培养了他们如何做到人与人之间的"和"。这些影响潜移默化，给乐团成员带来了心性的改变，值得欣慰。

需要看到，尽管雅乐团很努力地朝着中国传统"乐教"的模式进行训练，但是近代西学东渐百多年来，在以音乐为术业的音乐学院，学生从小深受西方专业音乐教育体系的影响，他们的发展方向大多还是偏向独奏表演。在这种情况之下，雅乐团维持了一年半到两年的时间，也是充满着艰难困苦的。

2. 看似机缘巧合，实则命中注定

参与清华大学《仪礼》复原的工作，看似机缘巧合，实则也是命中注定。

彭林老师的团队复原《仪礼》，旨在重拾中国传统的礼乐精神，这一点和中国音乐学院雅乐团的初衷不谋而合。

杨春薇教授回忆合作的过程时说："最初，彭老师的一位学生与雅乐团的赵越同学认识，他们聊天时说到复原《乡射礼》的事情。后来，赵越与我提及此事，我认为是很有意义的。随后，中国音乐学院雅乐团与清华大学人文学院中国礼学研究中心就开始互相联系，商讨怎样做这件事情，主要是商量如何定曲子的问题。其中的文献和曲目都由礼学中心提供，雅乐团仅是被委托。排练的时候，彭老师也会来乐队。经过前期对选曲的商定以及乐谱的整理之后，我对如何实行乐曲复原做了汇报，请了中国艺术研究院的王子初教授、项阳研究员等人担任评审专家。规划通过评审专家的认可之后，便开始着手实施。这是雅乐团第一次与专业的礼学研究团队合作，要力图做到复原工作中礼与乐的结合。"

《乡射礼》复原项目中，乐队编制参照汉代郑玄所注《乡射礼》等古籍的用乐规制，其中龥1人（领奏）、瑟2人、笙3人、鼓1人、编磬（十六制）1人、敔1人、鏧1人、乐正1人、歌者2人（清声、沉声）、相者2人。创作和演奏的曲目有《葛覃》《驺虞》《关雎》《陔》等首，分别用在乡射礼中的乐宾、乐射、宴宾、送宾的仪程中。

关于乡射礼演奏曲目中"宫"和"均"的判定，《吕氏春秋》记载有"随月用律"：

> 孟春之月，律中太蔟。仲春之月，律中夹钟。季春之月，律中姑洗。
>
> 孟夏之月，律中仲吕。仲夏之月，律中蕤宾。季夏之月，律中林钟。
>
> 孟秋之月，律中夷则。仲秋之月，律中南吕。季秋之月，律中无射。
>
> 孟冬之月，律中应钟。仲冬之月，律中黄钟。季冬之月，律中大吕。

根据礼书，古射礼大多在春秋二季举行，那么可用的宫音有"太蔟""夹钟""姑洗""夷则""南吕""无射"。至唐代，按季用宫，以"太蔟"为春季宫音。所以,《乡射礼》的音乐复原中将正射部分的用乐——《驺虞》采用了以"太蔟"为宫的宫调式,燕宾时的用乐——《关雎》《葛覃》采用了以"太蔟"为宫的商调式。

《乡射礼》的音乐复原,要尽可能地依据历史文献的记载,绝不是凭空想象。在音乐旋律方面所依据的文献,《关雎》《葛覃》依据朱熹记载的律吕谱进行旋律创作,《驺虞》借鉴了《礼记·投壶》中的先秦鼓谱,《陔》依据《魏氏乐谱·南陔》的旋律创作——《魏氏乐谱》是明代流寓日本的魏浩所作的音乐著作,对明乐传入日本发挥了无可替代的作用。

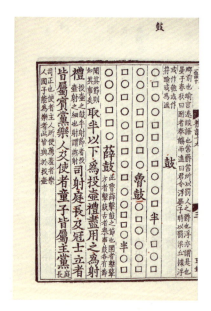

《礼记·投壶》所载鼓谱

当然,实际操作要复杂繁琐得多。一边进行文献整理,一边排练修改小样,多少个下午、多少个晚上,在雅乐团的排练厅和清华园的文北楼,两边团队成员聚在一起,讨论得热火朝天,甚至面红耳赤。赵越和张德付两个"80后"尤其投入。

一次，二人因为为宾出奏《陔》中的"陔乐"是只打鼓还是伴有旋律争论起来。从下午一直讨论到日光灯惨白地撒在会议桌堆放的文件上，和着茶杯里泡散的茶叶，水变得清澈，渐渐没有味道。

"你什么都不懂，我是这个专业的！"一个人终于忍不住了，挥手说："不要再讨论这个问题，也不要拿别人的观点压我。"这回应该是真发火儿了。

另一个人的怒火也被点燃，突然冒出一句："《学而》第一，人不知而不愠，不亦君子乎？"

要是在别人那里，可能争吵并不会结束在这个地方。但这里不同，原本盛怒的人竟然露出害羞的神态。沉吟颇久，郑重其事地说："仁兄，想来我刚才确实失态了，诚恳道歉。不嫌我们食堂饭菜差的话，我请您再聚！"

怎敢不从？于是散会，便餐，那一晚聊了很多。

是啊，《论语》开宗明义第一章的结尾就是：旁人不知道你、不理解你的时候而能不生气，不正是君子吗？回想前面的段落，从日日温习精益所学，到不远万里还能有与自己研究相同问题的朋友前来相聚，而在发现其实观点仍然不同的时候，能够秉持和而不同的理念，放下自己的傲慢做到周而不比，不也正是对自己的一种修正吗？

很多时候，喜怒哀乐之"发"能够中节而行，是很难做到的。而这可能是每一个真正行持礼乐修身的人，切身去切磋琢磨，实操产生敬畏之后才能明白的惺惺相惜。

《乡射礼》开始拍摄了，安排了几位演员来表演当时乐队的场景。赵越作为音乐指导，驱车前往摄影棚，手把手教演员如何将动作卡准音响。

他忘了这是第几次与彭林老师见面，此时又听到彭老师常说的话:"乐很重要啊,你们要好好搞啊!"

礼从外规范人的身体,乐从内和顺人的心灵。两者都需要,不可偏废。

雅乐在古代是贵族所把持的,用来提高自己的修养,但其本质也是在教化贵族自己要敬民、爱民、护民,心中有所敬畏。移风易俗,莫善于乐,如今的雅乐,自应当回到民众当中,回到我们的生活中。在不断探索中树立人格与国格,礼、乐必须携起手来为蕴育出更"好"的中国人而奋进。

要想这样,必须先重建中国人的雅乐观念。遗憾的是,中华雅乐还很少为人所知。《大英百科全书》收入的"雅乐"词条,都是来自日韩的 a-ak 或 gagaku。

《乡射礼》的音乐复原,就是尝试让人们能够切身感受到中华雅乐的源头活水所带来的甘甜滋味。

拍摄时,赵越想尽各种办法去呈现古乐演奏的场面,拿着录音让演员一遍一遍规范动作。慢慢地,演员们熟悉了乐曲,能做到随乐曲旋律节奏的变化,控制自己的乐器进与出了。精益求精,就有了感觉。如果演员们能够有更多的时间,真正去练习好这些曲子,虽然投入与产出不一定划算,但这也算是实现了一点点大家心中一直想要把"礼乐"落地的夙愿。

说一千道一万,不如真的照文献去行个礼。

说一千道一万,不如真的照文献去奏个乐。

2015年9月20日,《乡射礼》复原项目所需的古乐由中国音乐学院雅乐团执行副团长杨春薇教授及其助手赵越先生率乐团录制完成。2016年3月,复原视频拍摄进行到需要展示乐器的部分,于是向雅乐团借了古乐器。陈立瑜负责领着搬运师傅到中国音乐学院搬运。这些乐器主要有编磬、鼓、笙，等等。每一件乐器都被视作珍宝，搬运得非常小心。

雅乐演奏复原拍摄现场

这期间有个插曲。雅乐团在复原《关雎》《葛覃》《驺虞》等雅乐时，已经根据相关礼乐文献资料加入鼛鼓、鼗鼓等打击乐器，故而主张拍摄时也应当出现这些乐器。但清华团队反复查阅《乡射礼》经注疏及相关材料，发现其中并无礼节明确出现鼛鼓、鼗鼓，因此不敢贸然使用。另外，结合《周礼》《礼记》《诗经》等相关文献中，会发现在某些祭祀礼仪场合建鼓往往与应鼙相配，而且《大射礼》也明确提到应鼙在建鼓之东。但问题在于，大射礼为诸侯礼，礼仪规模盛大，不仅有应鼙出现，还有颂磬、笙钟、鼗、镈、鏞等诸多乐器，乡射礼为大夫礼，礼节略，不可完全与大射礼相比附。清华团队此次复原基本上严格按照经注疏相关文献确定行礼人员及礼器、乐器的入场顺序、相应位置，鼛鼓、鼗鼓等乐器在乡射礼中应于何时入场、安置于何处，确实无从知晓。本着"阙疑"的审慎态度，在最后复原拍摄中，最终没有出现这些乐器。

拍摄礼乐复原的过程，仍然让人难忘。志愿者王波还记得："有一场拍摄是十几名乐工现场演奏《驺虞》的场景，演员们都经过音乐学院老师好几天的培训，和着节奏，弹奏着复原出来的周代乐器。音响里放着优美的《驺虞》，演员们表演着弹奏。现场的老师、工作人员，包括导演保罗全都被这和谐场景吸引，仿佛真的回到了周代乡射礼的现场，欣赏乐工们演奏《驺虞》，观看着射手们伴随着建鼓的节奏射箭。随着保罗的一声咔，现场爆起了一片掌声。虽然有些波折，但是最终的拍摄依旧圆满地完成了。这次的拍摄凝结着所有参与工作的人员和老师的心血，我相信最终的质量和意义也一定是非凡的！"

杨春薇教授说："我也和彭林老师说过，《乡射礼》音乐的复原工作唯一的遗憾是在人声的部分，其实还可以做得再完美一些。"

当时乐队中需要一个清声（高音）、一个沉声（低音）。整个音乐圈子里，男低音都特别难找。这自然跟现代音乐教育有关，男低音用得很少，院校招生人数自然也就很少。最后找到了一位唱低音的男同学，遗憾的是他是学习美声唱法的。尽管要求他在演唱中收喉，尽量不要把美声的发声方法体现出来，但是效果仍然不是特别理想。大家也曾想到找专业朗诵的人员来演唱，但是《驺虞》这首曲子是双声部，没有经过专业的音乐训练，在双声部演唱中很难把握其音准。沈洽教授曾说："就像演唱学堂乐歌那样来唱，唱出学堂乐歌那样的音色。"可是"学堂乐歌的声音"是什么样的声音？仓促间还真是百思莫解。

无论是组织中国音乐学院雅乐团，还是受清华大学《仪礼》复原团队之托做《乡射礼》音乐复原，杨春薇教授及其团队都是如履薄冰。即便如此，在有些人眼里，这样的复原恐怕已经丧失了中华雅乐的原貌。杨春薇教授说："也正是因为中国古代的音乐没有音频资料留传下来，留下来的乐谱又甚是少见，在这个基础上该如何去重建呢？礼不是一成不变的，它具有时代性，雅乐也是如此。'王者功成作乐'，任何一个朝代的雅乐都是重建起来的，都是当时人受到了周公礼乐文明思想和精神的感召，想要创造出具有自己时代的礼乐精神。从这个方面来看，我们依据历史上遗留的资料来复原，总比没有东西可循要好吧。"

周公制礼作乐奠定了华夏正声的宫廷雅乐基础，然而到了战国时期，孟子与齐宣王谈论"好乐"问题时，齐宣王直接说："寡人非能好先王之乐也，直好世俗之乐耳。"魏文侯也曾说："吾端冕而听古乐则唯恐卧，听郑卫之音则不知倦。"可见，战国时期人们对雅乐的态度有了转变，传统的雅乐价值观逐渐消退。历朝历代都在建立雅乐，在历史文化交流中，当时的雅乐也被不断地注入新的因素。汉代佛学东渐中的梵音佛曲，魏晋时期南方流传而来的吴歌、西曲，丝绸之路上的羌笛、琵琶，隋唐以来宫廷乐伎中的胡风旋舞，明清时期的民间小调，近代以来的德奥作曲体系与欧美新声……都很大程度上影响了宫廷雅乐的形态。时隔数千年，想复原雅乐本身的面貌，难度可想而知。另外，在时下提倡雅乐，更面临一些特殊问题。

第一，雅乐与当代音乐教育体系不相容。近代中国受西方专业化教育的影响，音乐学院里的专业分工很细，追求专而精，所以培养了很多出色的独唱演员和独奏演员，他们在舞台上都有属于自己的个性，而雅乐的表演中需要的恰恰是内敛、和谐、统一，这是相互矛盾的。尤其是当今的音乐教育体系已经形成了一套比较成熟的教学方法，尤其注重技巧的训练；而雅乐是集音乐、礼仪、舞蹈为一体的综合艺术形式,需要习乐者既要有音乐基础,又要有一定的历史文化积淀,还要有一些舞蹈基础。雅乐团从开始建立起,就必须面对这样的问题。中国人对自己的音乐和文化本来应该有自信,可惜,这在目前的音乐教育中还是非常欠缺的。

第二,音乐创作人才缺乏。中国古代的很多乐谱早已荡然无存,有幸留传下来的乐谱也晦涩难懂。乐律和乐调的判定、古谱的译解一直以来都是音乐理论界一代又一代学者面临的难题。所以,复原雅乐需要从音乐理论和音乐实践两方面入手,边研究、边实践,进一步还需要根据研究成果再度创作。而现在真正懂雅乐、能创作雅乐的作曲家实在是非常之少。

第三,人自身的问题。面对现代社会的喧嚣和嘈杂,人们的内心并不宁静。人只有安心,才能去感悟精神层面的东西。《乐记》说:"乐者,非谓黄钟、大吕、弦歌、干扬也。"重建雅乐不只是换上古装表演而已,它有着深刻的文化内涵,需要我们饱含敬意地从中感悟。好在当下国内重建雅乐团体之势兴起。第一个建立雅乐团的是平顶山学院,随后浙江师范大学在田耀农教授的带领下也成立了雅乐团。一些地方的博物馆也成立了雅乐团,比如河南省博物院的华夏古乐团在做周乐的复原;天坛神乐署在做清代宫廷中的雅乐复原。想迅速组织一个雅乐团很容易,只需将现代的一些民族乐器稍作修改就能演奏。但是,这远远不能体现出雅乐的内在精神,也就谈不上对雅乐的复原,建立再多的雅乐团也无济于事。

其实,战国礼崩乐坏之后,雅乐的内在精神和文化品格仍被某些特定的乐器——如古琴——继承了下来。三国时期的大名士嵇康曾说:"众器之中,琴德最优。"清人汪绂在《立雪斋琴谱·小引》中也曾说:"'士无故不撤琴瑟',所以养性怡情。先王之乐,惟淡以和。淡，故欲心平。和，故躁心释。"古琴与礼乐文化中"君子以玉比德"的审美观念高度一致，古琴有泛音、散音、按音三种音色，分别对应着天、地、人。按音就是人的情怀、情绪的表达。都说古琴的音乐散，节拍打不上。其实是因为它的拍子不是我们今天习惯上说的固定拍子，而是按照心律不断变化节拍而产生的律动。如何在演奏古琴中去调配音色？只能在习琴的过程中慢慢去感受其中的象、神、意等。在这一点上，雅乐跟古琴是相通的。所以，慢慢把古琴渗透到雅乐中去，这也是杨春薇老师的一个愿望。

雅乐的复原，以及雅乐团的实践工作用"蜀道难"来形容实不为过。或许从事这些工作的音乐人也常常会仰望星空，感到焦虑，不知道未来这项工作能做到什么程度。但是，"星光不问赶路人"，努力了就好。

二、瞻望哲匠之门

"《仪礼》复原"研究工作既然冠以"复原"之名，自然不能纸上谈兵。清华团队的目标是尽可能复原出实物。哪怕是要盖房子，也要咬着牙去"盖"。

如果不是因为参加了这项工作，总是捧着文史旧书研读的马延辉可能一生都不会与建筑学产生关联。

1. 拿着你的研究成果来

马延辉本科时期就开始跟从彭林老师学《仪礼》。在此之前，他读的典籍主要为《史记》《左传》《四书章句集注》之类，文辞都不算太难，内容也便于记忆，若有晦涩之处，借助前人注释也能领会其意。谁料翻开《仪礼》，书中的文句，他竟一句不识：何谓"筮于庙门"？何以"皆置主人与宾"？何谓"西面北上""北面东上"？何谓"房中西墉下"？这些似懂非懂的词句成为横亘在他读书路上的绊脚石。白文读不懂，便想参考注疏，然而《仪礼注疏》比之白文更难，往往经文中的一个问题，到了注疏就会衍生出两个甚至三个问题，可谓是歧路亡羊。这段糟心的经历，让彼时的马延辉一度怀疑自己的古文阅读能力，进而怀疑自己的学术研究能力，对未来很是迷茫。好在之后不久，他参加了《仪礼》读书会，在几位前辈师兄的帮助下，渐渐掌握了《仪礼》的脉络，开始了复原研究的层层闯关。

筹拍《仪礼·士冠礼》视频之初，马延辉接手了宫室复原研究工作。那时他正好大四，但自觉在学术研究上还是门外汉，似懂非懂呢。在《仪礼》读书会上，大家曾经借助清儒张惠言《仪礼图》与黄以周《礼书通故》中的礼图来理解文本，因此马延辉也想当然地以为，只需要以这些礼图中的宫室图为蓝本，便可复原《仪礼》之宫室。可是当他着手去做，才意识到事情远非如此简单。

一者前人的宫室图几乎皆为平面图，与现代意义上的建筑图纸完全是两个概念。二者礼图的特点是"随事立图"，只描述和礼仪相关的内容，礼仪之外的建筑空间往往含混不清，而且不同宫室图的细节差异也很大。是非聚讼，殊难决疑。

清代学者的宫室图，以黄以周《礼书通故》最为详细。除了平面图，黄氏还将山面的纵切图与柱础分布画出，因而在实体建筑复原上最具备可操作性。可是当马延辉兴高采烈地拿着黄氏之图征询彭老师的意见时，老师却直接告诉他：这个问题需要请教建筑史专家。

马延辉有些丧气,进一步体会到此项任务真没有想象中的那么简单。同时也幡然醒悟,应该像老师那样严谨治学。清华的建筑学最强,能借机去"偷师"一二,也是幸运。

那时的马延辉还在忙于本科毕业论文的开题,并不清楚自己未来会研究什么问题,所以最初并没有想过系统学习建筑学方面的知识,只是想请教古建筑领域的专家帮忙决疑。彭老师虽然没有直接给出意见,但是提到了陕西岐山凤雏村和扶风云塘的两处重要的西周时期建筑基址,嘱托他参考。

于是,两个选择摆在马延辉面前:

A.以前人礼图——主要是黄以周的宫室图——为蓝本,考古材料只做细部参考。

B.以考古发现西周建筑遗址——尤其是云塘建筑基址的复原模型为蓝本,核验是否符合《士冠礼》的仪节记载。凤雏村甲组建筑基址发现较早,云塘的发现时间较晚,但都有相关复原研究论文可参考。

一开始,马延辉倾向A方案,主要是因为他对礼图还算熟悉,而对于古建史以及建筑考古完全不在行,多少有点畏难的心思。于是在苑辰的联络下,预约到建筑学院的王贵祥教授,想征求他的意见,听取他的教导。

在去建筑学院的路上,马延辉满心希望王老师会赞同第一种方案,可是最终的结果还是让他失望了。

王贵祥老师先后师从莫宗江(1916—1999)与吴焕加两位教授攻读中国古代建筑史,后留学爱丁堡大学建筑系,对中西建筑文化有精深研究。王老师告诉马延辉,自己并不赞同直接照搬前人宫室图，哪怕是最详细的黄以周宫室图，也不能盲从。因为后世的礼图掺杂了学者们的想象，很少有实体建筑作证据。考古发现的建筑基址虽然可供参考，但毕竟细节不够多，就连最基础的柱梁结构都存在争议，更遑论内部空间及外部装饰这些细节。

"俗话说画鬼容易画人难，周代的建筑没有实物证据留存，目前的研究推测较多，可不就是画鬼？"王老师如是说道，并进一步给马延辉解释：目前建筑史领域的复原研究如果只是停留在纸面画图上，倒是没有问题，但是如果要造一座实体建筑，比较保守的情况下，年代一般上溯至唐代，最早不会早于南北朝。因为唐及之后的朝代有木结构建筑遗存，南北朝时期保存下来的木结构建筑虽然没有被发现，但是壁画中的建筑图像很多，争议之处不算太多。至于汉代乃至周代，由于没有实物证据，所以复原研究多停留在纸面上，真要耗费巨资建造实物，很可能费力不讨好。

这次谈话又给马延辉当头浇了一盆冷水，照搬礼图的思路被否定，考古发现的建筑基址似乎也不被认可，他有些迷茫，不知道该怎么完成复原工作任务。

在请教过王贵祥老师后，复原小组决定先重点参考云塘建筑基址的复原模型。当时有位俄罗斯学者玛丽安娜（Shevchenko Marianna）在清华建筑学院，发表过一篇扶风云塘建筑基址的复原研究论文，大家还邀请她来给出一些建议。这篇论文也让马延辉第一次学习到科班出身的建筑史学者如何进行复原研究。除了大方向上的柱梁结构，包括柱子高度、铺作结构、门窗形制这些很细节的部分，都尽可能做到有所依据。二是为了做建筑示意图，大家找到了清华建筑学院的在读博士研究生杨扬，请他帮忙设计。马延辉拿着自己粗略画出的平面结构图赶赴建院，途中接到杨扬的电话：

"你拿着你的研究成果,到设计院来找我。"马延辉听罢很是惶恐,手上的平面结构图是他根据前人的宫室图所画,基本都是照搬前人的结论,怎么就成了自己的研究成果。"或许这就是研究者的世界吧。"他想。

当然,办法总比困难多。《士冠礼》拍摄并不需要搭建建筑模型(事实上经费也不允许),只是在电脑上按照同等比例作出线图,标示庭、堂、房、室的空间结构,因此地面、墙面、屋顶等细节就可以先不考虑了。工作量是变小了,但马延辉丝毫没觉得轻松,因为他感觉自己对《仪礼》的熟悉程度还远远不够,仅就着《士冠礼》篇去琢磨,难免一叶障目。对黄以周的《礼书通故》及其宫室图也理解不深,往往只会照搬原图,而抓不住问题所在,也无法形成自己的研究。

紧赶慢赶,2013年春夏之交,《士冠礼》复原视频正式开拍。虽然设想以结构有多处符合前人的宫室图的云塘建筑基址为模型(主要是南面两阶前面的两条石子路交汇于门房,与文献一致),但不可否认的是其与文献不合的地方也很多。其中最大的矛盾,就是云塘的主体建筑基址呈现面南的凹字形,南面两个阶梯位于凹下处,这使得南面西侧的阶梯之西空间很逼仄。根据《士冠礼》,此处需要有行礼者,如此狭小的空间根本无法施展。另外,这种凹字形夯土台在商周时期的建筑基址中很少见,如果完全照搬,建筑形制会比较奇怪。最终权衡之下,还是把夯土台做成了长方形,只是在尺寸上参考了云塘建筑基址。然而这种设计并没有超出黄以周宫室图的框架。

中国社会科学院考古研究所的徐良高研究员曾经撰文研究云塘西周建筑基址的性质,以《尔雅·释宫》中的建筑名物解释云塘遗址的各个细部，尝试打通文献与考古之间的联系。2013年夏天，在杭州中国美术学院召开的礼学会议上，徐老师也介绍了这篇文章，但当时一位研究思想史的评议人则认为云塘建筑基址与文献记载存在很多龃龉之处。可是不用二重证据，又怎么行呢？马延辉记得，彭老师在课上曾指出，一旦考古发现的材料与传世文献可以对应，就是足以轰动学界的发现。由此可见，云塘建筑基址作为一个有争议的典型案例，正说明结合文献与考古的复原研究何其难哉！

2013年秋季学期，《仪礼》复原工作在经历了最初的忙乱之后，渐渐步入正轨。马延辉也开始了研究生阶段的学习，和团队中其他一些成员一样，在经历了这种"以战代练"式的洗礼后，对《仪礼》文本也从陌生走向熟悉，对于礼学研究也从过门墙而不入其门的程度走向了叩门。马延辉觉得，这一阶段的学习、研究、实践，对他治学产生影响的主要有两件事：

> 第一是2013年秋，彭老师嘱托我点校"儒藏"项目中的宋代杨复《仪礼图》。老师学问宗法陈援庵先生（1880—1971），于校勘学尤为看重，派我点校这部书，目的是为了让我接受校勘学训练。然而我从这部书中的获益远不止此。《仪礼》难读，唐代韩愈已苦之。究其原因，在于《仪礼》本质上是先秦社会的一个体现。千百年来，去古已远，衣食住行之变已是沧海桑田，昌黎先生自然难以理解。因此，寻章摘句式地读《仪礼》，只能一叶障目，难以把握礼经要义，只有设法厘清脉络、再现仪节，才能领悟此书。清代学者陈澧（1810—1882）总结礼经读书法"分章节，绘礼图，明礼例"，堪称读礼法要，贾公彦

著《仪礼疏》,已隐隐有分章之意,宋代朱熹著《仪礼经传通解》,章节分明,而朱熹弟子杨复撰《仪礼图》,秉承《通解》体例,更是首次将分章节与绘礼图二法结合,"莫难明于《易》,可以象而求;莫难通乎《礼》,可以图而见",由是《仪礼》一经条理明晰,次序判然,"学者不复苦其难矣"。于我,点校《仪礼图》不仅仅是校勘学训练,更是礼学研究的入门手段。自此之后,我对礼经文本的熟悉程度大为提高,读注疏也不再那么吃力,也在今后的研究工作中慢慢学会发现一些问题并试图解决。

第二是我与几位师兄在一次清青快餐的午饭中探讨了《仪礼》复原工作的学术意义。由于《仪礼》复原研究中的视频拍摄工作量最大,占据了师门诸君的大部分精力。而对我们而言,拍摄工作又和传统意义上的人文学科学术研究大相径庭,甚至在某种程度上会占据我们写论文的时间。因此,在不少只盯着发论文的人眼中,我们的工作难免是在"不务正业"。同行不理解,我们的工作积极性也难免受到打击。彭师屡次强调,我们的拍摄工作不是拉洋片,而是要将《仪礼》的研究成果体现在拍摄视频上,这与20世纪孔德成先生主持的《士昏礼》复原拍摄的学术精神是一致的。但是,对于以看文献和写论文为主体工作的人文学科研究生而言,拍摄视频的确是一项陌生的工作。因此,如何理解《仪礼》复原工作的学术意义,如何回应学术同行对《仪礼》复原工作的疑问,是当时我所面临的一大困惑。

某日,我与李旭师兄、陈士银师兄和杨柳师姐等在清青快餐吃午饭，谈到这个问题时，我惊讶地发现不止我一个人，其他师兄师姐多多少少都有这样的困惑。彼时我点校《仪礼图》，根据杨复《序》的记载，当时有位学者赵彦肃尝作《特牲》《少牢》二礼图呈给朱子。朱子看罢大喜："更得冠昏图并堂室制度考之，乃为佳尔。"并打算与其他学者合力考订礼图。我突然想到，朱子重视宫室图及礼图，目的还是为了再现仪节，但由于古代科技不发达，朱子及杨复也只能通过绘图的方式展现古礼。倘若朱子生活在科技发达的现代，一定会采取拍摄复原视频的方式来展现其礼学研究的成果。因此，中心拍摄《仪礼》复原的视频，本质上与朱子礼学、张惠言及黄以周等礼学大家的学术旨趣一脉相承，只不过将静态平面的礼图变成动态立体的视频，前人学者未曾发现的问题因此被注意，也就形成了学术研究的方向。我把这个想法同几位师兄交流后，大家都表示赞成。来自师兄师姐们的鼓励，也让我内心坚定了许多。

2. 旁听

2015年春季学期，在修完了本专业的研究生课程后，马延辉终于决定去旁听建筑学院的课程，没有二学位的诱惑，完全是为了复原研究。

起初马延辉内心很忐忑，生怕自己这个门外汉进入建筑学院的大门会被赶出来，他胆怯地给建院的老师发邮件询问课表。没想到的是，很快就收到了那边老师的回复，直接把本科和研究生的课表都发给了他。喜出望外的同时，马延辉还是有些畏难，毕竟看到一堆建筑数学、建筑力学、建筑物理这些课程名，多年没有受到数学训练的脑袋冒出了一堆冷汗。

马延辉先去听姜涌老师的"建筑构造"，因为构造方面的知识对《仪礼》宫室复原应该有比较大的帮助，而且任课教师的姓名与清代大儒江永（1681—1762）同音，马延辉一厢情愿地认为冥冥中自有感召。然而半个学期下来，不得要领，大量的专业术语听不明白。唯一还有印象的，就是建筑各部件承受的压、拉、弯、剪四种力，不同材料对这四种力的抵抗强度不同，其中木材因为抗压、抗拉、抗弯、抗剪的四种属性都比较合格，因此是最便利的建筑材料。相比之下，和人文学科相关的两门课程"中国古代建筑史纲""中国古代建筑理论"则要熟悉很多，这两门课的主讲老师，一位是王贵祥老师，早已请教过；另一位是青年学者李路珂老师，在之后的古建史学习过程中，给予马延辉很大帮助。

研究建筑学院斗拱模型

2015年的春季学期,"建筑构造"在周三上午,而"史纲"与"理论"两门课在周五,可以说是先接受"构造"的洗礼,再等待"理论"的熏陶。由于王贵祥老师先前对先秦宫室复原可行性的质疑,使得马延辉一度以为建筑学院的老师都是实证派,对于文献比较排斥。

周五一大早,他走进建筑学院的教室,等待王老师授课,内心忐忑不安,生怕自己脑海中的儒家经典再次遭到批判。岂料当王老师开始授课后,马延辉发现,有几讲充满了中国古典文献,课件上的内容大多是自己已经熟悉的。比如第一讲"中国建筑的三原则",王老师以古罗马建筑师维特鲁威(Marcus Vitruvius Pollio)在《建筑十书》提出的"坚固、实用、美观"三原则为切入点,指出中国古代建筑的三原则为"正德、利用、厚生"。"正德"为道德意识层面的原则,即建筑之营造当体现建造者身份等级及道德品位,尤其是统治者的自我约束与推己及人。"利用"为建筑的实用性原则,但要符合儒家思想下的义利关系。"厚生"则为建筑的本质性原则,即房屋建筑的目的在于"便生人",因此在尺度、规模与形制上具备宜居性。

这三点原则,其实是化用《尚书》的典故,原文虽与建筑学无直接联系,却能在中国传统文献中找到大量可印证之处,如《论语·泰伯》记载的"卑宫室而尽力乎沟洫",《左传》记载的"大路越席,清庙茅屋",特别是《晏子春秋》里有这么一段记载:

> 景公登路寝之台,不能终而息乎陛,忿然而作色,不悦,曰:"孰为高台,病人之甚也?"晏子曰:"君欲节于身而勿高,使人高之而勿罪也。今高从之以罪,卑亦从以罪,敢问使人如此可乎?古者之为宫室也,足以便生,不以为奢侈也,故节于身,谓于民。"

晏子这段话一方面教育齐景公不要建造奢华的宫殿,一方面又指出"卑宫室"也有"节于身"的用处,可以说是对"正德、利用、厚生"三原则的极好注解。

第二讲"大壮与适形",王老师专门谈到了儒家的礼乐文化,讲述"三礼"文献的基本精神,甚至提到了清华的《仪礼》读书会,这让讲台下的马延辉从心底生起一种亲切自豪感,也对建筑学这片陌生的领域不再感到畏惧。

还有第四讲"中国古代建筑的工官与制度",在谈到礼制与建筑等级规范之关系时,将这一历史传统上溯至周代,并引用王国维先生(1877—1927)的《殷周制度论》以佐证。

第五讲"中国建筑组群与园林的空间布局方法",以公元前3世纪中山国兆域图所见中国建筑最早的"模数"(建筑尺度的基准)为切入点,探讨中国古代建筑的尺度计算方法,并以隋唐长安城为例,指出长安城的尺度即以宫城与皇城的总宽与总深为模数。当然,文献中涉及"模数"概念的记载更早,如《考工记·匠人篇》多次提到的"度"概念,"周人名堂,度九尺之筵,东西九筵,南北七筵","室中度以几,堂上度以筵,宫中度以寻,野度以步,涂度以轨"等,都可以认为是古人营造宫室所遵从的模数制度。而《晏子春秋》的另一段记载更是耐人寻味:

> 景公新成柏寝之台,使师开鼓琴,师开左抚宫,右弹商,曰:"室夕。"公召大匠曰:"室何为夕?"大匠曰:"立室以宫矩为之。"于是召司空曰:"立宫何为夕?"司空曰:"立宫以城矩为之。"

"夕"即"斜"的意思。课堂上引用这段史料,原本是为了论证中国古代的工程管理制度,而马延辉通过"立室以宫矩为之""立宫以城矩为之",看到了古代建筑群布局中的位置关系,如果说建造宫城需要参考城池的尺度,建造大殿需要参考整座宫城的尺度,这是一种从外向内的设计思路,那么像隋唐长安城这样,先确立宫殿甚至某一处主体建筑为基准,再向外生长为整座城池,就与"立室以宫矩为之,立宫以城矩为之"的思路相反相成。同样,王国维先生《明堂庙寝通考》提到的"故室者,宫室之始也。后世弥文,而扩其外而为堂,扩其旁而为房,或更扩堂之左右而为箱、为夹、为个",这一论述本质上也是自内而外的生长,与隋唐长安城的设计思路一致。这在先秦两汉的建筑实例中也能找到证据,如西汉长安城,就是先在秦代宫殿的周围建成长乐宫,后来又建成未央宫等宫殿,最后在这些宫殿的周围修建城墙,是一座先有皇宫后有城的都城。

通过这几堂课的学习,特别是老师对"模数""卑宫室"这些概念的讲解,以及对于先秦文献特别是三礼文献的运用,马延辉坚信《仪礼》宫室复原在学术上是站得住脚的。下课后走出建筑学院的大门,回望学院内墙壁上"哲匠之门"四个大字,他感受到自己承担的工作,将是一次自然科学与人文学科的美妙融合。

如果说"理论"侧重于建筑思想与建筑制度,内容偏重于义理,那么"史纲"就更侧重于历史及考古,更像考据。讲授的内容,主要是按照断代史的叙述模式梳理各朝代历史背景与代表性建筑,也包括对于木结构建筑体系、砖石结构建筑体系、建筑空间内涵等建筑技术、人文层面的专门探讨。特别是先秦两汉这一时期的建筑史,由于没有木结构建筑实物留存,主要的史料为考古建筑基址。因此,这一部分的课程听起来更像是考古课程。

例如，关于汉代的礼制建筑，就着重讲述了汉长安南郊礼制建筑基址的历史背景及形制，并展现了杨鸿勋先生（1931—2016）的复原图。关于汉代的民居则多用画像石图像为史料，其中有一块四川成都出土的画像石砖，也被郑良树先生（1940—2016）在《仪礼宫室考》中描述寝庙之间的空间关系时所引用。而和《仪礼》宫室复原关系密切的先秦建筑史，则更像是对凤雏村、云塘等建筑基址的详细分析。

早在接手宫室复原工作时，马延辉就对这两组建筑基址的考古报告及研究论文做过研读。但那个时候，他对于这些建筑基址的认识还比较肤浅，相关的知识储备也不丰富，在运用这些考古材料进行复原宫室时，往往结论先行，为了证明礼图中宫室结构的正确性，而从考古材料中找论据。例如，云塘、齐镇的建筑基址存在U形石子路与门房夯土台，与礼图中的堂涂、门塾一致，但是这两组建筑基址除了主体建筑外，又存在两座附属建筑，这又与礼图不同。至于凤雏村甲组建筑基址，就更不一样了，整座建筑虽然符合轴对称原则与"前堂后室"的空间布局，但"堂""室"之间并非如礼图那样是同一座建筑内的不同空间，而是一座两进院落，中间有穿廊相连，仿佛一座四合院，这与宫室图中的一座单体建筑加门房的院落布局又不同。

除此之外，还有一个比较大的矛盾，就是建筑的柱梁结构。《仪礼》中士人的寝庙，以及乡庠、州序，根据文献记载以及后世礼图，是一座面阔四间、进深五架的建筑，从屋脊到屋檐的五架梁，由高到低分别为栋、楣、庋。楣下的柱子就是两楹，栋下、庋下是否有柱子不明确。从《仪礼》文献记载来看，行礼中并没有提到堂上除了楹以外的柱子，后世礼图也不认为堂上有其他柱子，黄以周在《礼书通故》中提出"四经柱"概念，更是直接否定了堂上有其他柱子的可能性。楹的位置，从礼经文献来看，应该是支撑着建筑前半部分的"楣"，而不是中间屋脊的"栋"。《乡射礼》记载"序则物当栋，堂则物当楣"，"序则钩楹内，堂则由楹外"，"物"为射箭时射手的站位，用油彩在地上画出。"序""堂（庠）"为射礼的行礼场所，堂（庠）有室，占据一椽栿的进深，而序无室，所以"堂（庠）"的行礼空间比"序"要少一椽栿进深的空间。由于空间进深有大小，为保证一个空间关系相对合理的站位，堂（庠）的射位就要比序更靠前，堂（庠）的射位正对"楣"，而序由于进深更大，射位也可以往后移到正对"栋"的位置。由于位置不同，射手自西阶升堂走向射位的运动轨迹也不同，"序"的射位正对栋，需要射手"钩楹内"，也就是从楹的后侧绕过去才能走到射位。这就说明，"楹"一定在栋的前面，而"堂（庠）"的射位正对楣，射手只需要"由楹外"，沿着楹的外侧右转就可以走到射位，这说明楹柱一定支撑着楣，而不是栋。历代礼学家基本都秉持这一观念。

  然而，云塘建筑基址 F1 规模最大的两个柱础坑，却是正对着正脊（栋）的位置。学者们围绕云塘建筑基址的相关研究，也多把这两个柱础坑认定为楹，这就与《仪礼》文献描述的很多空间场景不符。另外，建筑基址中的柱础坑数量又很多，远远超过了黄以周认为的二十四根之数，如果堂上有如此多的柱子，为何《仪礼》文献只谈到了"楹"？如此众多的柱子是否会影响行礼？而如果像黄以周所认为的那样只设二十四柱，会不会因柱子过少而造成结构不稳？

  如果说空间布局问题还属于"软肋"，那么柱梁结构就是"硬伤"了。在最初利用这些考古材料的时候，因为不熟悉建筑史，遇到文献与考古材料之间的矛盾，往往不知如何处理。在学习了建筑史课程后，马延辉知道，在战国时期，抬梁式建筑就已经出现，通过蜀柱支撑"栋"是可行的，因此，在结构上可以不必像云塘 F1 那样单独设柱支撑"栋","楹"的位置可以按照《仪礼》来支撑"楣",这样堂上无余柱,行礼空间就会比较大。但是根据考古基址,柱子不能太少,否则既不符合现实,也不符合建筑结构稳定,所以决定在"庪"即屋檐的位置,增加了柱子。此处是否有柱子《仪礼》未载,黄以周认为无柱,但设柱更有利于结构稳定,而且位于建筑的四周而非堂中,也不影响行礼。后来《乡射礼》《士昏礼》所搭建的建筑背景,就是遵循这样的思路。

在宫室复原的研究工作中,目前发现的几处考古建筑基址与《仪礼》所见的宫室,不对应之处甚多。如何调和这些差异,是长期困扰复原研究工作的一个难题。在建筑史课程的学习中,李路珂老师讲到周代城市、宫殿已经有轴对称的设计思路,《周礼》中就有"辨方正位""九经九纬,经涂九轨"的概念,凤雏村、云塘都属于轴对称布局。但是,与这种等级观念、整齐划一思想相对应,又有出于政治、军事等实用目的而营建的城市,并非"轴对称",即《管子》所谓的"高毋近旱而水用足,下毋近水而沟防省,因天材,就地利,故城郭不必中规矩,道路不必中准绳"。迄今考古所见的春秋战国时期各国都城,既有鲁都曲阜宫城居中的布局,也有齐都临淄、赵都邯郸宫城居都城边缘的布局。究其原因,在于战乱年代,宫城居城墙边缘,更便于紧急情况时国君撤离,而一旦天下太平,宫城又会居于都城中央。于是,马延辉明白了,《管子》的都城设计思路,是乱世下的便宜行事,而《周礼》那样的都城设计思路,是治世下的克己复礼。实际上,即便是临淄、邯郸这样的都城,在确保实用性的同时,也多少保留了轴对称的布局。因此,在大如都城这样的建筑群中,都会存在礼制与实用之间的矛盾,更遑论一座小小的士宫。考古实物只是一个具体年代下的一座具体建筑,目前发现的几处周代考古建筑基址相对于历史上全部的周代建筑来说更是沧海一粟。所以,就周代礼制建筑研究来说,考古材料与文献不能互相印证才是常态，能互相印证反而是非常态，也即彭老师所说的"轰动学界的发现"。马延辉在做宫室复原研究时，考古材料主要作为补文献之阙的史料，以及《仪礼》宫室在营造技术方面的依据，并不会以考古材料去否定文献，不过，一旦发现零星的可互相印证之处，那便真是如获至宝，忘食忘忧了。

3. 见宗庙之美、百官之富

一些与古建史相关的知识性结论，也对马延辉研究宫室复原有很大启发。讲到中国建筑的萌芽期，李路珂老师曾提到半坡F1"大房子"已经具备"私人空间"的布局。马延辉发邮件询问李老师这一论断的依据，李老师告诉他来自于杨鸿勋先生《建筑考古学论文集》关于仰韶文化建筑的讨论。他翻开杨先生的书，发现杨先生认为F1大房子的空间分布就是"前堂后室"格局的雏形。并且，杨先生对于半坡建筑内部空间性质的分析可与《尔雅·释宫》"西南隅谓之奥，西北隅谓之屋漏，东北隅谓之宧，东南隅谓之窔"的记载可互相印证。再如，讲到宋代建筑史，李老师指出《营造法式》所见宋代建筑彩绘图像绮丽，从流传至今的绘画作品也能看出当时建筑之奢华。后来马延辉和李老师讨论过现代人修建的一些汉代、唐代风格的"复原"建筑色彩比较朴素。李老师表示很多复原建筑所反映的未必是历史上的"实然"，而是后人想象中认为的这段历史中的建筑应该具备的"应然"，这两点还是有区别的。

建筑史学习本身也让马延辉学到了很多知识。求知欲的满足，是一种极大的快乐。通过对《营造法式》的解读，马延辉理解了何谓"材分八等"、殿堂厅堂余屋以及斗间亭榭等建筑类别；通过对唐宋时期流传至今的木构建筑实体——分析，他对这一时期的建筑风格也有了比较直观的了解。建筑学不仅要理论学习，也需要实际操作，建筑学院的学生大多都要选修实践课程，可惜旁听生很难参与，也是比较遗憾的事。不过建筑学院一层大厅有一处斗拱构造模型，可以任由学生参观。有一次马延辉因为没听懂斗拱内部的具体结构而询问李路珂老师，李老师直接带着他去参观了大厅的模型，并仔细讲解。在这之后，每当他有问题请教李老师时，李老师都会不厌其烦地解答。马延辉回想起这些往事，还是感动不已。

这段建筑史课程的学习对马延辉裨益极大。此后他去过很多地方，参观了很多古建筑。每到一处，就忍不住仰望屋檐上的斗拱画栋，目测地面下的阶高柱围，精力集中之时，往往项为之僵。可以说，如果没有这一学期的古建史学习，哪怕去再多的地方，也只是走马观花看个热闹。

2017年1月，马延辉同杨柳、高瑞杰、钟诚和李琳赴日本考察，特别去看了东本愿寺、二条城、三十三间堂、汤岛圣堂、唐招提寺和法隆寺等古建筑。

马延辉感受唐招提寺金紫柱子围径

东本愿寺与二条城的大门，在门扉、门柱等处，还包裹着一层青铜皮，作围护、装饰之用。这一部件，在中国古代建筑中被称为"金釭"，主要用于保护木结构部件的端点与连接点，防止被侵蚀及磨损，也起到装饰作用。"金釭"最早在汉代就有记载。《汉书·外戚传》描述后宫昭阳舍形制："壁带往往为黄金釭，函蓝田璧，明珠、翠羽饰之。""壁带"为墙壁上暴露的木结构，外表用黄金釭包裹，以起到保护作用。考古发现的"金釭"实物，可以追溯到春秋战国时期。日本这种木构件包裹青铜的技术，当是自中国古建筑中"金釭"之孑遗。马延辉觉得，《仪礼》所处的周代，其建筑应该是可以加装"金釭"的。但考虑到"采椽不斫，茅茨不剪"，就没有在复原工作中建议添加。

金釭

古建筑中有悬山和硬山两种样式，硬山一般到明清时期才广泛出现，这是因为硬山只有在砖石结构普及的情况下才能建造出来。传统的夯土山墙只能建造出悬山屋顶，否则雨水会侵蚀墙壁。马延辉在法隆寺看到的这种屋檐超过山墙很大尺寸的建筑，也可以作为古时悬山屋顶形制的旁证。法隆寺西院伽蓝内的钟楼，是一座悬山建筑，建筑的山面，屋顶延伸至山墙外的长度比较大。在《乡射礼》复原中，放置射器的"堂西"位于建筑西面山墙的夯土台上，根据黄以周的宫室图，应该是一处面积比较大的空间。但是，一块大面积夯土台处于露天环境，很容易被侵蚀，这就要求屋顶延伸出山墙外的距离也应该被拉长。在中国国内还没有找到这样的建筑实例。法隆寺西院伽蓝的钟楼，恰好提供了这样一个实例。

2014年夏，中国美术学院象山校区准备兴建一座周代的"宗庙"建筑，号曰"梦周园"工程，拟用云塘建筑基址为蓝本，并邀请建筑师钟雨龙担纲设计。钟工在那段时间来礼学中心多次，拿着设计图征询彭林老师团队的意见。在2015年1月中旬，彭老师又邀请到了清华建筑学院郭黛姮老师参与指导。起初很想让"梦周园"具备实用功能，但是牵涉到建筑安全、行政审批等诸多问题，还是将之定性为景观性建筑。马延辉开始明白纯粹的学术研究应当坚守初心，可是一旦要将研究成果推广到社会，乃至与其他专业领域的学者合作，就不可避免地要协商取舍，实在是考验学者的智慧与心性。

2015年12月9日，彭老师与大家讨论并确定周代乡庠、州序的堂、阶、庭、门、碑等的相关数据，马延辉提了很多建议。拍《乡射礼》，与以前拍摄《士冠礼》不同，嘉礼堂斥以巨资，要进行实景拍摄，也就是说要在摄影棚中将建筑、路面、围墙——搭建起来，然后再辅以后期特效，将观众带到周代，置身于乡射礼的真实场景中去。这是一个非常大的工程，所以拍摄团队的制景师便拿着图纸和清华团队一个一个地确定细节，如瓦片的形状和颜色、博风板的形制、路面鹅卵石的排列图案，很多原先比较模糊的地方，都不得不去——考虑，以便给出较为妥当的解释。

随着开机日一天一天临近，筹备工作也一件一件地落实、完成。然而也有一些不算小的插曲：

在宫室的台基和路面已经建好后，彭老师到现场查验，发现和预先提供的数据不符。11月底，彭老师刚领着大家从福建培田村考察宗庙建筑回来，对此特别敏感。"廉"为堂四周侧砖石砌筑之边，台基上柱子和台阶之间即是。[1] 自庋至廉的地带主要用于有司行走，倘若空间过于狭窄，完全不足以使得"尽阶不升堂"的相关人员正常跪拜、行礼。这样会导致本应在此进行的礼仪动作无处落脚，所以已经成型的台基必须要拓宽，增加堂廉的宽度。虽然知道制作工期会因此变得十分紧张，但这一点却是不能妥协的。在反复沟通、斡旋下，施工方加班加点按照要求做了改动，使得这一宫室缺漏得到弥补，也使大家长舒了一口气。陈立瑜觉得，对堂廉这个细节的讨论，刚好体现了《仪礼》实践性复原的重要意义，即研究者站在了"主观体验"的视角去看待行礼者和空间的关系，是一种"田野式"进入的视角。基于这样的视角，才会去进一步考虑《仪礼》的空间关系。

拍摄现场的堂廉

培田堂廉

1　彭林：《〈仪礼〉堂廉、堂深考》，《中国史研究》2018年第2期，第33—49页。

在拍摄开始前，大家又想到：在夯土做的台基上频频跪拜，真丝做的下裳，会不会弄脏而影响拍摄效果？张颂仁先生当时也在场，他就直接拿了一条真丝下裳，到台基地面上使劲蹭了蹭，结果可能是因为材质原因，真丝下裳纤尘不染，大家的担忧又一次得到了纾解。诸如此类众多在现场时频发的问题，都要一一迅速地做出了判断并将之解决。

中国古代历史上存在过许多令世人惊叹的伟大建筑物，其材料与结构的技术水准以及造型与空间艺术所达到的成就，在很大程度上超越了我们已知的古代建筑遗存。对重要历史建筑进行复原研究，在文化史、艺术史与建筑史上具有重要意义。2017年，王贵祥老师出版了《消逝的辉煌：部分见于史料记载的中国古代建筑复原研究》一书，意图尽可能接近历史真实的结构、造型与空间，让人们对历史上那些伟大的建筑成就有更为直接与真切的了解，从而对自己民族的历史与文化，更多一些理解与自豪。马延辉读了很受益。王老师指出：

> 何以复原过程如此粗略直白？原因也在于，更为细致的深入复原，找不到任何可靠的依据。那么我们只能言说那些能够言说的部分。当然这里或也涉及一个思维经济型问题，即西方人在科学研究中所熟知的"奥克姆剃刀原理"：在科学研究的过程中，如与逻辑主线没有密切关联的琐碎事项，应尽可能将之忽略，因为"若无必要，勿增实体"。因为，前文中我们以一种粗略但逻辑的方式，最大限度地接近这几座建筑之可能的历史样貌，因而，即使我们将屋顶举折比例、屋顶出檐长度、阑额制度、斗拱形

式、门窗形式都具体而微地加以论证，又能够对这几座建筑物的历史真实性增加多少呢？[1]

马延辉认为，《仪礼》复原研究，无论是宫室，还是衣服、器物等，自然也是遵守这种"粗略但逻辑"的思路。虽然在拍摄视频乃至不同礼器的示意图上，尽可能还原了每一处细节，包括建筑门窗、斗拱形制等。很多甚至无法找到先秦时期的遗迹，只能从现存的建筑实体中找年代最古的，但这些只是为了让这些呈现给世人的结果更完整，看起来更具体。放到学术研究的具体环境下，复原的最终目的也是为礼学研究服务，并不会将注意力放在一些细枝末节的事情上。《仪礼》中所描述的各种行礼过程都是在特定的空间中展开的，要理解这些行礼过程背后的意义，需要先了解《仪礼》所设计的这些礼是如何在这个空间中开展开来的。课题组的几篇论文看上去关注的是建筑的细节，实则是要解决文献记载中行礼时周遭环境的变化而发现的问题。至于门窗的形制、斗拱的样貌，即便真的研究出来，也不会增加多少《仪礼》宫室的真实性。这也是《仪礼》复原研究始终坚持的一点。

马延辉自揣虽然旁听了建筑学院的课程，但实在不敢说自己掌握了多少古建史方面的学识。不过，在建筑学院这段不寻常的学习过程，以及不寻常的《仪礼》复原研究工作，终究是突破自我探求未知的一次挑战。他很认同王贵祥老师在《消逝的辉煌》一书所说的，复原研究未必能真实再现那些消逝于历史的古代建筑，但研究的过程本身就是其价值之所在。马延辉与建筑学院的朋友交流，

---

[1] 王贵祥：《消逝的辉煌：部分见于史料记载的中国古代建筑复原研究》，北京，清华大学出版社，2017年，第34页。

发现他们要读的书，除了建筑学专业的文献，还有像《朱子语类》、冯友兰《中国哲学史》等人文学科方面的著作，可以说，古建史绝对是需要文理交叉的学科。当年梁启超先生（1873—1929）执教清华国学院，而任公之子梁思成先生（1901—1972）又创建清华建筑系，清华的这一对大师父子的学养成就，可以说是对"哲匠之门"最好的诠释。

一起拍视频,打磨出教材,研学结硕果

线上,线下

第六章 儒行

2016年11月7日，清华大学新闻与传播学院张小琴教授采访彭林老师：

张：您现在在做古代礼仪复原和当代礼仪重建的项目，那这个重建是按照周礼的要求来重建吗？

彭：不太可能，也没有必要。我讲的"三礼"中有一本叫《仪礼》，共十七篇，是中国两千多年前原汁原味的礼仪，但是对很多人来讲，没有必要花十年八年的时间去读这么一本书。所以，我们要做的，是利用现代的影像技术，把它做成一个大家一看就能了解的东西。

张：您想重建的东西是什么？

彭：是具有中国元素，但是又与时俱进的东西。在我看来，我们古代的东西都有非常好的人文内涵，要让这种内涵，根据我们今天社会的生活习惯延续下去，这样才能保持传统文化的生命力。如果五千年的文明放在博物馆、图书馆，那就是木乃伊，是死掉的；文化一定要在人的身上，而且一定要对人的生活起作用。

张：古礼复原，今礼重建，我看这个题目的时候，觉得它应该不只是您的一个研究项目，应该是您毕生的追求。

彭：我一生当中就做这一件事。

……

张：在您的有生之年，您觉得能看到礼仪在中国的发展状况吗？

彭：我只能说尽人事听天命。儒家就是这样，没有功利思想，该做什么做什么，能做到什么就做到什么，至于会有什么结果，这不是我能决定的。

张：您个人在中华礼仪的传承过程当中可能会起到什么作用？

彭：一个递接力棒的人。[1]

讲坛合影（右起：孟庆国、邱勇、彭林、张小琴）

（"人文清华讲坛"资料）

值得注意的是，清华团队的《仪礼》复原工作获得国家社科基金重大项目立项后，全国哲学社会科学工作办公室特别提出，礼是

---

[1] 张小琴、江舒远主编：《守望与思索：人文清华讲坛实录2016》，北京，清华大学出版社，2017年，第269—275页。

影响中国人生活样态的重要因素，是传统与现实的一大结合点，要求清华《仪礼》复原团队通过对礼学经典的研究，与当代社会现实相结合，承担起这项传统文化研究者责无旁贷的工作。课题评审专家强调课题的现实导向，期望本项研究能够探索传统文化现代化的新途径。[1] 可见人同此心，心同此理。

一、一起拍视频

清华团队想要为当代的礼仪文化建设提供一种可能的方案，其直观呈现就是拍摄礼仪宣传教育片。如果说，《仪礼》复原是扎实、严谨的考据工作，是对先秦礼制的学术还原，那么当代日常礼仪重建则是创新工作，是真正的古为今用、继往开来，为新时代国家礼乐制作提供参考。为此，课题组前前后后拍摄了多部礼仪规范片。

1. 小演员，大志愿

从2014年11月到2015年10月，是课题组课题立项后的起步和规划阶段，"当代日常礼仪重建"的相关研究和推广活动也还在摸索之中。2015年11月，彭老师开始尝试拍摄《小学生基本礼仪》视频，迈出了拍片子的第一步。研究助理李琳和赵媛媛负责落实这一方案。

毕业于中央民族大学哲学系的李琳是2014年5月加入团队的，她听过彭老师的讲座，读过《礼乐人生——成就你的君子风范》，

---

[1] 张欣怡：《"《仪礼》复原与当代日常礼仪重建研究"开题》，《光明日报》2015年2月9日，第16版。

跟随彭老师研习、推广礼乐，很投入。李琳工作认真负责，也很有主见和领导力，特别是撰写"《仪礼》复原与当代日常礼仪重建"课题投标书期间，她更是身兼数职，任劳任怨，兢兢业业。陈士银记得，有一天早上七点多，他去办公室取材料，刚开门就发现李琳已在办公室，面容疲倦，头发还没梳整好，未免感到诧异。一问才知，原来她昨晚独自加班至深夜，后来睡在了办公室那只狭窄的黑色沙发上。办公室没有枕头，也没有被子，陈士银问李琳是怎么休息的？李琳说，她就那么将就了一晚。这件事让陈士银非常感动，也由衷佩服李琳对待工作的认真负责。他说："如果没有复礼的情怀以及把事情做好的执念，很少有人会做出这样的举动。"后来这件事在礼学中心传了开来，大家都对李琳的敬业精神颇为敬佩。

赵媛媛 2014 年 10 月先到礼学中心办公室实习，2015 年 7 月从中山大学历史学系毕业后才正式加入。她的到来，也是受李琳的影响。她们曾经是某学堂读经夏令营《孟子》班的老师，是志同道合的读经好友。赵媛媛还参加了 2014 年 8 月在江苏沭阳的第三届礼乐文化研习班。李琳喜欢赵媛媛这位工作认真负责、态度严谨踏实的好同伴。经过李琳的推荐，赵媛媛进入礼学中心办公室。与此同时，来自天津中石化的韩冰雪也前来加盟。三人开始了共同学习、奋斗的读礼生涯。

要拍摄《小学生基本礼仪》，首先要寻找导演和摄像人员。博士后杨柳推荐了一个拍摄组，只有两人，但他们十分敬业。赵媛媛和李琳都没有拍摄现代礼仪片的经验，在拍完后才意识到选择一个专业的拍摄团队有多么重要。确定了摄制组，还要寻找小演员，赵媛媛和李琳首先想到了她们在礼射研习会认识的小学教师张杰利。张杰利是北京市红英小学的语文老师，也是礼学中心的一位志愿者。

她热爱传统文化，喜欢汉服和传统射箭。早些时间，她加入了清华礼射研习会，既学习传统射箭，又参与了在北京孔庙举行的《乡射礼》展演活动（他们笑称那是"《乡射礼》全球巡演第一场"），此后还多次参加礼学中心举行的礼乐推广、培训活动，从一名志愿者、爱好者，成长为一位礼学讲师。在礼射研习会，赵媛媛和李琳结识了张老师，并经张老师的介绍，到红英小学挑选小演员。那天的教室里充满了童真烂漫、放松愉悦的气息。依着几条形象气质标准凭着直觉和眼缘。第一次拍片子、第一次选演员的赵媛媛和李琳，选定了三位可爱的小演员，他们是王子升、王若卿、田潇冉，都是不到十岁的三年级小朋友。

三位小演员认真参加了两次礼仪培训，从零学起，努力学习并思考怎么在镜头面前表现正确的礼仪姿态，甚至要当"反面教材"，给大家演示失礼的状态。有时候一个动作需要拍摄很多遍，小演员也从不喊累，非常耐心地根据摄像师的要求反复做动作。两位小女孩端庄大方，在镜头面前可爱、自然，小男孩则活泼好动，把一些错误的礼仪动作做得让人忍俊不禁。有一次，摄像师让小男孩演示"跛立"的动作，这是一个反面的礼仪演示。小男孩不知道腿瘸的人到底应该怎么站，他实在没有这样的生活观察。摄像师也努力帮助小男孩想象腿瘸的姿态，小男孩根据摄像师的教导，做了不同的样子，似乎每一种都不太自然。赵媛媛等人也看得出小男孩有点累了，也有点紧张了。然而小男孩什么也没说，一直在按照要求努力做动作，让人很感动。拍摄团队也意识到对小孩过于严苛了，于是让他停下来休息、放松一下，摄像师又逗乐子把小男孩逗笑。休息一会儿后,他的状态也更自然、更放松了,最终顺利拍完此一片段。为了拍摄"餐饮礼仪"部分,一顿饭吃了两个多小时,可谓最漫长的午餐。在张杰利老师的沟通下,两位小学生的家长也成了"餐饮礼仪"部分的志愿者。为了拍摄礼仪,需要边吃边拍摄,有时候吃到一半还要停下来,重新演示,或调整机位,或调整动作。孩子们和他们的家长都很配合,他们的无私奉献,让人很是感动。

进入2016年,在彭老师的带领下,课题组开始设计《国民基本礼仪》教学片。李琳和赵媛媛继续承担起这项任务。一开始,她们构思了很多小情景剧,试图通过礼仪的正、误演示及旁白解说,向观众展示中华传统礼仪。她们多次向彭老师汇报想法,聆听老师的创意。与此同时,彭老师也在积极寻求合适的拍摄团队。

到了三月份,彭老师确定了与中央党校合作拍摄,赵媛媛和李琳在彭老师的指导启发下也逐渐设计出"敬、静、净、雅"国民基本礼仪拍摄方案。其实,她俩也没有太多经验,就是凭借自己的想象来设计剧情,再把设计好的剧情讲给彭老师听,彭老师边听边提出一些意见。在中央党校拍摄团队加入进来以后,他们从专业角度完善赵媛媛和李琳的剧本,又经过双方团队的多次开会讨论,最终确定于2016年4月6日、7日、9日进行拍摄。导演陈虎生、摄像冯毅和张志涛等人员均来自中央党校课程录制组。细心的人也许会发现,这个片子就有两个机位,也就是冯毅和张志涛的机位。

党校的拍摄团队给人留下了非常好的印象。他们表现出的耐心、负责、认真的工作态度也激励着李琳和赵媛媛这两位新手。个子高大的导演陈虎生,人很稳重,很有耐心。为了拍出满意的效果,让片子的效果更自然，他经常反复斟酌和设计演员的走位。赵媛媛回忆说："陈虎生导演真是一位好导演，很有耐心，也很愿意去倾听别人的意见。特别是我和李琳一些追求完美的想法，他从不觉得我俩的想法幼稚，而愿意尽可能地想办法去满足我们的期待。"摄像冯毅和张志涛也是精益求精的人。为了取得更好的镜头效果，很多时候他们手持摄像机进行拍摄，或者爬到梯子上、站到桌子上俯拍，或者蹲在地上拍。正是因为他们的敬业，成片才呈现出丰富多样的镜头效果。

　　当然，拍摄过程也有产生分歧的时候。李琳和赵媛媛都很认真，她们最清楚彭老师对片子的设想、规划和期待，最知道成片需要呈现出什么样的效果。所以，如果拍摄效果不理想，她们就会跟导演提出来。而党校拍摄团队也有他们的设想方案和专业判断，所以双方会产生分歧甚至辩论。赵媛媛回忆说："其实两边的人初次见面都很有好感的，大家也都很客气。后来随着拍摄的进展，大家在分歧中更加了解彼此。虽然有时候为了一个镜头或拍摄细节发生争辩，但两边都是对事不对人，拍摄间隙大家彼此仍旧很关心、照顾对方。最重要的是，事情最终是朝着最理想的方向发展的。我们在一次次交流中看到了对方的认真、负责、追求精益求精的态度。那几天其实挺累，从早上到傍晚收工，基本上都是站着的。但是导演、摄像等团队人员也从没喊过累，我真的被他们的敬业精神打动了。"摄制组先后在清华、党校、地铁站等多地取景拍摄，参与拍摄的演职人员有20余人。为了拍摄一组礼仪，赵媛媛和李琳还借用了高瑞杰的学生宿舍。高瑞杰的宿舍到处都是书，连床上都有一部分空间堆满了书籍，可谓书富半床。书虽多，宿舍却非常干净整洁，令人印象深刻。

一位在片中做群众演员的传统文化爱好者认为，这个片子特别有意义，希望在地铁车厢或者电视台定期播放。当时，姚刚得知礼学中心要拍片子，需要招募志愿者做群演，就安排了自己婚庆公司的两名员工来协助赵媛媛和李琳。这两位年轻的志愿者非常守时，做起事来很稳重。拍摄空服，他们还协助准备、搬运道具，为拍摄出主意，让人觉得很温暖。

5月6日，《国民基本礼仪》剪辑及后期制作最终完成，这部礼仪教育片曾向许多领导、访客、传统文化爱好者展示过，还受到了清华大学时任校长陈吉宁老师的称赞。他说，清华强调自己的科研成果和科研人才要有"社会能见度"，彭老师的礼仪教学片正是提升"社会能见度"的科研典范。

《国民基本礼仪》吸引大批观众

第二次拍摄是在2018年暑假。辽宁营口办书院的沈艺女士大力支持了这次拍摄。7月23日至8月1日，在彭老师的带领下，团队成员罗婷婷、马延辉、赵媛媛、韩冰雪、闫严、陈玫、解鑫宇等人赴营口明湖书院，开展了为期一周的礼仪视频拍摄及教材编写活动。承担拍摄任务的是赵媛媛和闫严，赵媛媛还是编剧。不过剧本更简单了，导演也用了更直接的表现方式。闫严配合赵媛媛，既充任道具调度人员，又协调服装、场地，真是后勤保障的全能手了。

  2017年初加入团队的闫严曾在印度留学，有较好的英语听说读写能力。她第一次来办公室接受彭老师面试时，赵媛媛和韩冰雪都在现场，看到她活泼灵动，反应能力很快，令人印象深刻。特别是她与彭老师相谈融洽，当场击掌约定这份工作，如此有趣的面试可以说是史无前例。其实面试现场并没有谈论工资待遇等问题，就这样因为特殊的缘分以及意气相合的性格而定下了这份工作。在营口的这次拍摄，她付出了相当多劳动。因为拍摄时间紧、任务重，一些道具并没有事先想到，更没有准备好，有时候摄制组还会临时加道具。在营口需要的全部道具，都是闫严想办法解决的。有时候她去找书院的沈总协调调借。热心的沈总大力支持，甚至还贡献出了自己的旗袍、拖鞋、会客室等场地供摄制组使用。有时候必须出去寻找、采购道具，在营口这个陌生的城市，她奔波了无数趟。

  于悦和陈焱，是这次拍摄的两位很关键的演员，两人都是"95后"。他们的老师昊丽娜是礼乐文化培训班上的学员，得知我们要拍摄礼仪宣传教育片之后，就向我们推荐了这两位气质不凡、举止庄重的学生。为什么他们很关键？因为他们的精彩表现使这部略显枯燥的礼仪片鲜活了起来、生动了起来。于悦和陈焱表现出的稳重、庄严，让人想不到他俩只是初学礼仪。他们非常聪慧，学得很快，礼仪举止也非常自然，再加上形象气质优秀，镜头下的礼仪演示得以顺利完成。

镜头下的"95后"

私底下，他们都还是充满孩子心的少男少女。于悦是个爱美的小姑娘，总能把举手投足间的礼仪动作做得非常好看。陈焱是个热爱运动的少年，喜欢练习空手翻，他恰好把礼仪动作的简练、干净、不拖泥带水的特点充分演示了出来。拍摄休息的时候，他们两位经常聊一些清华团队不太懂的话题，关于他们的同学、生活等。每每聊到开心之处，两个人就哈哈大笑。赵媛媛看到他们年轻又活泼的笑容，也感觉很开心，紧绷的神经会放松下来。

这次拍摄时间紧、任务重，全天都要投入拍摄。为了加快进度，有时晚上甚至要拍到很晚。白天拍摄也非常紧张，甚至中间没有休息。大部分礼仪是在一间有榻榻米的大房间拍摄，有时候导演讨论剧本，于悦和陈焱就干脆躺在榻榻米上小睡一会儿，等导演一叫到他们，又迅速打起精神进入拍摄状态。他们是在校学生，不是专业演员，但如此认真、敬业，让清华团队至今难忘。对所有参加者来说，那个暑假真是既忙碌,又充实。营口的空气非常清新、湿润,明湖书院也是古色古香、清新淡雅,随处飘扬着传统文化的气息,随手一拍就是中国风。

这部片子最后定名叫《中华基本礼仪》,还加上了中英双语字幕,被彭老师带到瑞士展映,收获一片好评。

后来影片需要重拍,负责拍摄的是罗婷婷。新版更加流畅、稳重,弥补了旧版的一些未尽之憾。

清华大学校史馆播放《校园礼仪》短片

传播和影响较广的视频是彭老师团队与清华附中合拍的《校园礼仪》,这也是《中华基本礼仪》的一个重要部分。关于这次拍摄,附中的师生留下了许多回忆文字。

1807班的曹依桐回忆说:"在学习中华传统礼仪之前,有很多礼仪都没有听说过,感到十分新奇。在拍摄中收获了许多知识和启示。我印象比较深刻的是走路姿势要端正这部分,这可以体现出一个人的精气神。我在其中扮演了一个反面角色,先是觉得有趣,但拍摄中也感悟到,当一个人走路垂头丧气含胸驼背,可能没有人愿意去接触吧。我认为这也是对我的提醒,无论何时都要充满精神的走路,遇到认识的人打招呼,别人才会觉得你有亲和力,才会愿意和你相处。"

1806班的沈敦临说:"这次拍摄都是在欢声笑语中进行的,为我三年的初中生活增添了浓墨重彩的一笔。从这里面学到的,绝不仅仅只是冰冷的文字说明,而是生活中的点点滴滴。虽说只拍摄了三天,但时至今日我仍然久久不能忘记。初次参加拍摄视频时的激动,将所学所闻用独特的方式展现给大家时的那种自豪感,常常萦绕在我的心中。"

1807班的刘玥佳在参与拍摄后,总结出了礼的定义,她说:"传统礼仪是我们中华民族的传统美德,是在历史长河之中,循序渐进凝结而成的'非物质文化遗产'。"看到这些感言,让人更加认同彭林老师团队的理念和实践。

遇见最美的"附中有礼"
——"附中有礼"拍摄感想

清华附中 C1807 肖聿琳

指导老师:王田 程苇航

七月,真的很神奇。《诗经》名篇以它为名,西湖盛景以它为最。多少学子因为毕业离别而伤感,又有多少孩童因为暑假到来而欢喜。而今年的七月,最是特别。因为我遇见了最美的"附中有礼"。

一、专业的力量

雨落敲窗,还好,只在屋外。耳畔,早不闻得雨声潺潺,不见了春意阑珊,只有夏日惊雷,同窗惊叹。"看那化妆包,工具好全!""这是发蜡,看我懂吧!""麻烦给我梳成她那样的,谢谢。"众人你一言我一语,叽叽喳喳,若闻鹊喜。那化妆师只是笑笑。那时来自专业的微笑。

片场，布置成二十人的教室。不知何时，屋里多了些人和机器，未曾见过的滑轨，自由伸缩的话筒，镜头高级得吓人的摄影机，还有装备齐全的化妆包……平日不常见。拍摄时更是有趣。话筒成了不入画面的举筒人；滑轨成了摄影机脚下的"仙云"；摄影机成了导演手中的法宝；化妆包成了化妆师手里的魔法棒。然而，所有一切有关演员却无关演中世界之物，皆不入画面。明明确确实实摆在屋里，在摄影机的画面中都是虚无。

在满屋专业仪器的"注视"下，紧张的心情竟有些淡，安心却浮上心头。那是来自专业的自信。吵闹的教室里，突然鸦雀无声，因为导演发了话，那是来自专业的威严。困惑的面容上，却现轻松一笑，因为指导出了声，那是来自专业的力量。

二、小事情

001

几个女生扎堆儿聚在化妆包周围，围着小姐姐问东问西。有个人自嘲着笑道："真是……好没见过世面的样子喔。"又在众人停顿的询问与犹豫的动作间，无所谓地耸耸肩："可那又有什么关系呢？"众人都轻轻地笑了起来，继续她们的探索之旅。

002

中午，我回了趟班，就把书包放到了自己位置上。之后，便稀里糊涂地跑到食堂吃饭集合去了。两板药片，就静静地躺在我的书包里——我把它们忘了。当我吃完饭想起这档子事儿的时候，只好匆匆忙忙地回去拿药。谁知，刚走出食堂门，雨便自空中飘来。更囧的是，当我灰头土脸地推开教室的门，却异常安静。我这时才发现，已经上课了！就这样，我灰溜溜地拿了药，在众人奇怪的目光中离去。

跪求墨菲定律破解法！在线等，挺急的！

003

下午的戏份，也是在食堂进行拍摄。其中有一幕，是有一个插队的和后面排队的人发生争执。我和小田都是群演里的一员。可是很快，我们就发现不对了，那个插队的人完全没有"我就是不讲理"的嚣张劲儿，还妄想笑场！我和小田堪称是俩戏精，照着剧本就开始演。用我们的话来说，是非常现实地还原了"人物原型"。

我们不是渴求小金人儿，只是趁闲作乐罢了。

004

拍摄第二天早上，我们拍摄校门口的一个场景，正好借用早上来上学的同学们当群演。我和我们班的一个大个子演"水木行动"的同学，就是站在校门口，向同学们微笑鞠躬问好。这个东西小学也有，那时叫值周。

一直以来，做这件事情的时候总有个习惯，对自己熟悉、本班的同学，要用极为热情、夸张的笑容，以及洪亮饱满的声音向Ta问好。如果那是班干部，直接叫成某某委员。然后看着Ta尴尬惊吓的表情走过去，就会感到快乐。

那个人事后聊到此事，多半也会是调侃，Ta自己也会想笑。大家都开心的事，何乐而不为呢？

005

校门口的场景拍完，就是校史馆的了。而在校史馆的戏份只需要我一个学生参演，也就是说，在这个时间中，其他人都可以去上课。

果不其然，在拍完时候，有人脆生生地问了一句："老师，我们可以去上课了吗？"只见老师大手一挥："去吧！"众人一窝蜂一样全跑了。

老师摇着头嘀咕："现在的孩子都这么热爱学习吗？"

我哭笑不得：这两天讲卷子啊。

006

一天过后，就是庆功宴了。庆祝的，是校园部分杀青，还有一部分是在小雪家里拍的。庆功宴，程老师出手特别阔绰，叫了好几个大比萨吃到饱！餐具什么的也完全不用担心——自家学校的食堂还是很美好的。

很有意思的是，女同志们战斗力极强，两位男士坐在桌角，用幽怨的小眼神看着那边，还撇嘴：大不了不吃！可最终还是向送过去的薯条等食物伸出了小手。

007

庆功宴上有很多值得讲一讲的。比如我们发现了宝藏摄影师——小田！那拍出来的照片全是大片好吗！

我们拿着塑料奶茶杯，里面装着五颜六色的饮料，包括白水，然后模仿网红将杯子凑在一起，拍照。其实，凭我们的布景和道具，拍不出网红那种大片的效果，但看着那张简陋的照片，我们心里依旧美滋滋的。因为我们一同饮下的，是一份友谊的见证。二三十人几天的辛苦与欢笑，全都化作那一声真挚的"干杯"，伴着笑容，被永远画在心上。

《附中有礼》这个剧组，活动的时间并不长，这个集体也没有听起来那么高大上，它很平凡，但它却包容着一双双探索的眼睛，一颗颗有趣的心灵，一段段温暖的回忆。

三、乐在其中

校史馆里很安静，因为没有空调的吟唱声，只有头顶的吊扇有一搭没一搭地转着。这闷热使我昏昏欲睡。突然，牙间的刺痛却使我清醒了许多。随之而来的便是疼痛上头。我翻了翻书包，发现了什么，气愤地嘀咕着："止疼片、消炎药全都没带，怎么不把自己也扔家里！"

可是再怎么抱怨也没用。无奈，我只好认真看看剧本，希望待会拍的时候效率高些。

看着看着，就读出了声。读着读着，就有了惊喜——似乎，没有那么疼了！这时，天真的我以为是转移注意力成功，其实不是这样的。

我非常专注地参与到了拍摄中。不管是拍前准备时，还是排练时，抑或是正式开机时。我感觉，自己就是在对来校史馆的老师（游客）讲解校史，同时，介绍着中华传统服饰与礼仪。一切都是那么自然，那么舒畅。我喜欢这种感觉。喜欢这种投入身心的专注，喜欢这种追求极致的状态。我觉得很快乐。

杀青之后，有人问我觉得累吗。我答：累，又不累。我是很诚实地在回答这个问题。说不累，那绝对是在骗人。刚拔完牙，发了烧，在片场一演就是一天，能不累嘛。但是，我感到了快乐，这就够了。我想，这应该就是所谓的"乐在其中"吧！

在校史馆门口宣传拉人，很孤独，也有点尴尬。可是，也在那里的学长说话很有趣，听过之后就没有烦恼了；家长们赞许的眼光很温暖，看过之后就没有胆怯了。

等待主演调整好状态，群演真的有些无聊。可是两个戏精对起戏，就很有看头；几个人围一圈玩诗词接龙，更有意思。当别人带着挑衅的语气大喊某某out，你却接上一句惊艳四座的诗词，然后看着Ta瞪着眼接不上来，最后大家都相视一笑……

当你做过，并经历了这些，便不再会觉得累。

因为，你乐在其中了。

四、结语

为期两天的拍摄，很快就结束了。这短暂的光阴，只是时间洪流里乍起的一滴小水花。但这转瞬即逝的美好，如流星般，虽已成过往，但曾炫彩，曾夺目，曾感人。这份记忆，会被永远封存在心里。

因为"附中有礼"，我第一次遇见了"乐在其中"这份美好。

附中有礼，有的不仅仅是礼，还有理。

或许，生活的魅力恰在于此。只有乐在其中，才能乐与其存。

谢谢，遇见了最美的"附中有礼"。

除了日常礼容的拍摄，中心团队还拍摄了笄礼。笄礼是我国周代女子的成人礼，行过笄礼的女子方可参与各种礼仪活动，人们也会以成年人的标准来要求她。笄礼通常由亲属中声望较高的女性长辈主持。通过加笄、易服、醴笄者、取字等环节，以隆重仪式提醒女子从孩童到成年人的身份转变，进而能够担当应有的家庭及社会责任。笄礼每个环节都饱含家庭及社会对女子的谆谆教诲和殷切期盼，也体现了中华文化独特的精神内涵以及东方女性娴雅庄正的气质风韵。

2019年3月6日，清华团队受邀参加在北京举行的2019国际妇女节中外妇女联谊会，来自安哥拉、吉尔吉斯斯坦、埃及、格鲁吉亚、古巴等63个国家驻华女大使、驻华大使夫人、驻华使馆外交官及外交官夫人，与北京市相关女领导、相关单位及人民团体、各民主党派代表齐聚北京国际饭店，共同庆祝第109个国际妇女节，这项活动是北京市人民政府外事办的一项重大活动。活动中，清华团队为到场嘉宾表演了中国传统女子成夫礼——笄礼，将女子成人礼的礼仪风范展示给观众，让礼乐文明之花绽放在了国际舞台。一位与会嘉宾说道："这样独具魅力的东方女子成人礼刷新了我对中华文明的认知，加笄女子是如此安静、庄重、典雅。两千多年前的中国女子以这种方式进入社会,我们在这里进行了一场穿越时空的交流。对我来说,这场展演是献给本届妇女节最好的礼物。"

"周代女子笄礼"亮相 2019 国际妇女节

对墓祭礼的复原和增损制定,也是团队的一项重要推广成果。姚刚等人为此忙前忙后。2019 年 4 月 4 日,中心团队在微信平台发布《墓祭礼》视频,片长九分钟,分为墓祭前准备和墓祭两大部分。墓祭前日,家人一起准备祭器。当晚饮食清淡,沐浴换装,以表恭敬。墓祭由扫墓、陈设、参拜、三献、辞神、撤馔六个环节组成,每一个环节都体现了中国人"事死如事生,事亡如事存"的传统观念。通过身体力行地完成这些仪程,来表达对亲人的哀思和追忆。关于墓祭礼的形成,彭老师说:

> 墓祭是中国丧葬文化重要的组成部分,也是孝文化的具体表现。《吴越春秋》中提到上古之时,人去世后,遗体抛于荒野,多为禽兽所食,场面让人难以接受。后来人们将逝者遗体埋在土中,入土为安。最初的墓地是平的,

并无隆起的坟头。挖一个竖穴墓把遗体放进去，然后掩埋踏平，无任何标记，这叫"墓而不坟"。孔子由于长年在外，担心记不清父母墓地位置。于是他在父母墓地上方起了一堆土，也就是我们说的坟。其他人纷纷效仿，开始在墓地上建坟，再后来有人在墓地祭祀亲人，慢慢形成一种习俗。经过儒家规范，成为制度，也就是《家礼》中记载的"墓祭礼"。

短片展示的墓祭礼是基于《朱子家礼》所载墓祭仪程，并结合当代生活方式进行增损制定而成。其意义在于通过祭拜来追忆亲人、寄托哀思、缅怀先祖、教育后人。如《论语·学而篇》引曾子云："慎终追远，民德归厚矣。"

随着国家对传统文化的重视，传统节日蕴藏的中华民族特有的精神和文化内涵也被越来越多的人所认知、接受、传承。眼下弘扬孝道之风正兴，在清明节期间，很多人回乡祭拜亲人、追思先祖。大众也就期盼着一种庄严、端重、合乎传统的墓祭礼，可以用于清明时节祭拜亲人。礼者时为大。《墓祭礼》短片的问世，希望能为祭扫的人们提供一定参考和帮助。此一礼仪复原成果，适可为学礼以致用的人文精神，提供一个注脚。

祭祖，拜的是什么？

——记一段马来西亚华人关于祭祖的家常闲聊

陈立瑜

马来西亚传统华人家里一般安有祖先牌位，每日早晚上香。在祖先的忌日及一年中特别的节日(一般为年除夕、端午、中秋、冬至)摆上一桌的供品祭祖。祭祖当天,通常一大早开始准备祭品,内容包括鸡鸭鱼肉、瓜果蔬食等。祭品摆好后,主祭者点香迎请祖先来享用祭品,主祭的人通常会念辞:"某某(称呼祭拜对象),今天是某某日子,我带着某某(如妻子、儿子媳妇、孙子)来请你吃饭,请过来享用吧。"就像祖先真的会过来吃一样,整个仪式就像在侍奉祖先进餐。犹记得,小时候爷爷祭拜他的母亲时,还会和我们提起曾祖母生前的各种行为事迹,幼小的我的脑海里便会想象曾祖母的形象,仿佛在祭拜的过程中见到了她一般。

1.笔者老家祭祖时的情景(照片深处是家里的神台,下方是五方土地的神主、上方右侧是家里所祭拜的主神、

上方左侧则是神主牌位,分别写上了爷爷的父母亲、祖父母、曾祖父母的名字及忌日,这在马来西亚华人家里也属比较少见的。现在比较常见到的是简单地写上"某门历代祖先神位"字样,而没有清楚记录祖先的名讳;有些家里则是会加上考妣的名讳。但也很少见像我家这样把以上几代也写下的。照片正前方是我们准备的祭品,以及备上碗筷茶水、椅子,就像宴客一样。)

2. 不同人家里准备的祭品及摆放的方式有所不同,不过基本的品类大致都有。

这样的感觉可能存在于很多人的心里。然而随着年龄的增长,见识的增多,接触了各种多元的观念,对祭拜仪式反而有更多的疑惑。因为祖先是否来吃谁也说不准,也看不到,对这样的状态非常疑惑。很多人发出了不知道自已为什么要祭祖、不知道自己拜祭的是什么、为何而拜的感叹。

去年春节我在家，刚好碰上几位亲戚来访，他们与爷爷奶奶的一段关于祭祖的对话发人深省，兹录于此供诸家共思：

来访的亲戚是我爷爷（84岁）的堂妹的俩女儿（按照《仪礼·丧服》的称呼，她们是我的"族姑"，我们是同一个高祖的关系。）及她们的丈夫（年龄约60岁左右），他们和爷爷的关系的维持几乎就是每年这个时候过来家里坐坐，聊天的内容无外家常。他们闲聊中谈起了我们家隔壁，我爷爷的妹妹家的祭祖情况。爷爷的妹妹及妹夫早已不在世，目前住在祖屋的只有他们的大女儿（我平时都叫她大姑姑，今年70岁了），因为是长女，且孤身，又住在祖屋，所以自然而然地承担起了备办的责任。而对话的开端是有位族姑（代号A）问起，大姑姑负责煮，那"其他人有回来拜吗？"我奶奶回答说："有啊，除夕有回来。"

这个问题背后潜含的意思是：爷爷的妹妹有两个儿子，照理应该由儿子来负责，但大儿子很早就搬出去外头住了。小儿子虽然早年在祖屋，但小儿媳妇是信仰基督教的，嫁入后从不参与祭拜及其准备工作。爷爷的妹妹去世后，两个儿子各自在家立了父母的神主牌位，平时该祭拜的都有祭拜，然而就很少再回到祖屋祭拜"列祖列宗"了。发问者问出这个问题，实际上意识到了父亲之上还有父亲的父亲、父亲的祖父等，也应该被记得；发问者关心爷爷的妹妹妹夫及他们生前所关心的祭祀对象，即列祖列宗，有没有被后人祭祀。想到以后如果大姑姑不在了,谁来弄这些?他们家明明还有男丁,是有所传承的,却也落得似没人祭祀般的落寞,由此而以问题的形式感叹。

然而,虽然心里有这样的潜在的意识,莫名地觉得有些悲哀。但在学识层面她们却不明了其所以然,谈不清楚这种意识的源头及为何会觉得悲哀。

顺着这个感叹,爷爷的族姑父接话,也算是安慰,也算是把话题岔开。他说:"哎呀,现在的人没这么信了啦,就是拜个意思而已。老祖宗(中国那里带过来的),传下来,现在就是做个意思而已。"他的意思是,不用这么在意究竟谁来拜祭、有没有拜祭,反正就是一个形式。这个说法一方面依据的是传统,即祭祖是老祖宗当初南来时带过来的做法,无论我们背后相信的是怎样的观念,祭祖这样的形式本身我们照着做就是对的。然而另一方面,这个说法潜在的对话对象是"祖先会回来吃"的说法或者是信念,即他觉得拜的是什么、拜的是谁已经不重要了,有拜就可以了。不过,他们对"祖先会回来吃"的理解是建立在"灵魂"观念的基础上,即有这么一个实在的东西叫"灵魂"的,虽然看不见,但是是存在的,祭拜的时候这个实体会回来。因此,族姑父所指的信不信,其实指向的是"有灵魂会回来吃"的说法。

话题进一步聚焦在"灵魂"的讨论上。族姑A接话:"是咯,如果真的有灵魂来吃,看你还敢拜吗?"这句话说出来带有一种调侃的意味,在场的人听后都不觉笑出声。因为确实如果真的有这么一个实在的"灵魂"出现,我们都不会敢去祭拜,早都被吓跑了。作为反驳"有灵魂会回来吃"的说法，这句话提供了很具象的证据，因为确实没有看得见的灵魂来吃。另一位族姑（代号B）再顺着说："是咯，现在的人也没这么信灵魂了。"这句话其实是混淆了"灵魂"和"祖先"的概念，她所说的"灵魂"其实不是另一位族姑所指的具象的灵魂，而是指相信祖先会回来吃这样一个状态。承接灵魂观念这个话题，我信仰"一贯道"（流行于马来西亚、新加坡等地华人群体的宗教信仰，以王母娘娘为主神，主张信徒要吃素净口修身，从而赎罪，由此死后才能到西方极乐世界。）的奶奶也加入对话，她说："过了奈何桥就去另外一边了。"这个说法相当于给了一个解释祖先不会回来的道理。其实在场只有我奶奶接受这样的观念，她说出这个观点时在场的其他人都愣了一下。族姑B随即提出另一种说法："还有人说，拜到一半的时候，有一只飞蛾飞进来，很玄，好像就是祖先有回来一样。"提供了一个祖先可能回来的想象空间。此外，她用了"祖先"这个词，可见在她的观念里祖先和灵魂还是不太一样的。其实也道出了祭拜的时候，拜的人其实知道不会真的有"灵魂"这个实体来吃，但是心里还是会抱着"祖先会回来吃"的念想进行祭拜。我们可以怎么理解这样的状态和行为呢？

我接受钱穆先生的观点，认为可以将鬼神区分为人心中的鬼神和人心外的鬼神，以上对话讨论的"灵魂"，其实大家谁也说不清楚究竟存不存在，这是人心外的鬼神。而想着"祖先"，更具体一些——想着自己亡逝的亲人，这即是人心中的鬼神。孔子所谓的"祭神如神在，我不与祭，如不祭"便是以这样的背景为前提来说的。如果祭拜的人心里没有想着被祭拜的对象，他所祭拜的这个对象便是不在的。只有祭拜的人心里想着被祭祀的对象，这个对象的神才会存在。因此，被祭祀对象的存在与否，其实全在于祭祀者的心。祭祀时，祭祀者的状态很重要。只有在相信被祭祀者可能回来的状态下，才会尽心准备祭祀所需的东西，把祭礼当成是真实地侍奉和招待。如果心里不信，便会心生疑惑，从我观察到的情况来看，这样的疑惑表现在行为上就是把祭祖仪式当成是配合家里人的一项活动，像走流程一样地完成祭祖仪式。此外，因为这样的疑惑状态，导致的是个人心里非常矛盾和难受。因为不知道自己做的这件事的意义，而去做，就是强迫。做出来就是没有"心"，这样的没有心，往往最让人感到悲伤。

仔细玩味这几个对话，对于可能无人祭拜以及现在的人不信"灵魂"的感叹，实本于此。因为不信，所以没有"心"，被祭祀的对象即不存在于心里，而不存在，由此而觉得可悲。我们再进一步探究，为什么不存在就悲哀呢？背后更深层的是对人生意义的理解。这个意义在于，"我"是活在人群中，"须得有了人始有我，我须得在人中称我。"（钱穆《灵魂与心》语）我们不是石头里蹦出来的，而是父母生出来的，而成长过程中需要别人养育才能长大，整个过程中都须和其他人搭配才能成人。可以说我们从人中生，亦死于人中。对于父母来说，只有在孩子面前，他们才是父母；对于祖先来说，只有在子孙那里，他们才是祖先。前者只有在后者那里，才具有意义，如果没有后者，那么前者也就不存在了。而对于孩子而言,如果没有父母、没有亲人,那也相当于没有了人生的归宿。这个有或没有不在于实际的存殁,而是心理层面的有无,关键在于自己的心怎么动念。这实是揪出了儒家祭礼的核心内涵,即如钱穆先生所分析的:祭祀只是尽人道。

2. 文化廊的创意艺术

就在差不多同时间里,李洛旻在香港也投入到礼仪宣传推广片的制作中,不过他们不是真人拍摄,而是研发制作生动可爱的动画片。这项名为"中华礼仪动画化"的计划,要从2018年彭老师应邀到香港演讲开始说起。当年10月,彭老师应香港公开大学(2021年9月改名"香港都会大学")田家炳中华文化中心之邀,赴港主持"文化廊",播映并讲解《仪礼》复原短片,当时云集了香港众多顶尖学者如单周尧教授、张双庆教授、李雄溪教授、郭鹏飞教授、潘铭基教授、张锦少教授、梁德华博士等。在香港的这次盛会,直接促成了"中华礼仪动画化"的合作计划。

清华的"《仪礼》复原"是以虚拟实境与真人配合拍摄的,利用了最新的多媒体技术复原古礼。彭老师在公大介绍复原成果,反应甚佳,听众均大为惊叹。"文化廊"的主办方香港公开大学田家炳中华文化中心主任梁慕灵博士同时是该校创意艺术系系主任,在听毕彭老师演讲后大受启发,认为利用影像复原的方式传扬中华文化,能够打破公众对传统的刻板印象。年轻学生着重创意和突破,若能邀请他们参礼仪影像的重制,并注入创意,不但更有利于向不同年龄层的推广，还能借此使得青年人深入了解中华礼仪，是学习传统文化的绝佳方式。梁主任由此提议将"仪礼复原"的成果动画化，推荐动画及视觉艺术学系资深动画导师及优秀学生参与，并托当时任职于香港中文大学的李洛旻博士将动画化计划向彭老师转达。李洛旻回忆道："当时，彭老师正在香港中环岭南会所与单周尧教授及其一众弟子聚餐，酒馔俱列，主宾欢娱。作为晚宴'赞者'的我不敢贸然打扰，只是私下默默构思了一些想法。晚宴结束后，我陪伴彭老师回到宾馆休息，才将梁博士的礼仪动画化计划禀告。彭老师听后表现得十分欣喜，说了声'好！'于是，我徐徐地将我对动画化的构想，向彭老师逐一说明，比如由什么礼仪做起、每年的进度如何、如何作为'仪礼复原'的延伸工作、成品的发布途径等。彭老师边听边微笑点头，并语带期待地对我说'你赶紧去办！'"这场师徒对话之后，香港公开大学"中华礼仪动画化"计划正式开展。透过此计划，清华"《仪礼》复原"的工作亦以不同的形式及风格继续进行着。李洛旻负承师命，在港向参与计划的同学解说古礼，成为沟通两地仪礼复原与推广的使者。

"中华礼仪动画化"计划成员在讨论（左一李洛旻，左二麦盛丰）

这是一项艰巨的挑战。香港公开大学"中华礼仪动画化计划"正式开展后，梁慕灵主任找来系内资深动画导师麦盛丰先生指导。麦老师是香港当代年轻艺术家，作品以动画及录像为主，参与多个国际展览并获奖无数，尤其擅长中国水墨动画制作，是指导礼仪动画的最佳人选。他在学生中精挑细选，拣出学系最优秀的十一位学生参与。

将传统翻出新意是老调，但要在复原与创作之间取得平衡，而不落俗套，引人入胜，其中深浅之拿捏，极费思量。当时李洛旻博士感觉，自学礼以来，点读汉唐注疏、同门会读、草撰礼学考证文章，一切都在经学或礼学的学术语境下进行。要理解古礼，大抵需要一定程度阅读礼学经典的基础。现在，他要将韩愈称之"难读"、古今学者望而生畏的《仪礼》篇章向本科同学讲解。同学们还要在此基础上融会贯通，构思完整的动画故事。这对于李洛旻和同学们而言，都不是一件容易的事。

首先是选题。《仪礼》有十七篇，包括了先秦时期冠、婚、丧、祭、射、饮、朝、聘诸多典礼，各篇所记或多或少都能与现代生活联系起来。在汉代，学者都很重视《仪礼》，把《仪礼》奉之为礼经。汉儒有一种流行的说法，就是"礼本冠昏"。所谓"礼本冠昏"就是礼以冠礼和昏礼为本。所以当时流传的几种《仪礼》版本，各自编次虽互有差异，唯独皆以冠礼、婚礼为始。《仪礼》以《士冠礼》《士昏礼》为首，与《诗经》的首篇《关雎》、《易》的首两卦《乾》《坤》等，在汉儒眼中都有着特别意义。冠礼是成人礼，代表父子家室的继代。婚礼和合阴阳，包含宗庙的传承，意义重大。再者，参与动画制作的同学最为切身者，当非冠、昏二礼莫属。"二十曰弱冠"，本科同学大多是20岁左右，正值弱冠之年，借此了解古代传统成人礼，实在是最适合不过。古者三十而婚，简单朴实，六礼俱备，承载宗庙传承及传统孝道。在现代人对浪漫童话式婚礼爱情的憧憬下，也值得认识一下古代婚礼的原况。事实上，同学对传统婚姻六礼、同牢合卺等礼仪也是颇感兴趣的。所以，这一期的《仪礼》动画就选了《士冠礼》和《士昏礼》两礼内容。礼书之中记载的《士冠礼》和《士昏礼》，有许多日常礼仪也通用于现代社会，值得介绍和推广。这些日常礼仪备载于《礼记》及其他古籍之中，在清华《仪礼》复原计划已有基本汇整。在此汇整的基础上，再加以增订为适合香港社会日常应用的礼仪数十则，让同学阅读一次。他们在各则日常礼仪中自行选取合适者，并以故事贯穿引介。

　　题目就这样定了，十一位学生，分为三组，制作《士冠礼》《士昏礼》和"日常礼仪"的动画。2019年3月，课题组召开了第一次工作会议，麦老师和大家定好5月要完成初稿，暑假集中绘画、上色、配音及后期加工，9月开学前就要完成。

　　题目定好之后，李洛旻就着手准备三则动画的资料，以向同学讲解。"日常礼仪"最易处理，在清华汇整的日常礼仪基础上，再作增订即成。至于《仪礼》两篇的动画制作，与清华的复原不同。清华的《仪礼》复原讲求学术性，整篇流程几乎全部拍摄，以复原整套仪节。动画的制作，一般以三至五分钟为一段完整故事，在向同学讲解的过程中，也不可能从头到尾将仪节逐项说明，只能选取礼典中最重要的几个环节，作为动画的重心。《士冠礼》以三加冠最为重要，《士昏礼》则以六礼、同牢而食、翌日见舅姑为重心。补充了一些服饰、器具等信息，同学就着手设计故事。经过反复磋商讨论，大家最终将三则拟制作的动画故事大纲、剧本、分镜和人物设计草图顺利完成。

　　《士冠礼》动画由许奕敏、陈子欣、焦韵乐和蔡欣桐四位同学合作绘制，她们都是创意艺术学系动画及视觉特效荣誉学士课程二年级生。故事以小学生为对象，剧情则利用了时下最流行的时空穿越元素，由课堂老师化身超人，带着小朋友主角回到周朝，亲身观摩周代的成人礼。这趟时空旅行，重点介绍《士冠礼》的筮日、三次加冠、三套冠服、字冠者、见父母兄弟等环节。参与同学挑战运用定格动画（Stop Motion）的技术制作。场景分为古代和现代，古代分镜利用偶动画（Puppet Animation），现代分镜则用了拼贴动画（Cutout Animation），两种截然不同的动画技术，呈现了穿越时空的视觉效果。为了准备拍摄，所有在动画中出现的人物、器具、建筑，都是由四位同学花了整个月的时间手造的，小至筮日用的蓍草、冠服上的佩玉，大至士庙宫室。李洛旻博士回忆道："在最初向她们讲解《士冠礼》时，我比较着重讲解重要仪节的流程，较略于宫室的结构，导致同学在制作的士庙场景模型时，有许多与礼书不符之处。我唯有'残酷地'跟她们说需要修改模型，并拿出礼图，逐个场景讲解各人的位置和面向、行走路线、器具陈设等。同学听完并了解宫室基本结构后，马上就把宫室拆掉重造，让我很是感动。"当时，为了迁就人偶的比例，士庙场景模型也必须做得比较大，一些宫室也因迁就拍摄角度而需要省略，如庙门两旁的东西塾、堂楹等。有见及此，基于《士冠礼》主要活动在东方的阼阶（东阶）之上，课题组决定只制作士庙的"半边"，以及一个能够活动的墙壁、大门，和可以拆卸的屋顶。这样，一个模型就可以变身成为庙门、阼阶上和东房三个场景了。

《士冠礼》动画道具制作

　　《士昏礼》动画由何汉森、黄靖怡、彭智勇及曹懿心四位同学负责，他们也是创意艺术学系动画及视觉特效荣誉学士课程二年级生。四位同学在研读《士昏礼》有关资料后，设计了两个版本的故事，并绘制了分镜草图。第一个设计带有传统文艺风，讲述一对夫妇从相遇到婚姻的过程，更参考了《诗经》中许多与爱情相关的作品，述说周代的爱情故事。另一设计，则是以谐趣动画风格配上旁白介绍，将《士昏礼》的重要仪节分别讲解。与第一个版本不同，这个设计可以加插不少谐笑元素，同时能够详尽地介绍礼仪。在讨论后，李洛旻决定采用旁白介绍的方案。这组同学采用的是二维动画的方式，需要把角色和剧本设计得十分精准。为了绘画角色时更仔细，李洛旻便将清华《仪礼》复原时重制的服饰图给同学作参考。同学仔细研究了服饰图，把衣饰的各种部件都弄清楚后，就着手绘制角色草图。

　　至于《士昏礼》故事，剧本经过多次来回修改，最终以现代婚礼与周代婚礼的分别为引子，带出古婚礼的庄严简朴。再透过男家使者的奔劳往返，介绍纳采、问名、纳吉、纳征、请期、亲迎等礼节。翌日妇见舅姑一节具有成妇之义，所以也放到动画最后部分。整套动画重点放在亲迎一节。亲迎日，男女皆会换上"摄盛"之服，意思是由于婚礼为人生大事，可以穿着比平常更隆重的服装。同学就利用了"变身"的方式，替新郎及新妇换上盛服，从而介绍"爵弁服"和"纁边玄衣"，令整套动画吸引力大增。

新婿和新妇的"变身"动画

"日常礼仪"动画由余乔欣、余慧欣及谢敏恩三位同学负责。剧本故事围绕一名小学三年级的女学生小玲，讲述小玲在生活上学习礼仪的故事。小玲原来是一名没有礼貌的女孩，身边的同学都讨厌她。有一天，挂在小玲书包上的古装公主饰物突然化身成精灵，教导她日常应注重的各种礼仪，最后小玲成为班上的礼仪大使。由于此则日常礼仪动画的对象为小学生，故事场景亦主要以学校及与同学交流为主。整则动画首先以精灵告诫小玲不得插队为引子，介绍古装礼仪及日常礼仪，借此切入讲述更多记载在《礼记》中的礼仪。在课堂上，小玲学习《礼记·曲礼上》"请业则起，请益则起"，并透过精灵公主的引导，了解到发问时必须起立。

起立，在古代礼仪中是一个极其重要的元素。《仪礼》中每逢表达尊敬、庄重，原本坐着都必须站起来。假若对方为自己做事，自己也不敢在位安座，需要站起来"凝立"。事实上，我们在外国听演奏会，演奏者表现出色，听众也会起立鼓掌以示尊敬。起立示敬，本为人之常情。礼缘人情而作，这种元素在中华礼仪中，尤其突出，并且贯穿在日常生活中。这则动画虽然只涉及了三则日常礼仪，但却触及了中华传统礼仪在应用上的重要课题，在推广及放映时，很适合据此作延伸讲解。

第一期"中华礼仪动画化计划"，课题组总共制作了《士冠礼》《士昏礼》及"日常礼仪"三则动画。2019年8月中旬，三组动画的主要内容已完成，同学开始后期动画的线条调整、字幕、配乐和配音工作。针对动画配音，麦老师特意请来创意艺术系专门负责配音的赖皓彦老师帮忙，与同学合作分别饰演多个角色。在专业配音师的引导下，同学得以完成作品。这一期的动画制作，由于是以中小学生为对象，立即引来了《星岛日报》校园版编辑的兴趣，相约对整个礼仪动画制作团队进行专访。《星岛日报》的报道分为中学版和小学版，中学版以"古代礼仪，动画活化"为主题，小学版则以"看动画，学礼仪"为题，分别介绍了《仪礼》《礼记》以及《士冠礼》《士昏礼》的基本内容及同学制作的动画成品，同时借此带出礼在现代社会日常生活的重要性。《星岛日报》校园版在2019年10月出版，并派发到全香港的中学和小学，供师生免费阅读。从前为人束诸高阁、望而生畏的礼经，借着清华"《仪礼》复原"成果、香港公开大学礼仪动画及中小学报章报道，一步一步成功向青少年宣扬和引介。对于传统礼仪推广，绝对是一种莫大的推动力。

《星岛日报》报道礼仪动画制作经过

动画首播后，2019年9月，香港公开大学中文系的唐梓彬博士，邀请李洛旻博士为硕士班讲课，题目是"《三礼》与文献学"。李洛旻博士想借此机会播映三则礼仪动画，并邀请绘制的同学来介绍一下。播放完毕，李洛旻博士向在座百多位硕士班学生说："这就是最古老的礼书《仪礼》所记载的周代礼典。从前的人很怕读这部书，是因为它的文字很艰深。假若将之变成影像，甚至绘成动画故事，还是简明而有趣的。"诸生听毕，皆恍然大悟，立即就认识了《仪礼》这部礼学经典。李洛旻博士一直认为，中国是礼仪之邦，而这并不是指我们仅仅注重礼貌，而是意在表明中华文化的方方面面都与礼相附，礼乐与人生、社会、政治密不可分。假如我们对中华礼学的源头不好好认识，又谈何是礼仪之邦？然而，要让所有人都逐篇去读《仪礼》太费劲，可能性也不大。事实证明，通过礼仪动画的播放，能让学生、大众在短时间内掌握传统礼仪的面貌。

彭老师虽然远在北京，但一直关心着香港仪礼动画的进展情况。2019年11月，彭老师到香港参加慈善家冯燊均老先生的丧礼。留港期间，李洛旻把最新版本的动画放给彭老师看。老师看毕十分满意，并且提议李洛旻带到北京的研讨会上播放，给全国学界做示范。12月9日，由清华大学中国经学研究院与北京中华文化促进会合办的"礼乐和鸣——中华礼乐文化传承学术前沿论坛"在京召开，李洛旻博士以《中华礼乐文化的教育与推广——以香港公开大学礼仪动画作品为例》为题演说，扼要地讲述了"中华礼仪动画化计划"的缘起、构思和制作过程，再放映三则礼仪动画作品。演讲结束后，现场观众反应十分热烈，期望团队能够尽快正式公开发布，推出更多的动画作品。会后，彭老师还建议道，这次做的《士冠礼》和《士昏礼》动画，是在清华《仪礼》复原真人拍摄的基础上制作的，未来可以拓展更多不同的礼学主题以及不同风格的作品，令整个复原计划更多元化，更具延展性。彭老师的建议，让未来的仪礼动画化计划有了更鲜明的方向。

回港后，第二期计划也开始如火如荼地展开，尝试将更多不同的形式、内容和风格的作品带入到礼仪动画制作中来。2020年5月，第二期"中华礼仪动画化计划"正式实施。课题组将会制作两则动画和一本绘本。两则动画分别为《乡射礼》和《日常礼仪（二）》，继续由麦盛丰老师负责指导。麦老师招募了七位学生，分别来自动画及视觉特效课程的一年级和二年级学生。至于新增的礼仪绘本，主题为"周代饮食礼仪"，梁博士邀请系内绘画导师袁耀萍老师指导。袁老师是一位资历非常丰富的画家，曾参与多部好莱坞级电影及著名游戏品牌的艺术设计，获奖无数。她找来了四位同学加入这次绘本制作，其中有两位在去年参与过《士冠礼》人偶动画的制作。

李洛旻在与同学讨论的过程中，涉及不少学术问题。有同学希望在燕礼中画上跳舞的场景，便询问他燕礼舞服的样式。事实上，《仪礼·燕礼》本经没有记载舞蹈，但在附经的《记》中却说："若舞，则《勺》。"短短四字，虽然证明了燕礼可有舞蹈，却带出了一大堆问题。例如《勺》究竟是诗名还是舞名？若是舞，则舞生是何爵位？燕礼舞《勺》是文舞还是武舞？服饰舞具又是如何？

李洛旻在课堂讲授礼仪动画

在查考了一番资料后，李洛旻认为《勺》是文舞（《公羊传》和贾公彦疏主张是武舞，理据却不充分）。那文舞应该穿什么服饰呢？《礼记·明堂位》有明文记载舞文舞《大夏》时穿着"皮弁、素积"，似乎文舞都应穿着皮弁服。但是，《勺》为《周颂》，乃周公制礼作乐所作之乐曲，而皮弁是三王之服，是很重的服装。若在燕礼上穿上三王的皮弁而舞，或许是过于隆重了，感觉不太对。随后，李洛旻向彭门中以礼服研究见长的罗婷婷请教，她也认为皮弁之于燕礼太重，最后决定舞《勺》之服为朝服，执管旄翟羽而舞。

在准备资料过程中，李洛旻还体会到礼书中的"馂"礼（即进食余食之礼），贯穿了日常饮食、礼食和祭祀鬼神的飨食，是古代饮食文化中很值得注意的一环，象征着先祖有德与后人受福受惠，体现尊卑、仁德和孝养之道，具有很深的礼学意涵。认识馂礼，有助于理解古代饮馔礼仪的精神。课题组遂把祭礼的馂礼也纳入了绘本介绍项目之中。可惜研究此礼者甚少，李洛旻自己着手对礼书中的馂礼进行了全盘考察，花了将近一个月的时间，将馂礼相关问题大体梳理清晰，供同学绘画时参考，同时也为学界相关研究补足资料。

作为清华《仪礼》复原项目的延伸，香港公开大学的"中华礼仪动画化计划"现已开展两期，制作了《士冠礼》《士昏礼》《乡射礼》《日常礼仪（一）（二）》及《周代饮食礼仪绘本》。这几则动画，是在彭老师及团队成员多年考证、复原、拍摄而奠定的基础上，融会香港公开大学同学的创意和想象，投入无数夜晚的奋斗方才诞生。虽然礼仪动画大多是走谐趣风格，内容却有着高度的学术性。每个分镜中的器具、服饰、面位都经过周密的考虑。因此，此计划成果甫一公布，便得到社会各界的广泛认可。李洛旻感觉，从他2012年拜入彭门学礼，参与《仪礼》复原计划，到后来任职香港公大创意艺术学系，把一切都暗中串连起来，冥冥定数，其庶几矣。

二、打磨出教材，研学结硕果

文化是民族的血脉，是人类的精神家园。2017年，中共中央办公厅、国务院办公厅印发《关于实施中华优秀传统文化传承发展工程的意见》指出，要将优秀传统文化教育贯穿国民教育始终。礼乐是儒家学说的核心思想，是谦谦君子追求的人生理念。中华优秀礼乐文化具有极强的品德养成与行为规范的特性，应当成为落实立德树人根本任务的重要载体。彭老师所带领的清华团队一直致力于礼学研究与传统礼仪教育，面向青少年推广传统礼仪教育并编写相关教材是其多年的努力方向之一。

1. 难度在复原之上

除了拍礼仪教育片，彭老师还带领团队完成了中小学生礼仪教材、国民礼仪各类手册的编写。值得称道的是，这些成果业已推广至体制内外的许多中小学校校园，其中最具特色的就是《小学礼乐文明》和《中学礼乐文明》等教材。

近百年来，礼教遭遇种种批判，一方面是因为近代文化激进思潮对于本民族固有文化传统，或盲目否定，或矫枉过正；另一方面则因礼教传统行之既久，难免会产生诸多异说邪见，不免有逐渐僵化之流弊。面对诸多责难与批判，治礼者首先宜返回礼经，体认其原初的、整全的礼乐精神。在此基础上，还需要凝练礼经学的精粹，重新面对当代日常生活，以实现礼乐重建与推广。小学生礼仪教材的编撰，正是返本而后开新的努力。这项工作，既需要宏观的义理省察，又讲究切近的细节落实，还需要照顾到诸多现实情况。这些，对清华团队这些"书生"而言，其难度要说在《仪礼》复原之上，实不为过。彭老师率领《仪礼》复原学术团队，借由礼乐讲习班的平台，与众多中小学教师切磋交流，请一线教师们参与教材的编撰，走进中小学校，深入中小学教学一线，反复探研教材的体例安排、内容与风格的把握，力求教材真正能够贴合初等、中等教育实际。

具体撰作进程中，先由清华团队在彭老师提供的教材框架基础上，将框架内容进一步细化，分成小学和初中两本教材。编写教材的过程中，出于现实层面的考量，对教材的主题重心也作了规划。比如，小学礼乐教材侧重礼容，从视听言动、行起坐卧等日常礼仪规范入手，以期同学们在行为规范中逐渐成为一名彬彬有礼的君子。初中礼乐教材以家庭人伦为中心，侧重对孝悌爱敬等伦常道德的涵育，实与朱子重建人伦纲纪的精义相通。

这套礼乐教材，面向的是人生观、价值观正在形塑的青少年群体，清华团队深感责任重大。在北京市海淀区教育科学研究院工作的杨柳联系了海淀区多位老师参与教材编写。清华学术团队提供教材框架和礼义阐发，海淀区教师根据教学实际和学生的理解能力对教材所讲之礼做现代解释。在清华大学教材编写团队的大力支持下，海淀骨干教师对礼的精神实质理解逐步深入，极大推动了他们在各自学校的教学实践。在这样的教学相长、切磋琢磨的撰作环境中，教材稿本经过了不计其数次的修改、增删，历时三年多，《小学礼乐文明教育》和《中学礼乐文明教育》两部教材，最终通过了北京市中小学教材专家组审定，由语文出版社出版成为本市中小学教材，还获得香港教育工作者联合会认可，向港澳等地输出版权，出版了繁体字版，并编著辅助教材一册。

2020年10月，中共中央办公厅、国务院办公厅印发《关于全面加强和改进新时代学校体育工作的意见》，要求推广射艺等中华传统体育项目，因地制宜开展传统体育教学、训练、竞赛活动。清华大学在这方面走在全国高校前列，不但早在2015年就已成立学生礼射研习会，并开设了射箭课，而且由彭林老师牵头带领团队联合复旦大学、西安交通大学等十七所高校联合编写了国内第一本高校礼射教材——《礼射初阶》，于 2016 年由人民体育出版社出版，填补了礼射课程教材空白。这本教材的前言写道：

> 弓箭是人类最伟大的发明之一，它不仅是帮助人类生存的工具，同时还是重要的防御武器。世界各国都曾将弓箭作为武器和工具用于战争和生产，唯有中国赋予弓箭修身修德的礼器身份。因此，礼射成为中国特有的弓箭文化。儒家极力倡导习射修身，做到"仁者如射，射以观德"，中国的礼射对东方各国弓箭文化产生深远影响。更为重要的是，在先秦学校中，礼射是必习之技，同时也是国家选士的考核内容之一。礼射自古便是中国教育体系中重要一支，今日国内诸多高校开设礼射课程，正是礼射回归教育的真实写照。[1]

《礼射初阶》综合古代射书经典与现代射箭理论，依托清华团队最新研究成果，从文化、技法、器物、规则四个方面对礼射进行全面阐述，针对高校礼射课程进行体例设计，也适合初级习射爱好者阅读。教材采用大量配图，使读者理解相关内容更为方便。配图工作中，承担技术动作示范的是礼射研习会会员林晓燕同学。同时，为了利于师生学习礼射，本书同时配套了大量教学视频，在书中加入了二维码，读者可扫码浏览。这本教材自 2016 年 10 月上架起，在网络售书平台多次脱销。据人民体育出版社发行部统计，第一次印刷的 3500 册已全部售完，2017 年春又加印 3500 册，以保障高校用书。"让中华传统体育在校园绽放光彩"，正是这样一个脚印一

---

[1] 彭林、韩冰雪主编：《礼射初阶》，北京，人民体育出版社，2016 年，第 1 页。

个脚印走出来的。

其他教材如《常礼入门》《一日一礼》等，均有书稿形成，只是尚未出版。《常礼入门》一书的定稿集中在2017年正月，彭老师带领团队成员杨柳、高瑞杰、李琳、赵媛媛审校，经过一周的集中打磨，最终定稿。高瑞杰后来回忆道："那时每天都是一整天泡在办公室里，反复修改、增删书稿内容，一直到元宵节前后，才最终完成。元宵节那晚，大家在办公室一起吃了元宵，如释重负后的大快朵颐，令人回味许久。"

2. 不止于书斋读写

只有视频和教材，仍然无法满足广大爱好者对礼仪的学习和推广需求。如果要更好地推广，还需要解决专业师资短缺的问题。为此，彭老师带领团队在全国多地开展公益礼乐研习活动。2012年8月，第一届全国礼乐文化研习班在广东肇庆举办，开幕式在北京国子监进行，并举行了释菜礼。第二届（上海金泽）、第三届（江苏沭阳）以及2017年在云南昆明举办的礼乐研习班也都在开班仪式上举行了释菜礼。

研习班具有一贯性和持续性，每期都有近百名学员报名参加，从早读到晚课习礼，一整天都沉浸在礼乐文化的熏习之中，内容充实而且所有课程质量俱佳。2014年底，《仪礼》复原与当代日常礼仪重建研究课题申报成功后，彭林老师团队更加坚持举办研习班。随着彭老师门下博士人才的不断涌入，师资队伍也逐渐壮大。一些学生从一开始不理解老师为什么要给社会上的传统文化爱好者办研习班，而后经过参与和体验，逐渐明白了研习班的意义所在。已经毕业的李旭同学回忆说，自己一开始也不理解，后来才知道，彭老师研治礼学，"不止于书斋读写，更欲开拓儒林心胸，匡正社会风俗。面向社会讲礼，正是这一旨趣的体现。"

彭老师的学术团队曾在北京、上海、昆明、承德、沭阳、曲靖等多地开展培训，短则两三天，长则六七天，内容包括礼义疏通、礼法讲解、礼仪实践等多项课程，数千名中小学教师、高职教师、传统文化爱好者因此受益。这也离不开有识之士的支持。彭老师说，很多地方政府领导很认可中华礼仪在市民中间普及这件事。研习班结束后，他们还编制了《敬》《静》《净》《雅》小册子发放给市民学习、使用。香港嘉礼堂主人张颂仁先生从精神层面给予彭林老师道义支持，又在物质上无偿赞助清华团队的礼学推广工作，不但提供金泽工艺社这样风景优美、庭院别致的场所供研习班使用，还专门拨出资金供研习班周转。对张先生，每一位清华团队的成员都会油然升起敬佩与感激之情。

清华团队在敬德书院举办过三期面向中小学教师的礼乐文化教育培训班。礼学中心派出的讲师包括彭林、李旭、陈士银、高瑞杰、赵媛媛、杨柳等，分别讲授礼乐概论、公共空间礼仪、坐立行走之礼、手容拜容等专题。每节课为3个小时，包括两个半小时的讲授和半小时互动。在互动环节，参训教师踊跃发言，就礼乐教育的关键问题与清华讲师团队进行充分沟通。北京十一学校国际部的涂欣老师提问，我国的传统礼文化如何看待"隐私"？杨柳认为在传统礼文化中，人们对他人的隐私是很尊重的。《礼记》中有不少相关记载，比如"将上堂，声必扬。户外有二屦，言闻则入，言不闻则不入"。意思是说将要登堂之时，要故意大声说话，以便让室内的人知道将有客人到来，提前结束谈话。如果门外有两双鞋，说明里面有两人在，如果他们说话的声音较大，门外都能听到，说明他们谈话的内容没有秘密，客人则可以进去；如果里面谈话的声音很小，表明他们的谈话不愿被别人知道，属于隐私，此时客人就不要进去，以示尊重。海淀区共计126位教师参加培训，总课时112学时。培训还聚焦在学校开展礼乐教育的重点和难点，引导教师们积极思考，写作文章，编印了文字量达55万字的三本文集。海淀区花园村二小的于澎老师、红英小学的张杰利老师和北大附中的茹菲老师分别获得三期礼乐班的优秀学员。于澎老师的公开课《旅行之礼》获得北京市优秀课例二等奖，张杰利老师获得了海淀区首届传统文化传播奖。

这二期礼乐培训班，既培养了师资，又师生同堂联手研讨了礼乐教育实施方式和方法。2019年11月29日的全国礼乐教育实践探索研讨会对这些经验作了总结交流。

2019年11月29日全国礼乐教育实践探索研讨会仪礼演出

在现行的学校教育体制下，学生的在校时间被各种课程占据。让礼乐教育顺利进入课堂，需要礼学中心与学校密切合作，研讨实施方式。经过几年的合作推进，清华团队发现，举办面向学校全体教师的讲座，有助于将礼乐文化的核心思想融入学科教师的教学理念,助力打造有礼乐文化韵味的学校生态与学科课堂,若借助主题课程或综合实践活动课程进行礼乐知识的学习普及和实践,举办礼乐经典诵读、礼仪之星评比、身边的最美家风展示等课外活动,更有利于凸显礼乐文化对社会群体的教益价值;而充分发挥学生的主体作用,指导学生自主编辑知礼、懂礼、守礼知识手册或学校礼乐规范、礼仪诗歌、礼仪故事等,并进行展示与实践,对学生的身心健康成长、正确道德观念的形成,有积极的促进作用。

礼乐文化教育的核心,在于践履,需要反复学习、持续引导、贯穿始终,直至将知识沉淀为素养,将行为成习惯,才能让学生在不同情境下自然流露出儒雅的气质风采,呈现出最好的精神风貌。礼乐教育也是系统性教育,需要课堂教学、校内外活动、家校社协同推进,多方面共同努力,让学生的心智花朵在最适宜的环境中自然绽放,而不随着时空变换感受纠结和矛盾。此外,礼乐教育的推进也需要学校日常管理与学生自律相结合,在加强学校重大仪式活动行为纪律要求的同时注重引导学生道德自律的培养,在自律与他律间寻找最适宜的平衡;需要多元评价方式并举,兼顾学生外显的行为习惯和内隐的道德品质,用评价引导学生注重内在修为品质的提升,不懈追求外在行为表现的雅正;需要日常生活礼仪与仪式礼仪教育同时发力,在国家大型节庆活动,学校重要庆典活动中,设计符合中华礼乐精神的仪式活动,增强礼乐文化体验,提升礼乐文化吸引力,促进践行。

在礼乐文化教育中,德音雅乐的教学是重要内容之一。在把握乐的本质要义和充分考虑时代特点的基础上,可以尝试从古典音乐熏陶、古典诗歌吟唱、乐舞浸润三个层面推动。学校可以尝试课间古曲循环播放,课前后进行古曲赏析或在有条件的情况下,采用古典器乐练习的方式进行雅乐浸润。古典乐器中首推位列琴棋书画之首的古琴。古琴的琴音古朴、雅正，抚琴追求的情趣与意境也与传统文人士大夫崇尚内在、寓意含蓄的精神世界相符合，是修身养性、陶冶情操的重要工具，也是他们寄情山水、物我两忘的重要媒介，故而有"士无故不撤琴瑟"之说。曾有多位学者提出古琴曲赏析可以治愈人的焦虑、躁动等现代病问题。如果有机会，可以尝试学习古琴，如果不方便，也可以多听一听古琴名曲，在日复一日的反复熏陶中，涵养性情，变化心性，用余音绕梁的琴音来修身养性。

3. 所谓"教学相长"

赵媛媛回忆参加教材编写过程时说："印象最深的是那几天每天都在字斟句酌地讨论，目标就是用最简洁、合适的语言提炼出一条条的常礼。真应了彭老师的那句教导——'行文简、浅、显，做事诚、平、恒'。通过这样的训练，我对语言文字的组织水平也进一步提升了。"

其实，无论是拍视频还是编教材，对清华团队的同学都是一个锻炼。在这一过程中，大家都有很多收获。尤其礼乐文化教育进入学校的课堂后，教师们如何教学更有效？这就需要掌握一些行之有效的教育方法。清华团队在与中小学教师的多次研讨中，总结了如下的教育方法：

（1）以现实问题导入话题，勾连古今时空

礼乐文化教育的具体实施，容易出现课堂上红红火火，课堂下冷冷清清的现象。具体分析可以发现，不少学生会认为这些内容跟自己的实际生活相去甚远，在现实生活中难以推行。因而，在课堂上用当代生活语境下的现实问题引发学生思考，勾连古今的时空，拉近传统文化与现代生活的距离，对增进学生对礼乐文化的亲近感十分有益。亲近感和实用感使学生有了进一步了解礼乐文化的动力，可以为践行礼乐文化奠定良好的开端。在这个过程中也可以使用比较容易发生冲突的观念带动讨论，激发学生主动参与学习的积极性。把问题交给学生，培养学生的分析能力与判断能力，让学生有充分的代入感，在"置身事内"的氛围中，实现知情意行的统一。

（2）走进文化，亲近经典，把学生放在课堂的中央

经典文本是礼乐文化的重要载体，教师需要走进经典，亲近经典，让经典在自己的身上闪光，才能更好地影响学生。适合中小学生阅读的礼乐文化经典文本主要有《论语》《礼记》。在讲读经典的课堂教学中，需要激发学生阅读原典的兴趣，课堂上教师多运用讨论式、启发式教学手段。带领学生阅读原典，需要改变常见的先由教师讲授某种观点，再引用原典予以证实，让学生被动接受的模式。可以充分借鉴翻转课堂的方式，将原典阅读任务放在课下，课上由小组代表阐述感受和观点，同学间讨论，形成结论。最后由教师进行点评并总结教学内容。师生间有互动，学生主动参与到教学具体环节中，对礼乐文化知识的理解和思辨自会更加深入。

（3）借鉴德育方法，提升道德践行能力

礼乐文化教育属于德育教育的范畴，需要充分借鉴德育方法，比如行为训练法。行为训练是通过道德实践和对道德行为的价值领悟、策略训练、奖励与惩罚等方式进行道德教育的一件教育方式，其目的在于巩固受教育者的道德信念，磨炼道德意志，形成良好行为习惯。想要在学生中间确立合乎礼乐文化的道德规范需要反复训练，以避免行为表现中可能出现的形式主义，礼乐规范的选择和制定过程需要充分发扬民主和自主，让学生认识到规范不是外部强加

给自己的条条框框，同时需要建立公平而有效的监督机制，通过长期的制度性生活培养学生良好的行为习惯，巩固道德知识学习的成果，最终使学生倾向于将内心的道德意识付诸实践，提高个人道德践行能力。

（4）着力培养学生道德修养的自觉性

就受教育者而言，礼乐文化教育的目标是实现从道德认知到道德认同再到道德践行的螺旋上升。任何道德教育的过程实质上都是主体道德自我建构的过程，不通过主体自身的价值体悟与接纳，任何道德真理都无法让学生真正接受，更不可能指导学生的实践。提升道德修养的前提是道德主体自发的道德发展需求，因而能否做到启动和激发学生提升道德修养的动机，是礼乐教育能否长期发挥实效的关键所在。教师可以帮助学生按照礼乐的规范要求，制定提升修养的标准和计划，鼓励学生制定程度适当、具体可行的修养目标与长短期规划，指导学生监控和评价自己的道德表现。道德修养过程实际上是一个意志锻炼的过程，在课堂教学过程中可以多鼓励学生在道德实践中不断反思自己，监控自己，肯定自己。让学生具备提升道德修养的连续动力，形成不断修身养性，审视自身行为规范的习惯。

这些关于实施方式和方法的研讨，为礼仪教材真正落地生根铺垫了基础，也进一步完善了礼仪教育思想理论。与此同时，彭老师团队中的姚永辉也在杭州开展了礼乐教育课程模式的探索和实践。

2011年，姚永辉从清华大学毕业，入职杭州师范大学国学院。时任国学院院长、主攻宋明理学研究的何俊教授谈到，作为高等师范院校，"国学教育"是国学院的重要工作之一，国学院的同仁需要在国学教育方面贡献自己的专业力量，需要将一部分眼光投射到学前与基础教育领域。不久，姚永辉受国学院委派，前往美国亚利桑那州立大学访问学习。在访学期间，她关注到了亚利桑那州立大学是如何开展教师教育以及与基础教育领域的合作等问题，为后续课程研发提供了启示。回国后她开始在杭州师范大学开设一些传统文化的特色通识课程，比如"中国古代的丧礼""中国传统礼仪""诗经精读""四书精读"等，并组织同学们成立了"嘉礼华服社"，开始了更多元的学习与推广工作。社团成员自创了"传统文化工作室"并开展研究项目，在浙江省大学生挑战杯比赛中荣获铜奖。

从2011年开始，杭州师范大学国学院就与中小学校、章太炎故居等文博单位建立合作关系，比如在宁波镇安小学设立"杭州师范大学国学院教学实践基地"，在章太炎故居开展一些传统文化教育的工作。在章太炎故居的传统文化教育工作有每年给孩子们上课，也有编写读本。姚永辉等人和时任故居管理负责人的王永翔先生有感于走马观花式参观博物馆问题多多，决定要编写一套针对不同年龄层的分级读本（总共四册），让章太炎故居成为"终身学习"场所。这些工作都为姚永辉后续开展的传统文化教育课程化工作打下了基础。

杭州西湖国学馆与清华大学人文学院中国礼学研究中心合作诗乐礼射暑期实践班

2016年，杭州师范大学国学院正式在"西湖国学馆"设立教学实践基地，姚永辉参与其中并承担核心的工作内容。西湖国学馆副馆长周媛媛的孩子在幼儿园上中班，她困惑于难以找到适合孩子学习的传统文化教育课程，要么内容不靠谱、不成体系，要么脱离孩子们的生活，她特别期望有一套优秀的传统文化教育课程。怀着这样的同理心，姚永辉和同事带领学生们开始一边研发、一边实践，用了整整一年的时间，姚永辉团队每周坐车一个半小时，去国学馆为孩子们上《诗经》，孩子们从最初坐不下来，到此后能投入课程，经历了艰辛的过程。来上课的孩子，从幼儿园中班到小学一年级都有，每一次备课几乎都在推翻中重建。经过连续四期的探索，姚永辉终于设计出一套孩子们能真正受益、喜爱的课程方案，并逐渐形成一套成体系的《诗经》32首少儿启蒙教育课程。在此过程中，姚永辉感到传统经典课程化具有十分重要的意义，只有经过课程化，不同年龄阶段的孩子才能接受相适应的、成体系的、有效的知识学习，从而实现精神内化。她也深深体会到课程化的难度与挑战是巨大的，研发者必须同时具备专业的知识与素养、教学的热情和才能，缺一不可。具备前者，才能抓住经典的核心精神、输出靠谱的知识；具备后者，才愿意花时间投入这项工作，才能根据教学对象不断思索、调整、完善教学设计。高校教研或文博研究机构与基础教育领域的合作，对于传统文化教育，尤其是经典课程化来说，是最为高效，也是最靠谱的方式。2018年，姚永辉参与编写的《实践本位的传统文化教育创新模式》一书由浙江教育出版社出版，她参与的"中华优秀传统文化教育创新实践模式"先后荣获杭州师范大学教育教学成果一等奖、浙江省教育教学成果一等奖、2018年教育部国家级基础教育教学成果二等奖。

《诗经》唱诵首演

礼乐研习班在推广和传播中华礼仪的同时，也锻炼了一支讲师团队。《礼记·学记》说："教学相长。"彭老师的博士生们逐渐在讲台上打磨出了更扎实的专业知识和更有趣的授课方式。高瑞杰回忆第一次讲课的情景时说，当时他刚刚步入清华园，第一次当着许多中小学老师的面登台授课，很有压力，在一个月的准备过程中，他几乎天天改 PPT。国庆七天假期几乎没离开过宿舍。最终授课效果还不错，学员们反响都还比较好，使他获得极大的成就感。李旭回忆第一次登台讲课的经历时说："承办方郑重其事，安排录像，我因此更须敬慎从事。课前在宿舍试讲多次，熟悉课件，乃敢登台。"礼学中心的一些志愿者以及积极参加师资培训班的学员，也逐渐成长为优秀的礼乐讲师，比如红英小学张杰利老师等。

2019 年 7 月 8 日，清华大学中国经学研究院联合香港中文大学国学中心、冯燊均国学基金会，在香港中文大学康本国际学术园举办了"粤港澳大湾区（香港）中华礼仪教育"启动典礼暨专题讲座。随后 9 日、12 日举办礼仪教育工作坊，在香港中文大学国学中心邓立光教授的带领下，彭老师及清华团队杨柳、佟雪、罗婷婷、姚永辉、陈士银等人进行第一期习养课程授课，并由八所先导学校分享礼仪教育计划。课程以敦厚尊老、敬长、孝亲、爱友的伦理关系为基本要求，以追求社会的友善、和谐、有序、高雅为基本内涵，力争从儿童抓起，在全社会推广，把礼作为移风易俗、提升民众素质的抓手，脚踏实地地打造礼仪教育特区，重振中华礼仪之邦的形象。

这次授课受到全国政协委员凌友诗女士的大力称赞，她认为，粤港澳大湾区在规划的时候显然认识到，一个先进文明的湾区绝不能只有科技与经济，而必须有精神文明。《粤港澳大湾区发展规划纲要》提到"要强化内地和港澳青少年的爱国教育，加强宪法和基本法、国家历史、民族文化的教育宣传"，"塑造湾区人文精神，坚定文化自信，共同推进中华优秀传统文化传承发展"。礼乐文明教育正是连接北京与粤港澳三地的精神纽带。礼乐教育是一件功在当代、利在将来的大事。没有足够的文化情怀和担当，是不会作出这样的选择的，大家唯有义不容辞，勇往直前地坚持下去。

三、线上，线下

清华团队积极通过互联网新媒体、新技术寻找礼仪重建和推广的畅通渠道。

2016年1月至6月，刘斌完成了礼学中心网站的更新，重新规划了网站模块和内容，新网站简洁、清新，用户体验度更好，使礼学中心的学术成果更便于公众查找和使用。2017年3月，团队成员协助运营"嘉礼堂"微信公众号，作为礼乐推广、经学研究的线上平台之一。3月21日，发布了第一篇微信文章，截至2020年底已推出了百余篇文章。

有了微信公众号以后，就要安排文章的发布，首先遇到的问题就是公众号用繁体字还是简体字。为此，大家还进行了一场小讨论，有人主张用繁体字，以体现我们这里的文化特征，有人主张用简体字，方便读者阅读和扩散。赵媛媛于是先采用繁体字来进行文章更新，在观察了一段时间后，为了增加粉丝量，又将繁体字改成了简体字。经过实践的考验，确实是简体字更利于普及和推广礼乐文化知识。吉莉加入这项工作以后，公众号风格更活泼了。借助微信在朋友圈中的影响力，礼学中心拍摄并推出了笄礼、墓祭礼等人生礼仪的重建视频，通过严谨的考证和一定的设计，为传统文化爱好者准备了一套可供参考和使用的礼仪流程，也尝试去纠正一些社会上的礼仪乱象。

的确，新媒体技术对礼乐推广的改进是全方位的。通过多媒体信息技术，实现传统礼乐的复原与展示，构建服务于研究、体验、教育的交互数字平台，形成虚拟博物馆，这始终是清华团队开展"《仪礼》复原"课题的目标。复原视频尚未最终成片时，就已有部分片段对公众展示。2017年5月射箭世界杯上海站决赛上，要求拷贝课题组乡射礼视频的国际箭联官员感慨道："之前我们对中国古代的射箭知之甚少，今天看到了中国古代的射箭情景，很是令人震撼。将运动升华到了教育层次，这不就是我们当代体育一直追求的目标吗？"2017年5月15日在视频网站bilibili上上传的《乡射礼》复原片段到2020年底已获得4.5万次播放，网友留言大多表示出对传统礼乐文化的无比赞叹。2018年4月14日国际射箭联合会在其网站上载本项目视频介绍（以 Shè Dào: The Way of Archery in China[射道：中国射箭之道] 为题），2020年底已有3.9万次观看。

2017年现代汽车·射箭世界杯赛礼射展演成员与专家合影

2017年残疾人射箭世锦赛

"乡射礼数据交互平台"提供针对公众、专家和儿童三类不同用户的操作，提供三种不同接入形式（实时网络、下载应用、定制安装），并提供中文简、繁体和英文三种语言和字体，可实现在智能手机、平板、电脑、电视、头戴式VR显示器、展馆装置等多平台的体验，观看演员、服装、道具以及建筑模型的全方位互动电影，随时检索文献和考古根据及历代礼学家说法等，是传统艺术形式与现代科技手段相结合的传播推广形式。先期开发完成的手机APP贴近人民生活，有利于传统礼乐文化的综合展示与广泛普及。

2017年残疾人射箭世锦赛运动员与礼射演员合影

2017年现代汽车·射箭世界杯赛播放《乡射礼》中英文字幕版视频

　　线下推广平台的打造也花费了不少心思，清华大学学生社团——"礼射研习会"是成果之一。成立社团，开设课程，让射艺在清华能够全面落地。这一工作得到了来自学校各个方面的支持，而社团成员也没有让大家失望。罗婷婷、佟雪、钟诚、吉莉、杨云鹏、刘技鑫、张逸轩、李霁宣、贝承熙、邓雅夫、辛世铎、苗林、姚郄文、刘雅清、刘晓瑞等人参加了中央电视台《衣尚中国》《典籍里的中国》

等文化类节目的演出拍摄或指导工作。他们不但得以在国家级媒体平台上展现风姿，而且锻炼了自己的工作能力，学识素养也获得了认可。

《衣尚中国》综艺节目播出清华学子表演的《乡射礼》

这些节目的文化品位很高，但是现代人对传统礼仪过于陌生，大量的群演以及少部分礼仪动作还不规范的主演仍然需要进一步规范和指导，加上彩排时间非常紧张，礼仪指导只能在舞台彩排以外的时间内进行，现场需要对演员的作揖、坐、跪、拜等基本礼仪动作反复纠正和规范，故此工作量和工作强度还是非常大的。无论是著名主持人，还是一般群演，张逸轩都会对他们的每一个动作细节进行审核，并亲自演示，如跪与坐、微磬、磬折与卑立等。除此以外，现场彩排还会面临之前预料不到的礼仪问题及因为剧本的更改而临时产生的新问题。比如有一场戏是展现孔子带领弟子们学习《尚书》的场景，其中如何安排孔子的坐姿就让大家感到很为难，如果安坐或危坐，舞台效果均不好，无法拍摄到孔子的整体姿态，并且时间上会比较紧张，影响后面的场景的进度；而如果像现代人的坐姿或者加上矮凳等辅助道具，又会不符合礼制和史实。最后清华团队经过讨论，建议摄制组模仿汉代画像石中孔子与众弟子读书的场景来拍摄。

节目急需上映，所有人都需要加班加点地赶进度。国家话剧院的专业演员、导演组的工作人员，在这十多天内，每日拍摄至凌晨五点，又要早上七点到岗进行各项准备工作，每日休息时间不足三小时。杨云鹏、张逸轩等清华同学虽不必参与演员化妆、场景调试及影视画环节，每天也只有平均五小时的睡眠时间。参加彩排的团队成员在片场跟踪指导，即使没有任务，也要时刻在现场关注排练的进展，随时针对演员的动作进行规范，或回答导演组所提出的礼仪方面的问题。这虽然不是严谨的学术研究，但大家还是希望通过自己的努力，让传统文化能够通过央视这样的大平台，焕发出新的活力，更加深入人心。

痴迷于礼射的韩冰雪在2019年末投身于江苏建筑职业技术学院礼射文化展览馆的筹备工作当中。该馆陈列面积395平方米，设有基本展厅、互动体验厅、多媒体厅三个主厅，以版面展示立体化、实物场景一体化、景观模拟动态化、展示手段科技化的方式，通过文献、文物、复原实物、3D模型、图文介绍、新媒体设备对礼射文化进行综合展示，是一座兼具藏品展示、人文传习、教学实践与数字体验的文化展览馆。其中的"乡射礼"展区即以清华团队的复原成果为学术依托，不但从仪节、服饰、器物等方面进行全面展示，还制作了反映乡射礼盛会现状的缩微模型，同时配备有多媒体交互设备，用以展示清华大学人文学院中国礼学研究中心和嘉礼堂的乡射礼交互平台，观众可以通过自主操作来了解乡射礼举行过程中各环境方位同步进行的礼仪行为和人物行动。

礼射文化展览馆"乡射礼"展区

宝剑锋从磨砺出，梅花香自苦寒来。为了推广礼乐文化，唤起世人对中华文明的尊重，彭老师的讲演遍及陕西、山西、辽宁、北京、河北、河南、山东、湖南、湖北、浙江、上海、江苏、福建、广东、广西、云南、香港等十几个地区；在全国几十所城市举办的相关文化讲座，最多时聆听者超过千人。彭老师每一次参加央视的《记住乡愁》《文明之旅》等栏目，也都是对礼乐文化的一次推广和普及。赵媛媛印象最深的一次，是2016年1月22日跟随彭老师赴中央电视台录制《文明之旅》节目，彭老师讲授"《孟子》与大丈夫"，此前他曾与编导多次沟通文稿，那天整整录制了三个多小时，彭老师全程神采奕奕，把《孟子》的文化精髓讲得深入浅出，在场无不动容。

传统礼仪的精神感动了更多的人。长期以来，中国国际航空股份有限公司的领导一直坚持打造优秀的干部、员工队伍和优秀的企业文化，强化员工尤其是客舱服务的礼仪建设，形成可执行操作的基于中国文化的空乘人员行为规范，展现国之风范。没有对中国文化的理解与热爱，是很难想到这些问题的。他们热情邀请彭老师去讲授传统礼仪，还请清华团队的成员参与到了该公司的文化建设工作中去。

彭林老师在模拟训练舱为国航空乘人员讲解礼仪

礼乐的种子在中华大地上生根发芽，也漂洋过海，洒向异域他邦。早在2006年秋天，彭老师受马来西亚马六甲文教基金会之邀，到马来西亚进行了题为《民族文化与民族命运》的巡回学术报告，其中有一场讲座是在吉隆坡举行，当时尚在中学读书的钟诚、陈立瑜、余子乐等同学都在场。对于15年前的这场学术报告，陈立瑜、钟诚等人至今仍然记忆犹新——每个民族应该对自己的文化有所认知，去了解、去认识、去探讨前人的一切思想及事物，将能成为民族日后维新的指引。这场报告的副标题为《救救我们的下一代》，直观地表述了彭老师的理念：如果人们连自己的文化都抛弃，那么下一代将不复存在，就如契丹人一般消失在历史的长河中。现为北京大学社会学系博士研究生的陈立瑜回忆说：

> 彭老师的讲座激起了当时年仅14岁的我对中国文化

的兴趣及近乎信仰的执着,以至于萌生了到清华跟随彭老师学习的想法,也才有后来想要探讨中国文明的根本精神的学术追求。虽然是一场不到两小时的演讲,但彭老师的影响是非常巨大的。时至今日,聆听彭老师演讲的震撼仍然深埋在我心里,影响着我的人生。

正是这一场精彩的学术报告,给少年陈立瑜和钟诚们留下了难以磨灭的印象,甚至决定了他们此后的人生选择。值得一提的是,彼时的他们只是万千听众中的一员,相互并不认识。几位少年直到通过各自不懈的努力,终于实现考上清华大学的梦想之后,才得以在清华园里结识。尔后恍然间发现他们都曾经受馈于那次彭老师的马来西亚演讲,他乡遇故知,何等殊胜的缘分!

为礼乐归来奔走呼号,彭老师永远都在途中,更是多次赴国外演讲中国礼乐文化。仅以2015年上半年为例,1月8日,彭老师赴马来西亚讲学;2月19日,应邀赴英国伦敦参加"中国文化中心"开幕典礼,在开幕式上向前来揭牌的英国查尔斯王子夫妇展示中心制作的《士冠礼》复原影片;2月23日,应邀赴牛津大学做"儒家礼乐文明简论"主题讲座;4月18—26日,应邀前往联合国总部、中国驻纽约领事馆、美国华美协进社等地做"中华礼乐文明"主题演讲,并到美国中文电视台纽约会客室接受专访,后又应哈佛大学中国留学生会邀请,赴哈佛大学奉献演讲"文物精品与文化中国"……这仅仅是彭老师将礼乐教化普及于全世界的一小部分日程。事实上,彭老师每年几乎如此,密集而广泛地奔走在地球几大洲的热土上,为中华礼乐的推广鞠躬尽瘁、竭尽全力,并且一以贯之地激情澎湃、满含热情,让人很难想象,彼时的彭老师已经是一位年近古稀的老人了。

张颂仁、彭林、罗伯特·恰德（Robert Chard）等人向查尔斯王子夫妇介绍《士冠礼》复原影片

熟悉彭老师的师生、朋友都知道，他几乎每场讲座都是一气呵成，中间没有休息，自己也不喝水，非常专注、充满热情地投入每一场讲座之中。为了提高听众的兴趣，彭老师会在讲座过程中穿插一些典故、有趣的事情，很多都是老师反复琢磨、摸索出来的。他总是能抓住最能打动人心的地方，动之以情、晓之以理，深入浅出地引导听者进入中华礼仪文化的场景之中，激发大家内心弘扬中华文化优秀传统的使命感和责任感。每讲完一场，常常是汗水湿透衣背。这些是大家亲眼所见，即使冬天也会这样。正因为这样，所以他的每一场讲座都能荡涤人心，引发广泛的共鸣。有一位在加拿大听过彭老师讲座的华人说，他听后"了解到了一位七旬长者依旧在为中国传统文化的传播不遗余力，很是感动"！正是通过这数不清的奔走号召，礼乐文明重建的种子一点点播种在当代中国人心中的土壤上。

彭老师对礼乐推广有很多创意，有时候学生们都叹服不已。比如，彭老师提出编订礼乐信笺和礼乐日历。礼乐信笺是用信笺的形式承载印章和书信文化，这一项目由李琳负责规划执行。遵照彭老师的设想，李琳去清华档案馆搜集了闻一多先生的许多印章，并将彭老师总结的书信礼仪放入信笺内，形成了一本礼乐信笺小册子，典雅简洁。礼乐信笺印出后，由彭老师向贵宾展示并赠送，深受大家喜欢。礼乐日历也是彭老师提出的一种设想，最初老师希望形成一本礼乐格言日历，每天一句礼乐名言，一年365天都可以学习礼乐文化。2017年年底，因举办礼服研讨会，拟将礼乐日历设计出来作为大会礼物。赵媛媛担负起该项工作，考虑到时间紧张，她将涉及日历的想法调整为月历，并向设计师推荐了礼乐文化、考古文物等丰富的设计素材。内容上，确定介绍"坐立行走"等基础礼仪，最终形成了第一版礼乐月历。

第一版礼乐月历

这本礼乐月历外部包裹着一层旗帜布，手感类似丝绸，摸起来光滑柔顺，整体采用缥色作为主色调，搭配浅色凤鸟底纹，凤鸟纹取自战国时期五弦器——均钟（1978年出土于曾侯乙墓）。封面人物是两位正在行作揖礼的古人，采用简笔画绘制，增加了古朴和简洁感。月历内部用刚古纸印刷制作，刚古纸是一种仿宣纸的特种纸，给人一种质朴庄重之感。纸张外面刷上一层环保的亮油，从而减少因摩擦而造成的图文褪色，让纸张更为耐用、环保。月历内部配图为清华大学人文学院中国礼学研究中心复原的周代坐立拜揖礼仪，所有的坐立拜揖的动作都有据可循，出处在扉页"用典"处可见。

　　这本礼乐月历的最大特点，是按照中国传统农历编排，以大字农历为主，小字西历为辅，封面以干支纪年"岁次戊戌"来定名年份。月份则从农历正月开始，至农历腊月结束。十二个月同时又分别以古诗词中雅称来命名，用篆刻印章图案表示，所有篆刻字体取自中国历代名章。十二个月的名字分别是：端月、杏月、桃月、槐月、

礼乐月历入选"清华礼物"文创产品献礼校庆

榴月、荷月、兰月、桂月、菊月、阳月、葭月、腊月。月份之间分割线用的是古代双盘龙结，双盘龙结取自1973年山东苍山出土的东汉桓帝元嘉元年"双龙盘结画像石柱拓本"；正月与其他月份不同，整个页面被纹饰环绕，采用四盘龙纹和双盘龙纹相结合的装饰。月历背面大图是宴乐狩猎水陆攻战纹壶的纹样，此铜壶1965年出土于四川成都百花潭，是战国时期的文物，现藏于北京故宫博物院。

第一版礼乐月历很受欢迎。2019年、2020年又推出第二辑、第三辑，内容上有所调整，但形式不变，是经摺装、以农历为主。礼乐月历作为一种推广媒介，有诸多便捷之处，任何人都可以从这本月历中学到知识，感受中华文化的魅力。2021年推出的新版月历改为木架翻页，摆放办公桌上，更显典雅。此外，大家设计了两套《仪礼》复原明信片，供同好交流使用。

2021新版礼乐月历

为了更好地宣传传统礼仪，清华团队成员还编排了一些简短的展演小节目。钟诚设计了简洁版乡射礼，并制作了flash动画，用于日常的乡射礼展演。赵媛媛设计了礼容展演节目,在第一届礼服学术研讨会、"一带一路"与品牌中国——2017清华大学国家形象论坛、中华传统礼仪与国家形象论坛(2018)等会议的开幕式上进行了展演,礼容的庄重、典雅,受到与会人员及媒体一致好评。团队中刘技鑫、张逸轩、张甲林、闫严、陈青兰、吉莉、杨云鹏、侯金满、胡雅静都参加过展演,这种亲身穿着古人服饰、亲自体验礼仪过程的经历,令人终生难忘。最重要的是,在坐立行走、进退周旋之中感受到的礼仪,更具有真实性和震撼性。凡是亲身参与过的人,都被传统礼仪的庄严、优雅所深深打动。

  2018年4月26日的中华传统礼仪与国家形象论坛,是清华大学107周年校庆重要活动之一。参加会议的有我国文化和旅游部对外联络局文化参赞和清华大学的外国留学生,使得本次论坛成为通过传统礼仪展现国家形象的上佳渠道。同年11月在中国宋庆龄青少年科技文化交流中心举办的"'尚礼中华'中华传统礼仪展示周"以乡射礼等传统礼仪为主题的体验活动,共接待学校团体800余人次,面向社会大众的礼仪公益讲座、实物展、礼仪展演及体验活动共惠及1000余人次,参与体验约200人次,更有来自天津、江西南昌、河南郑州、河北石家庄等全国各地的传统文化爱好者前来交流学习。据中国宋庆龄青少年科技文化交流中心的反馈,有不少家长从亲子教育的角度对这次活动给予了认可。一位父亲的话给大家留下了尤其深刻的印象,他说:"习总书记总是在讲'文化自信',而'文化自信'的根基正在于我们对自己祖先的这种优秀的传统文化进行必要的学习和了解。我们小时候没有这么好的机会和渠道来感知体验,现在的孩子非常幸运。这个活动形式特别好,家长和孩子都容易参与和接受。"

2018年中华传统礼仪与国家形象论坛

中国古代礼仪文明蕴含着先民丰富的生活经验与生命智慧，需要予以充分挖掘、吸收、转化。现代人也应怀有充分的虚心与耐心，去领略这些古老的智慧，从中汲取有益的人生营养。不论中外，历史都是最好的教师。2017年7月3日，牛津大学罗伯特·恰德教授（Robert Chard）与张颂仁先生一道在伦敦著名的莱斯特广场旁的中国站（China Exchange）发表演讲，以马戛尔尼事件为例，讲

罗伯特·恰德（中）与张颂仁（右）在伦敦中国站发表演讲，
由邓永锵（左）主持

述礼仪制度的重要性。他们一边播放着《仪礼》复原影片,一边向听众解释,中国在周公、孔子时代就通行跪坐与叩首,并不一定意味着屈辱的臣服。

也许马戛尔尼今天再来拜访,会对中国的礼乐多一分理解吧?

礼是实践的、致用的。人文社会科学研究,有着经世致用的性格,礼学也肩负着重要的时代使命,要有益于民心风俗,有益于社会生活,要对当下后世有所裨益。梁漱溟先生早就说过:"中国之复兴,必有待于礼乐之复兴。"[1]这并不高深。他认为礼乐离不开人民的日常行用:

> 礼乐是什么?礼乐原不过是人类生活中每到情感振发流畅时那种种的活动表现,而为各方各族人群一向所固有者而已。……中国古人(周、孔)之所为制作和讲求者,要在适得其当,以遂行人情,以安稳人生就是了。岂有他哉![2]

一个理想的社会,其中应有礼乐,否则便会缺少一种凝聚力和生命力。建设这样一个社会,需要几代人为之奋斗。近代以来的文化自戕使国人早已淡忘了传统礼仪的面貌。如今种种社会弊病均与之存在关联,这愈发显得重建礼乐文化生活的必要与重要。清华团队的这一课题,是以"《仪礼》复原"为主题,以"当代日常礼仪重建"为指归,是要讲清楚中华民族的先民在冠、婚、丧、祭等人生礼仪、

---

1 梁漱溟:《朝话·谈音乐》,《梁漱溟全集》第2卷,济南,山东人民出版社,2005年,第122页。
2 梁漱溟:《人心与人生》第20章《未来社会人生的艺术化·以美育代宗教》,《梁漱溟全集》第3卷,济南,山东人民出版社,2005年,第755页。

日常仪式中究竟要讲求哪些规范准则,究竟会穿着佩戴什么样的服饰,使用什么样的礼器、乐器,而其中究竟又蕴含着多少丰富的生活经验与精神内涵;在此基础上,阐明古典礼仪的具体仪节与思想宗旨,正视历代礼制变迁,充分尊重礼仪制度的时代特点,以现代社会生活为基本构架,作出重建日常礼仪乃至重振礼乐文化的初步尝试。

复原：一种研究范式

古代礼乐文明与今日清华人

第七章 合乐

合乐,乡饮、乡射的一个重要仪节。

乡射礼,三番射,射不主皮,发而不中,反求诸己,和容兴舞,揖让而升下,所以观盛德。这代表了中国古代独特的体育精神,也反映了中国文化的基本倾向。[1]

乡射礼以"射"为主要内容,以"礼"为价值底蕴,而"乐"贯穿着整套礼仪的始终。

乡射之前,先行乡饮。一献,一酢,一酬,宾主交饮之后,以乐乐宾。

乐宾环节,先是升歌。乐工四人,二人鼓瑟,二人歌唱,升堂表演《鹿鸣》《四牡》《皇皇者华》,以燕乐嘉宾之心。其次为笙奏,于堂下吹奏《南陔》《白华》《华黍》三首乐曲。再次为间歌,堂上人声,堂下吹笙,交替进行:歌《鱼丽》,笙《由庚》;歌《南有嘉鱼》,笙《崇丘》;歌《南山有台》,笙《由仪》。最后为合乐,人声与器乐共同表演《周南·关雎》《葛覃》《卷耳》与《召南·鹊巢》《采蘩》《采蘋》。至此而"正歌备"。

乐宾的安排,会根据典礼场合的不同而有所调整。在合乐之后,一般还会有无算乐的阶段,好比是观影结尾的彩蛋,或是演唱会最

---

[1] 参见彭林:《从〈仪礼·乡射礼〉看中国古代的体育精神》,《光明日报》2004年2月10日,第B3版;王大庆:《古代希腊和古代中国的竞争观念比较》,《光明日报》2018年6月3日,第6版。

后的返场。但乐宾至于合乐，则正歌即将结束，就像写书到了结语。

一、复原：一种研究范式

《仪礼》这部经典一共十七篇，截至 2020 年，清华大学《仪礼》复原研究工作团队联合同道，携手复原了其中的四篇——《士冠礼》《士昏礼》《士相见礼》和《乡射礼》，同时还拍摄了多部《国民基本礼仪》宣传片，以求为我国当代礼仪重建的工作略尽绵薄之力。

科研项目需要在规定时间内结项。现在看来，2012 年的最初设想，要以十年之力毕其全功，可能太过乐观。2014 年获得国家社科基金资助后，复原工作得以加速，但也面临着时限紧迫、精力分散等压力。清华团队克服种种困难，所取得的成果得到了全国哲学社会科学工作办公室和各位评审专家的认可与鼓励，而作为一项拥有长远学术预期的科研工作，《仪礼》复原研究依然任重道远。

《仪礼》复原，复原的是古礼。

《仪礼》复原研究，开展的则是一项面向未来的研究计划。

1. 在洛桑

2018 年 8 月 5 日早晨 7 点，彭林老师前往瑞士洛桑向欧洲学界介绍《仪礼》复原项目。同行的有他的博士研究生佟雪和新闻学院的陈芳婷同学。

一行人先前往法国戴高乐机场转机，飞机延误近两个小时后，再次启程飞往瑞士日内瓦国际机场。经历了十多个小时的旅程，飞机平稳降落已是晚上九点半左右。两位女生感觉非常疲惫了，彭老师却精神很好，他一面和来接站的翻译刘嘉琦小姐聊着她的家乡江苏，一面告诉大家，这样的飞行他经历太多了，洛桑的会议结束后，很快他又要飞去香港。这时候，刘嘉琦和陈芳婷完全感觉不出来彭老师快 70 岁了。不过，佟雪知道，作为共和国的同龄人，彭老师绝对算是精力旺盛的，但也是很累很累的。

大家在苏黎世开往洛桑的高速列车上欣赏着瑞士的夜景。这辆列车主色调为红色，双层，虽说是高速列车，但佟雪感觉和国内的动车速度没法比。这里的公共交通工具没人检票，偶尔有巡查人员抽查，一旦被发现没有买票，个人征信就会受到极大的影响。

深夜，终于抵达宾馆，彭老师依旧精力充沛地聊着这家宾馆陈列的历史物件。陈芳婷想，彭老师真是知识渊博而又精力满满。与之相比，青年人更应该埋头提升自己，这样也就会少一分对现实无休止的抱怨。

第二天，是"非物质文化遗产与表演艺术——存世传统文化研讨会"的报到日。研讨会在瑞士洛桑联邦理工学院（École Polytechnique Fédérale de Lausanne, EPFL）举行。这是一所在 QS 世界大学排名中与清华大学不相上下的高等学府，办学时间虽然不长，但教育科研水准极高。会场旁边的建筑还有一个中国功夫的展览，应用数字科技，既有平面文字，也有 3D 模型和互动部分。有不少人在里面参观。看来，外国人对中国元素是真的很感兴趣。

彭老师的"《仪礼》复原研究介绍"报告安排在 8 月 7 日。他介绍了项目缘起，以及如何带领清华学生通过会读等形式进行研究学习，又是怎么演练脚本，辛苦彩排，最终拍摄成片，最后还展示了《乡射礼》《士冠礼》《士昏礼》《士相见礼》的视频片段，以及礼学中心自主拍摄的《国民基本礼仪》视频等。此刻会场里的嘉宾很多,大家全神贯注地在看、在听。语言丝毫不能阻碍文化的交流,彭老师的报告获得了全场热烈的掌声。

彭林教授介绍复原学术价值

紧随其后的是香港城市大学邵志飞教授的"Re-Making the Confucian Rites(儒礼重制)"报告,他具体介绍了在复原过程中涉及的拍摄轨道的铺设、拍摄角度的选择,以及后期剪辑处理和VR沉浸式体验等先进技术,讲述如何赋予传统文化以新的活力。

邵志飞教授介绍复原拍摄技术

现场许多教授对《仪礼》复原的具体情况进行了提问，也有教授对在复原过程中应用的最新技术表现出浓厚的兴趣。在场的印度国家博物馆的一位研究员竖起大拇指说："这是里程碑式的成果！"洛桑联邦工业学院文化研究中心的研究员表示，要为清华团队争取在当年10月的达沃斯论坛上发言的名额。后因时间仓促，改为由合作方缩短自己的大会发言，以重点介绍清华复原的《乡射礼》。

可见，很多世界友人对中国文化有着非常深厚的兴趣，而中国不只有功夫、美食、熊猫，还有更深层次的、可以与欧洲古希腊雅典文化相媲美的经典传统、诸子百家，在等着今天的中国学者去开掘。佟雪站在会场最后，感觉仿佛回到了2016年10月15日初见彭老师介绍《仪礼》复原影片的时候，只不过台下的观众从中国人变成了外国人，而热度从未衰减。两年了，佟雪知道，自己见证了《仪礼》复原是怎样一步步走出国门，走向世界的。

站在摄像机后的陈芳婷也忍不住开始神游，《论语》《庄子》《老子》这些典籍固然是中华文化的精髓，但对大部分不懂中文的外国人而言，有着太深的理解鸿沟。而《仪礼》复原这样一种视觉呈现的方式，突破了语言的隔阂，也有着新鲜趣味，还可以按照视频教程进行实操，充分利用了现代的科技成果。这种方式能更好地传播中国文化。

陈芳婷还想到，彭老师一直希望把《乡射礼》推广到国内的大型活动开幕式中，比如冬奥会。如果我们每一个中国人都了解如何行礼，那又何愁文化的消逝呢？

回洛桑的火车上，彭林老师并没有悠闲地欣赏风景，他随身带着《朱子语类》。他告诉佟雪和陈芳婷，科研项目总有完结的时候，但是科研工作永不能停歇。在瑞士的日子天气很热，由于艾灸，彭老师双腿长泡破裂，表皮脱落，但他依然奋步疾走，好比他在《仪礼》复原项目中遇到的所有难题一样，都不能拖慢他的脚步。

2. 未来和当下的间隔

1951年春，经学家沈文倬先生拟定了一个新编"三礼图"的研究计划。他认为，"把古代人的生活情况真实地勾画出来"，"是历史科学研究中的一个重要命题"，但是，对于古代人生活情况的描述，单靠文字叙述很难表达清楚、解释明白，单靠"实物"的照相或图片来表达，也是呆板而没有联系的。比如房屋，用文字来叙述寝庙怎么样，房室怎么样；比如衣服，用文字来叙述冠弁怎么样，韠韨怎么样，都很难让读者了解；就是遗址遗迹遗物，不要说残缺部分需要复原，即使完整的也还是不能充分展示它当时的使用情况。至于人的活动，那更难以解释了。因此，"只有把研究的结果，用连续性的图画来表达，那么房屋器物，都可以清楚地看到；而人的活动——入门升堂，坐立饮食，都历历如在目前了。"[1] 限于当时的技术水平，沈先生并没有想到可以应用摄影技术来拍摄连续性的影片。限于当时的研究氛围，他这项涉及宫室、衣服、饮食、交通、冠昏、丧葬等十二门类的庞大的"《周代城市生活图》编绘计划"，无法实施，不免抱憾终身。

运行良好的科研项目制度，才能为学者专心研究提供必要的基础保障。

孔德成先生领导下的《仪礼》复原研究，一开始也苦于经费无着，难以展开，后来美国东亚学会及其他有识之士提供赞助经费，才使

---

1 沈文倬：《〈周代城市生活图〉编绘计划》，《菿闇文存》，北京，商务印书馆，2006年，第1008—1028页。

《仪礼》复原研究小组得以成立，得以把自己研究的内容做成实物，拍摄成《士昏礼》影片，使人对古代结婚的礼节一目了然。[1]《仪礼》研究小组负担了研究所需的开销，也给参与项目的研究生补贴了不低的奖学金，好多同道也不计酬劳来做义工。但是影片拍摄的费用，限于当时的制度，只能靠孔先生一个人去筹措。

后来叶国良老师为制作《士昏礼》3D彩色动画争取到的研究经费，也无法负担课题所需的所有开销，凭借合作方的节约开支，才在项目执行期内完成。叶老师针对所遇到的问题，发出疑问："当前会计及审核制度固然谨严，但也似乎太过僵化。本片乃属学术性创作，实与写一部论文性质相同，并非市面上有现成品可以采购，何以必须视为采购案？视为采购案，若由不肖厂商得标，如何能呈现正确的研究成果？上述计划若非土芯科技鼎力协助，必已胎死腹中，而全世界第一部古礼动画遂不可能产生。得失之间，究竟当如何评断？"[2]即便受限于当时当地制度的束缚，受限于经费捉襟见肘和技术不敷使用，叶老师犹发出真诚的呼吁："尽管影片本身不无瑕疵，有待方家指正，而其间所获的经验心得却是格外宝贵。犹望学界、业界继续携手努力，为学术的发扬与推广再启新页。"[3]

清华大学的《仪礼》复原工作，获得了嘉礼堂的全力支持及香港城市大学等合作单位的积极协助，更是得到了校方和全国哲学社会科学工作办公室等机构的指导和帮助。项目团队初始阶段的运行，相当平稳而高效。

---

1 曾永义：《我的恩师孔德成先生》，《华人文化研究》2019年第1期，第15页。
2 叶国良：《〈仪礼·士昏礼〉3D动画的研发》，《科学发展月刊》第29卷第5期，2001年，第337页。
3 叶国良：《文化传承　影像再现——仪礼士昏礼彩色3D动画的研发与展望》，《台大校友双月刊》第13期，2001年。

大家原先设想的困难，是担心跨专业、跨地域、跨国别的合作能否保持顺畅。项目的学术团队来自清华，拍摄团队来自香港、澳洲和我国台湾，制作团队以香港和澳洲为主，随着工作的不断推进，又不断地吸纳来自不同专业领域的专家、学者和民间手工艺人。曾经认为最具挑战性的，是团队中不同思维模式的成员是否能够理解项目主旨和背后文化，又是否能够将自己的专业特长与《仪礼》复原工作的具体内容有机结合。

实际上，这一顾虑反而是最先被打消掉的。来自校内外、国内外、学界内外的专家在沟通和探讨的过程中，除了工作细节的交流协商外，自然而然也被赋予了传递知识和文化的使命。大家震撼于礼学的宏大精微，更是折服于清华团队扎实细密的前期工作成果。这份对中国文化的好奇、倾慕乃至敬畏，成为了项目协作开展的原动力。这份使命推动着每一位项目参与者严谨治学，精诚合作。大家深知，自己的一言一行，背后映出的是一种文化，是一个国家、一个民族。

国家社科基金在最大限度内给予《仪礼》复原工作多方面的支持，不但实现了滚动资助，还派员亲临片场，了解影片摄制进度情况。国家艺术基金的运作方式与社科基金不同，清华团队协同嘉礼堂申报的《乡射礼》应用程序制作得到了艺术基金充分的认可。不过，《仪礼》复原研究工作的特殊性，注定了这是一项难以被现行任何项目基金所全部覆盖的科研工作。

现行的科研评价体系是以论文为重。团队成员从复原角度研究《仪礼》等传统文化典籍，发现了许多前人未曾留意的问题，通过跨学科的协作，形成了崭新的分析问题的框架，积累下不少成果。分析这些问题，撰写相关论文、著作，需要投入大量的时间精力，清华团队对此责无旁贷。而在这之外的各项准备工作、拍摄工作和礼乐文化推广工作，还有为了完成这些工作而做的沟通、协调、善后等，其实耗费了大家更多的心力。

举例而言，为了制作模型供导演团队使用，先是绘制平面图，再改制动态图，又是建模，又是制作沙盘，这一件小小的局部工作已然消耗了大量精力。礼学研究本身之外的附属工作，诸如克服空间、语言、专业的障碍等，是无法直接转换成项目认可的成果的。即便是《仪礼》复原的最终成片和开发的数据平台，也只能算作人文研究所认可的论文、著作的"锦上添花"而已。其实，人文学科发展到今天，学术成果的多维呈现已经在呼唤着更完善的评价体系，我们回顾这一来时路，就是期望在新文科建设的带动下，这些状况或许可以得到改善。[1]

想把论文写在片场上，写在车间里，并不那么容易。清华师生作为承担课题研究的主力，为此付出的心血更仆难数，其间也有过争论，走过弯路。团队讨论，也曾试想能否缩减拍摄计划或其他外部工作，腾出手来多发论文，至少也可减轻资金与人力的压力。最终，还是凭借着挥之不去的责任感和使命感，在老师保证正常的教学科研、学生完成规定的课业任务的同时，大家齐心协力推进《仪礼》复原项目的前行。就像课题开题会上专家组一致认为的那样——课题组选择了一条艰难的学术道路。既然选择了，就要走下去。

也许并没有什么所谓课题、所谓项目，有的只是认认真真钻研学问的人。

这句话，是从清华大学副校长、经济管理学院领导力研究中心

---

[1] 张涛：《新文科建设为人文社科学术评价带来挑距和契机》，《中国社会科学报》2021年8月3日，第1版。

主任杨斌老师那里学来的,他说:"实际上没有高不可攀的体育这种东西,实际上也没有运动家这回事,只有运动起来的你我而已。"而他又是受艺术史家贡布里希(1909—2001)的名言"实际上没有艺术这种东西,只有艺术家而已"的启发。

杨斌老师从体育教练的成功生涯中悟到了教育、管理的通则。一位导师、一位项目管理者,扮演的其实就是一位教练的角色。"选择队员、组织阵容、勾勒愿景、激发斗志、设计战略、创新打法、调控全年节奏、发觉微小异动、操持枯燥日常、互通球迷声气、打造球队文化、作育队中灵魂、化解人际矛盾、直面无端压力……教练伟大,超越输赢。伟大教练,选材育人、塑造团队、孕育传奇、鼓舞民心、团结民族。"杨老师把好教练的理念、行动与真实心得推荐给管理者和当教师的同事们,"因为很多教导之道,立人达人之道,乐群立群之道,相通而极富启发性。"[1]

这是一副很重的担子。

2016年从清华毕业、如今已在暨南大学任教的李旭博士对《仪礼》复原研究事业有着深入理解,对其中的艰辛也有切身体会。他曾在2015年末致信彭林老师,言及:

> 人间事业,较诸闭门著述,艰难百倍。钱宾四先生创立新亚早期,屡屡赴台筹款,无暇顾及诸生课业;而在新亚后期,人事终不能谐,以致黯然离职:事业之难成如此。老师数年来奔走呼吁,耗费心力至巨……学生追随老师三年余,印象最深者,一次是2013年春老师扶病赴邹城讲学,

---

[1] 杨斌:《我们还缺少一百万个好教练》,载〔美〕约翰·伍登、史蒂夫·贾米森著,杨斌译:《教导:伍登教练是怎样带队伍的》,北京,清华大学出版社,2020年,第V—VII页。

一次从乐都走兰州途中老师讲"五十知天命",以此知老师之忧思与担当……今中心人事上种种矛盾,盖为建制之不足承荷项目之压力而来。如作一简单比较,就学生所熟知者而言,宗福邦先生主编《故训汇纂》,乃以古籍所为依托,设三位老教授为主编,领导十余位青年教师,专注用力十七年,方成就此书。我中心"《仪礼》复原"项目难度之大,牵涉之广,更在《故训汇纂》之上,而团队仅由一位老师,以及若干学术尚未成熟、流动不居的学生组成,其艰难可想而知……

李旭的博士论文是研究人称"朱子"的宋代大儒朱熹(1130—1200)晚年纂修礼书的一番事业。他当然清楚,朱子在庆元党禁的阴霾之下,召集门人共修礼书,需要怎样的坚贞雄迈心力。其时,朱子已年老力衰,而大幕笼罩,友生飘零,虽成书无日,仍奋力为之。此一忧患、担当、返本、经世之志,千载而下,仍令士人追慕不已。然而以此为己任,不亦重乎?不亦远乎?

话虽如此,但若设想在诸多必做的事业中做出抉择,李旭仍然建议首选经学研究领域的《仪礼》实验性复原。复原不仅仅是在视觉上拍出若干影片,更重要是有学术上的坚实基础和根本突破。礼经与考古、史实的印证,加上实际操作的检验,是《仪礼》复原有望突过前人的关键。只是,这项事业恐非五年、十年可成,或须两三代学人的积累沉淀。在短期内,一个项目如果能在某些方面有所推进,凝聚、培养起一批学人,也就够了。

艺术史家鲍里斯·格洛伊斯(Boris Groys)针对当代人文艺术的生产模式——项目制度进行过社会学研究,他认为"在任何项目发起人看来,最好的项目是那些从一开始就注定无法完成的项目,因为它们在未来和当下之间保存着间隔(gap)。"[1] 参与研究工作的同仁期望,也盼望得到大家的祝福,让《仪礼》复原能够成为这样一种"最好的项目"。

3. "有了复原研究才完整"

"《仪礼》复原"工作在申请国家社科基金时,填报的是"综合研究"。

原本在经学范畴之内的礼学研究,在逐步纳入近百年建立起来的现代学术体系之后,对历史学、考古学、语言学、社会学、人类学、民俗学、哲学、艺术学、建筑学等多个学科都有涉及,滋生了形态各异的研究方法与研究路径。"《仪礼》复原"就是一项与上述诸领域都有交叉的综合研究工作。

作为一项交叉学科的综合研究,《仪礼》复原突破了传统的从文本到文本、从文本到实物的研究范式,力图应用数字技术、多媒体技术,一方面建设数据库平台,汇集历来《仪礼》相关研究成果,进行综合性的梳理、分析与借鉴吸收,以为进一步研究的基础;另一方面,通过数字复原,将《仪礼》文本及具体考订从文字形式转换为虚拟影像,开拓学术成果社会转化的可能空间。尤有进者,《仪礼》记载着古人的行礼仪节与器物服饰、空间场所等基本信息,更浸润着中华礼乐精神,彰显着传统人文内涵,是国家与民族核心价值的重要载体,《仪礼》复原工作秉持"行动儒学"的精神,力争在实现传统文化现代化、提升我国文化软实力方面作出有益的尝试。

---

[1] [德]鲍里斯·格罗伊斯:《项目的孤独性》,傅永红译,载鲍里斯·格罗伊斯著,苏伟、李同良译:《走向公众》,北京,金城出版社,2012年,第91页。

突出优势和特色，积极推进学科交叉融合，正是 2020 年 8 月 17 日时任校长邱勇老师在清华大学文科工作会议上所再三强调的。学科交叉能够为文科发展带来了巨大的发展机遇与发展空间。"《仪礼》复原"研究的多方面努力，就是为了实践这一理念。

这项工作，涉及以上诸种学科的交叉点，即在"复原"。

礼仪，是某些特定的人群在特定的场景中，借由一定的服饰、器物，以及容仪、语言等行为来完成活态的人事行为，具有鲜明的践行性，所以古人说："礼者，履也。"要完整复原《仪礼》，既要以经典文本为根本依据，又不能将目光局限在文本上，毕竟再烦琐的文本考订也无法复原全部仪节、将礼仪重现。

所谓"复原"，是要在合乎古代经典本旨的前提下，打通文字训诂、仪节考订、器物考古等层面，借助交叉学科的研究手段，把文字记载还原为四维时空的具体连续的活动，实现经学、礼学研究范式的转型，将《仪礼》这门艰深的绝学乃至整个中国经学研究推上全新的台阶。

经学之注重"复原"，是从石经研究开始的。至迟从宋代已具雏形的石经研究，突破了文本的层面，结合新兴的金石之学，注重对当时考古发现的汉代熹平石经进行研究，揭示汉代经学的底里。这项工作到了近代，伴随着大量石经残石的出土，成为一时显学，并促进了闻名学界的"二重证据法"的提出。由于出土的石经残缺不全及真伪难辨，对石经的复原也就成为重中之重。著名经学家屈万里先生（1907—1979）指出："研治石经者，必当以复原工作为先务也。"[1]

如果说石经复原仍主要着眼于文字的话，那么《仪礼》复原所

---

[1] 屈万里：《汉石经尚书残字集证·自序》，台北，"中央研究院"历史语言研究所，1999 年，第 3A 页。

涉及的服饰、车马器具的复原则延伸到更广泛的学术领域，在经学之外产生学术影响。

现如今，在时尚的年轻人中间风起云涌的"汉服运动"，让人们对服饰复原有了感性的认识。

服饰复原实际上从属于纺织考古。纺织考古包括对考古现场的纺织品文物、纺织工具等进行发掘、提取、保护、修复、复织等多个环节，修复与复织则是服饰文物的复原研究，是实验考古学的一种。这项工作涉及传统织物的修复保护研究、新型修复材料及保护方法的研发与应用即传统织物的原料、产地、织造工艺、纹饰、材质研究等。[1] 服饰复原是一项综合工程，为了材质和织造工艺的复原，甚至要从培养吐丝的蚕宝宝入手。因为汉代以前的古代蚕还没进化到今天五眠蚕的程度，是三眠蚕，因此国家专门成立了养蚕研究所，饲养出三眠蚕，试着解决复原汉代素纱襌衣的原材料问题。各种基础工作决定了能否成功复原，而能否成功复原又被认为是对前期研究工作的检验。有了以上这些作为基础，中国古代服饰文化的研究才得以深入展开，才能有更好的条件还原中国古代的物质文化生活。

服饰文物的考古与复原研究，是当今学术研究的重要内容，对我国历史文化、工艺美术、礼制礼仪等多个领域的学术探索，都有着重要的意义。中国社会科学院考古研究所高级工程师王亚蓉先生是全国著名的纺织考古学家，她师从学界前辈沈从文（1902—1988）、王㐨（1930—1997），参与考古发掘，从近四十年前起，就开始了对出土的服装、饰品等纺织文物的修复、整理和复原研究。

从1982年湖北江陵马山楚墓，到2007年江西靖安东周墓葬，

---

[1] 张倩仪：《专门的纺织考古学与公众的纺织考古学》，《南方文物》2019年第2期，第214—219页。

再到 2016 年浙江黄岩南宋赵伯澐墓，考古发掘中出土的古代服饰文物，无不牵动着王亚蓉先生的心弦。在王先生看来，纺织品的复原是服饰考古必然的选择。中国历朝历代服装都是平面剪裁、平面缝合，很整齐；单纯画图，解决不了服饰各部位的结构功用问题。没有复原，学界和公众就不能了解服饰文物的原貌："如何能让大众更直观地欣赏到千年前那些无与伦比的美，实验研究出土纺织品的复原与复织似乎是唯一的选择。"[1]

2008 年，中国社科院考古所建立了纺织考古实验室，2016 年又在苏州成立了纺织科研考古基地，致力于挖掘传承传统丝绸工艺和研发古丝绸失传的技艺。2017 年 4 月 2 日，考古所 8 楼，23 名学生依次向王亚蓉先生行拜师礼，服饰文物考古复原研究的前景令人神往。

复原也是科技史研究的重要方法。

科技史的复原研究更依赖古籍文献，这一点与《仪礼》复原工作有相通之处。今天在博物馆中展出的指南针、地动仪、指南车、记里鼓车、鼓风器、水运仪象台，甚至诸葛亮的木牛流马等古代机械仪器模型，都是经各领域的专家学者在古籍文献的字里行间辛苦爬疏，再经科学研究之后才复原出来的。

"我们这个民族在过去几千年的历史里，对于机械工程的发明曾有过什么表现？"[2]

曾任清华大学副校长兼校务委员会副主任的刘仙洲先生（1890—1975）是机械工程史领域的学术泰斗。他在授课之余，经常思索这样的问题，并竭力在古代典籍中寻找有关的资料，终于写出了名著——《中国机械工程发明史》。

---

1 杨雪梅：《王亚蓉：重纺经纬织锦绮》，《人民日报》2017 年 4 月 13 日，第 24 版。
2 刘仙洲：《中国机械工程发明史·序》（第一编），北京，科学出版社，1962 年，第 iii 页。

同济大学教授陆敬严从事科学史研究三十多年，他正是阅读了刘仙洲先生的《中国机械工程发明史（第一编）》，才矢志不移地走上了科技复原工作的道路，甚至他的第一篇论文，也是在刘仙洲先生当年的助教、摩擦学专家、清华大学郑林庆教授（1917—2012）的帮助下发表的。

复原研究是一项基础工作。多年沉浸在机械复原研究之中的经验，令陆教授深知这项工作的甘苦。与其他科研事业相比，复原研究工作开展得并不理想，这无疑受到经费、研究时效和评价体系的影响。"不少具有巨大影响的古代成果没有得到充分研究和反映，许多从史遗留下来的科技问题悬而未决，亟待通过复原工作正本清源。目前从事这项工作的机构和人员很少，力量单薄，工作水准有待提高。此外，受浮躁情绪影响，业界有'重理论研究，轻复原研究'的倾向。"[1]但是，古代机械及一切古代科技成果的复原，又是一项亟待深入展开的工作，有着重要的学术价值与社会意义：复原研究有利于形象地反映古代科技发展的盛况；有利于提高全民族的科学文化素养并改变社会面貌；复原研究是培养人才的重要方法之一，因为直观教育容易激发学生思考、深究与联想；更直接的是，复原研究有利于挽救濒临失传的古代技艺，有利于弘扬我们优秀的传统文化。陆教授对著名历史学家周谷城教授（1898—1996）在1984年所说的一句话始终不能忘怀——"历史、科技史中有了复原研究才完整。"

中国科学院自然科学史研究所所长张柏春研究员说："随着社会不断进步，尤其是文化事业大发展，人们渴望传承优秀的文化传统。要继承必要先了解，有关中国古代机械复原的著作可以全面而

---

[1] 陆敬严：《中国古代机械复原研究》，上海，上海科学技术出版社，2019年，第91页。

深刻地反映中国古代科技高度发达的盛况，助力创建更加辉煌的未来。"[1] 机械复原的相关著作和陆教授与其同仁成功复原出的农业机械、手工业机械、战争机械、交通起重机械、自动机械等类别的100多具中国古代机械模型就是明证。

通过一件件精妙的古代机械器具来展现中华先民的聪明智慧与敬业精神，正是"大国工匠"的真实体现。这，离不开持之以恒的钻研与付出。所谓"君子立长志"，陆教授说，他愿当"君子"，不愿做"小人"。

二、古代礼乐文明与今日清华人

清华大礼堂二层的墙上悬挂着一块金字牌匾，其上大书"人文日新"四字。百年来，它始终默默地把目光投向前面的师生，欣慰地注视着他们的成就。一所曾经的留美预备学校，却把"人文"作为建校的一大精神支柱，其中的意蕴究竟何在？

"人文日新"

1　张柏春：《"科技史中有了复原研究才完整"》，《中华读书报》2020年3月18日，第16版。

一所大学和一个人一样，有着自己的精神。

半生致力于研究和倡扬"清华精神"的清华大学原党委副书记胡显章老师将"清华精神"表述为："明耻图强"的爱国奉献精神、"严谨务实"的科学求真精神、"海纳百川"的包容会通精神、"人文日新"的追求卓越精神，而更集中、更简练的表述，就是清华校训——"自强不息，厚德载物"。[1]

"人文日新"，与校训一样饱受着清华人的钟爱，被大家亲切地称为"校箴"。"人文日新"是清华人文精神的具体表述，也成为学校创新发展的思想源泉。2020年8月召开的清华大学文科工作会议，明确了下一个十年，清华将致力于打造人文、绿色、开放、智慧的校园，第一次将人文作为校园中长期规划的首要理念，反映了学校关于"人文"是清华精神要素所凝聚的共识。[2]

1. 谁是今之古人？

"人文"一词，最初见于《易·贲卦》的《象辞》："观乎天文，以察时变；观乎人文，以化成天下。"治国、治民，大要在"天文"与"人文"二端。古代以农业立国，观察日月星辰的运行，把握时令节气的变化，关乎农业的丰足或荒歉，涉及立国的基础，不可等闲视之。但仅有经济的发展是不够的，因为人具有高级思维活动，人的精神状态如何，直接影响到社会能否健康、持续发展。因此，要时刻观察"人文"。王弼解释说："观人之文，则化成可为也。"

---

[1] 胡显章、蔡文鹏编：《自强不息 厚德载物：清华精神巡礼》（修订版），北京，清华大学出版社，2013年，第Ⅵ—Ⅷ页。

[2] 吕婷：《乘势而上 主动而为 打造良好生态 建设文科高峰：2020年清华大学文科工作会举行》，清华新闻网，2020年8月24日，https://news.tsinghua.edu.cn/info/1002/81099.htm，2020年8月24日检索。

孔颖达进一步解释说，圣人观察人文乃"《诗》《书》'礼''乐'之谓"，时刻注意民众接受诗书礼乐教育的状况，及时去引领和提升他们的精神风貌，就可以达到天下大化的境界。追求物质与精神的均衡发展，体现了古人的睿智与卓识。

1914年11月，梁启超先生应清华学生会之邀，来校作题为《君子》的讲演，以"天行健，君子以自强不息；地势坤，君子以厚德载物"相勉，希望学生努力修身，成为人格完善的君子：

> 纵观四万万同胞，得安居乐业，教养其子若弟者几何人？读书子弟能得良师益友之熏陶者几何人？清华学子，荟中西之鸿儒，集四方之俊秀，为师为友，相蹉相磨，他年遨游海外，吸收新文明，改良我社会，促进我政治，所谓君子人者，非清华学子，行将焉属？虽然，君子之德风，小人之德草，今日之清华学子，将来即为社会之表率，语默作止，皆为国民所仿效。设或不慎，坏习惯之传行急如暴雨，则大事偾矣。深愿及此时机，崇德修学，勉为真君子，异日出膺大任，足以挽既倒之狂澜，作中流之砥柱，则民国幸甚矣。[1]

在这场名闻遐迩、回响百年的讲演中，梁先生将《论语》中的"君子"作为清华学子的人格形象，不仅没有悖逆中国的文化精神，而且可以与欧美教育理念接轨。他从寻找中西教育主旨的共同点出发，论述学校教育的终极关怀。梁先生认为学校教育的主要任务，是学生人格的养成，包括个人的品德与社会责任感。他说，"英美教育

---

[1] 梁启超：《君子》，引自吴剑平主编：《清华名师谈治学育人》（第二版），北京，清华大学出版社，2009年，第18—19页。原载《清华周刊》第20期，1914年11月10日。

精神，以养成国民之人格为宗旨。"英文将有人格者称为"劲德尔门（gentleman）"，其含义与"我国君子之意差相吻合"，足见东西方教育的理念是一致的。因此，教育的根本目标在于日益提升国民的整体素质，使"人人得勉为劲德尔门，即我国所谓君子者"，"国民之人格，骎骎日上"，这才是办清华的真正意义之所在。

梁先生慷慨激昂的讲演深深激励了清华学子，他以《易经》乾坤二卦所云"自强不息、厚德载物"来诠释君子的人文精神，强调人格修养之不可或缺，亦与1911年清华初创时在《清华学堂章程》提出的"以进德修业、自强不息为教育之方针"合若符节。后来，"自强不息，厚德载物"遂为清华校训。

从前，中国要在艰难中崛起，在衰败中奋起，只有中华儿女具备君子的品格，才有可能走向成功。如今，中国要在伟大复兴征程中再创辉煌，清华学子要再续清华的辉煌，必须把人格养成作为首务，要做君子，要成为真正意义上的人。[1]

2016年11月"人文清华讲坛"合影

---

1 参见彭林：《人，何以为人》，载张小琴、江舒远主编：《守望与思索：人文清华讲坛实录2016》，北京，清华大学出版社，2017年，第230—234页。

清华老学长、文化大家杨绛先生（1911—2016）曾对荣获"好读书奖学金"的同学们解释校训："'自强不息，厚德载物'，我的理解'自强不息'是要我们从自身做起，努力学习，求知识，学本领。'厚德载物'是一个道德标志。我们努力求知识，学本领，为的是什么呢？如果我们没有高尚的思想境界去承担重任，那我们的努力就失去了价值。'自强不息'是'起'，起点的起；'厚德载物'是止，'止于至善'的止。"[1]

杨先生寥寥数语，点明了清华先贤寄托在校训中的学理与道德追求。

"止于至善"，是《礼记·大学》里的话。

2005年，学校的一个学生社团自发印制《大学》供同学们及爱好者诵读，他们找到了彭林老师，请他作序。彭老师毫不推辞，立马挤出时间写下《弁言》，有云：

> 《大学》曾经是老清华办学的理念之一，早期的学生宿舍被命名为明斋、新斋、善斋，就是源自《大学》"大学之道在明明德，在新民，在止于至善"的三纲领。当时的清华学子，在努力研究西学的同时，注重从民族文化中寻找精神支柱，这是异族文明所无法给予我们的。1914年，《清华校刊》刊登了学生的"十不愿"和十个"不可不"，其中说到"吾不愿清华学生藐视国学"，"为人之道不可不知，远大之志不可不存"。

---

[1] 吴学昭：《听杨绛谈往事》，北京，生活·读书·新知三联书店，2008年，第403页。

他还与同学们共勉：

> 我们读古代经典是为了明理，而不是附庸风雅。《大学》讲究知行合一，读书是为了求真，既得真理，就应该终身践行。从修身开始，而以改造社会为己任，这是读书人终身的轨迹。朱熹说："圣贤千言万语，只是要知得，守得"，"只有两件事：理会，践行"。此说最得《大学》神髓，值得每一位读《大学》者深思。

在《弁言》的结尾，彭老师说道："当代的大学生读一读《大学》，当会有终身获益之处；清华学子读一读《大学》，一定会与我一样，别有一种心情。"

2. 在清华园见礼仪之大

2019年9月10日下午，由国家文物局指导、陕西省文物局与清华大学共同主办的"与天久长——周秦汉唐文化与艺术特展"开幕式在清华大学艺术博物馆举行，这是清华大学向中华人民共和国70年华诞献礼的一次重要活动。

开幕式由清华大学副校长彭刚主持，清华大学时任校长邱勇、国家文物局副局长关强及陕西省委省政府代表先后致辞。随后，由清华大学中国经学研究院、人文学院礼学研究中心和唐代礼乐复原组分别带来周代、唐代礼乐复原表演。

清华团队带来的乡饮酒礼展演是开幕式中第一个展演节目，其内容紧扣特展主题，展示了乡饮酒礼中迎宾、献宾、酢宾、酬宾、送宾等环节，生动形象地将周代乡饮酒礼中尊长敬贤的核心精神呈现给观众，带领大家认识周代礼乐文化，同时领略当时的服饰、食器、酒器、礼器形制以及礼仪动作。

"与天久长"特展开幕式上，清华学子即将上场展演《乡饮酒礼》

在周代，乡饮酒礼每三年举行一次，时间在正月。乡大夫以主人身份招待乡中贤能之士，体现敬贤之意。同时邀请德高望重的长者出席，表达尊长之心。长者与乡大夫一起选出一位德行优秀者作为宾，与其共饮。随后，宾将作为人才被举荐给诸侯。直至明清，乡饮酒礼一直是传统中国社会文化建设的重要内容。

展演结束后，嘉宾们与同学们热切交流。一位嘉宾说道："只知道中国酒文化历史悠久，却不知还有相关的酒礼仪。饮酒礼体现人与人之间的尊敬和对人才的选拔，这是我们先辈的独创，放在今天也有很重要的指导意义。"

"通过礼仪展示周代的服饰、酒器、食器，这种形式非常好。让大家用感性的、浸入式的方式去了解文物，认知文物背后的故事，这是真正的'让文物活起来，文物动起来'。这将是文物展示发展的一个方向。十分感谢大家带来的精彩表演。"一位博物馆工作者看完展演后如是说。

这次展演用到的器物以及相关礼仪，皆为清华《仪礼》复原团队的既有成果。《乡饮酒礼》虽然还没有作为影片完整地呈现给大众，但是相关的复原工作，早由清华团队完成。参加展演的同学，有的正是复原研究工作的主力。

其实，在四五年前，这些复原研究工作的主力，还是在礼学门外好奇张望的年轻学子。比如钟诚在2014年请彭林老师担任他的学士毕业论文指导教师，彭老师对他说："在我们这里，就要边工作边治学，很辛苦的。"当时的钟诚对老师的话尚未有深刻的体会。而李旭、陈士银、高瑞杰等人，现在虽已获得博士学位走上了工作岗位，但在入学之初，都被彭老师考察礼学素养的"下马威"给吓得不轻。

在"《仪礼》复原"这个交叉学科项目推进的几年中，不少同学都从最初的礼学"小白"成长为学有专长的经学、史学、哲学从业者，有的甚至对艺术、影视制作、电脑编程有了一定了解，学习能力和处理复杂问题能力都得到了锻炼。"《仪礼》复原"项目最初所确立的"争取培养出既植根于现实又能弘扬礼学的青年研究人才"这一目标是否达到，这些同学未来是否能成为礼学湛深又具有交叉学科背景的通才，也许还需要时间的检验。不过，他们应当不会后悔这些年以初生牛犊的大胆莽撞和对传统文化的深深热爱，拼尽全力刻苦钻研，去探索古礼和其他未知领域的经历。这是一段让所有参与者都十分珍视的韶华岁月。

"《仪礼》复原"项目开展的过程中，团队成员有过多次的演礼机会。这些公益性的礼仪展演无疑提升了项目的曝光度，引发广大师生、学界与社会舆论对古代礼乐文明的关注。但演礼绝不是"《仪礼》复原"研究的全部，尤其不是这一项目的主体。因为，礼仪的本质不是一种表演，而是一种内涵深厚的行为方式。研究礼仪的礼学也不是一门书斋里的学问，而是面向人生的实践。

"哲学家们只是用不同的方式解释世界，而问题在于改变世界。"[1]

国人大多对马克思这句强调实践指向的名言耳熟能详。几年前，彭林老师在德国洪堡大学一座大楼内看到墙上镌刻着这句话，不禁感慨良多。社会学家希尔斯（1911—1995）也说过，知识分子在通过语言文字表达思想的同时，还应当从事知识实践活动，通过行动使其理论付诸实践。[2] 人文社会科学的学者绝不能游离于社会之外，尤其在当下中国，从事教师职业的知识分子，理应担当起塑造民族精神、塑造民族灵魂的重任。

一个不能兼具科学与人文精神的人，一个只懂技术而没有道德、没有灵魂的人，只能说是"半个人"。[3] 一个不重视培养学生道德情操与精神的教师，也不能说是一个完整的教师。一座不讲"礼"的校园，不能说是完整的校园。

在一座充沛着礼乐文明校园中，应当时时刻刻都能感受到"礼"的存在，一揖一让之间，尽是礼乐风流。

不少选修过彭林老师课程的同学应该还会记得，"彭老师有一

---

1 [德]卡尔·马克思：《马克思恩格斯全集》第3卷《关于费尔巴哈的提纲》，北京，人民出版社，1960年，第6页。

2 [美]爱德华·希尔斯著，杨竹山、张文浩、杨琴译：《社会的构建》，南京，南京大学出版社，2017年，第195页。

3 "半个人"说法出自梁思成先生在1940年代的讲演，主要观点是教育应当促进理工与人文社科的全面结合，否则就会培养出许多的"半个人"，即只有某一方面的知识而缺乏其他方面修养的学生，这样的教育会有很多弊端。近年吴良镛、杨叔子院士和徐葆耕、胡显章、彭林等教授对梁先生的思想有所阐释。关于梁思成先生此次讲演的情况，可参看清华大学图书馆王媛老师的调查：https://mp.weixin.qq.com/s/ePOfuX-nd9Zu_PNbTf1eJA。

个特立独行的规定,每节课之前,我们都要行师生礼。先是彭老师对全体同学鞠躬,然后是我们还礼。彭老师还教我们如何弯腰成90度,并且把这个姿势保持几秒钟的时间。我想,自从我们小学以后,就再也没有师生间的问好了吧。通过一个简单的鞠躬,我们懂得了何谓尊师重道,何谓谦虚好学。也许这就是彭老师要我们行礼的初衷吧。"[1]

"《仪礼》复原与当代日常礼仪重建"项目倡导回到经典本身,发挥经典的"无用之用",它要复原的是古礼,但不拘泥于古礼,试图兼顾学术研究与现实导向,探索重建国民日常礼仪、重塑中国形象的途径,以为当前传统文化现代化工作提供有益经验。

2018年12月29日,由清华大学中国经学研究院主办、清华大学人文学院中国礼学研究中心和启迪未来教育研究院承办的"中华传统礼仪进校园名校论坛",在清华大学人文社科图书馆召开。来自全国各地近百所中小学校长、德育工作负责人、骨干教师以及高校学者、礼学专家等100多人集聚一堂,共同探讨青少年礼仪文化教育的实践方法与教学经验。

"中华传统礼仪进校园名校论坛"合影
(二排居中者右起:孙明君、王殿军、邓立光、彭林)

---

[1] 朱少军:《彭林:行走在传统与现实之间》,清华新闻网,2008年11月27日,https://news.tsinghua.edu.cn/info/1230/44954.htm,2020年8月29日检索。这里引用的是芦冬莉同学的话。

清华大学人文学院党委书记孙明君教授在论坛开幕式上向与会嘉宾致意：

尊敬的各位老师、各位来宾，大家上午好！

欢迎大家不惧严寒、不远千里来到清华大学。今天，我们汇聚在此，共同探讨中华传统礼仪进校园的课题。能够参与并见证此次论坛的开幕，我感到非常荣幸。首先，请允许我代表清华大学人文学院，向社会各界关注传统文化教育、关心清华人文学院、经学院的热心人士表示衷心感谢，向今天到场的全体嘉宾表示诚挚欢迎！

众所周知，2017年1月，中共中央办公厅、国务院办公厅联合印发了一份重要文件——《关于实施中华优秀传统文化传承发展工程的意见》。这份文件提出，实施中华优秀传统文化传承发展工程的重点任务之一，就是要把中华优秀传统文化贯穿国民教育始终。如今，文件的印发已过去两年，传统文化进校园的活动也一直没有停。我们常听到、见到的，是书法进校园、武术进校园、吟诵进校园，甚至有楹联进校园、中草药进校园。总体而言，这些内容，大多属于艺术类的范畴。这一类文化形式进入校园，很有必要。但是，我一直觉得，它们不必进入所有校园。

那么，什么才是应该进入所有中小学乃至大学的传统文化教育？学校教育要如何做好优秀传统文化教育这一方面？这类问题目前已成为社会迫切需要解决的问题。清华大学人文学院作为国内重要的人文学科教研单位，深感责任重大，我们觉得，我们有必要从研究和经验出发，为当今中小学以及大学的传统文化教育做出理论和方法上的贡献。在清华人文学院,有许多从事古代文献、古代思想研究的学者,其中,彭林教授因为从事儒家文献研究,而格外关注传统文化教育。近年来,彭林教授和他的研究团队,在从事礼学研究及《仪礼》复原的基础上,注重了解社会各领域的礼仪现状,并研究当代社会的礼仪重建,为礼仪推广、礼仪教育和经典教育等方面做出了可惊可喜的成就。

近代著名教育家唐文治先生曾说:"欲救天下,先救学校,欲救学生,先救人心。"我们都知道,救人心就是要开展德性教育。德性教育需要做艰苦细致的努力,短期内不容易见成果,但却是我们民族的百年大计。任何一位希望成为教育家的教师、校长,都应该在这一关键点上有所作为。那么,德性教育应该怎么展开?对小学生、中学生、大学生应该分别开展什么样的德性教育?我想,我们不妨从中国古代的教育方法中去寻找智慧……

孙明君教授强调,面对党中央提出的"把中华优秀传统文化贯穿于国民教育始终"的指示,清华大学人文学科教育工作者深感责任重大,也深知需要和中小学校携手进行探索。"德性教育是我们民族的百年大计,把中小学礼乐文明教育的最新研究成果展示出来,给广大中小学提供一个可以操作的抓手,就好像点燃一团烈火,既是传统礼仪进校园的烈火,也是传承中华文化的烈火。"

开幕式后,清华大学附属中学王殿军校长做题为《厚德自强,作博雅君子——清华附中优秀传统文化教育掠影》的主题报告。他强调,一个民族如果失去自己的根,就像一棵大树失去了根一样,会慢慢死去。清华附中要求老师，不仅要重视孩子们的学习成绩，更要教导他们"厚德自强，作博雅君子"。他戏称自己是一个"不务正业"的校长，随着传统文化教育唤醒了学生们的"君子意识"，孩子们的考试积极性和竞争力都有了大幅提升。探究这一巨大转变的根源，王校长说："把学生变成一个好人、一个懂得自我管理的人、一个让自律成为习惯的人，学习成绩能不提高吗？这就是传统文化教育的巨大力量。"

这是面向中小学推广礼乐教育的一个尝试，是中华礼乐文化具体而微的鲜明体现。

《仪礼》复原正是这样，复原的是传统礼仪，其指向却是在当代。

《仪礼》复原是在清华园中一步步展开的，而它的影响并不仅仅局限在清华园。

《仪礼》复原是一个具体的研究项目，但这个"小小的"研究项目，却折射出中华优秀传统文化传承发展的伟大时代精神。

文北楼南侧，清华园的"地质之角"有一片北斗七星石柱阵。其中一枚石柱上刻有爱因斯坦的座右铭："A hundred times every day I remind myself that my inner and outer life are based on the labors of other men, living and dead, and that I must exert myself in order to give in the same measure as I have received and am still receiving." 旁边的另一石柱，刻有中国科学院院士、清华大学水利系钱宁教授（1922—1986）的手书译文："每天我都无数次地提醒我自己，我的内心的和外在的生活，都是建立在其他活着的和死去的人的劳动的基础上的。我必须竭尽全力，像我曾经得到的和正在得到的那样，作出同样的贡献。"参加《仪礼》复原的师生们常常流连于斯，他们清楚地知道，虽然自己为这个课题贡献了一份心力，但其中凝聚的更是老师、前辈乃至古圣先贤的思想精粹，自己所孜孜以求的，正是不负古人，把这份文化遗产传承发展下去。而这，都离不开脚下这片土地，离不开身处其中的这个园子。

《礼仪》复原所取得的成果与经验，是清华人文学科教学科研百花园中的一朵小花。透过《仪礼》复原，可以折射出清华人文精神的一段当代风貌。《仪礼》复原总会结项，而礼乐文明与今日清华人的联结却无法隔断。就像著名教育家、历史学家、清华人文学科的老学长张岂之先生所深深期望的那样："从清华毕业的学子们都具有深厚的人文素养，成为以法治、公平、正义、诚信为基本原则的社会主义和谐社会的建设者和创造者，并从中产生思想家、理论家、学问家、科学家、艺术家等，出现具有民族和时代特色的学术大师。任重道远，这要靠扎实工作和艰苦奋斗才能达到。清华人文学科的师生们有责任写出不愧于民族复兴伟大时代的新篇章。"[1]

---

[1] 张岂之：《清华的人文传统》，《清华大学学报》(哲学社会科学版)2005年第5期，第9—12页。

后　　记

　　2020年8月，清华大学首批文科资深教授彭林所主持的国家社科基金重大项目《〈仪礼〉复原与当代日常礼仪重建研究》，经过全国哲学社会科学工作办公室审核评定，准予结项，项目成果鉴定为"优秀"。

　　本书就是对这一项目研究推广历程的记录。

　　本书的编写得到清华大学自主科研计划的资助。参与本书编写工作的有：曹建墩、陈芳婷、陈立瑜、陈士银、高瑞杰、韩冰雪、胡雅静、吉莉、李洛旻、李旭、刘斌、罗婷婷、马延辉、石光泽、佟雪、万剑锋、王波、杨柳、杨谊康、杨远骑、杨云鹏、姚永辉、苑辰、张焕君、张杰利、张涛、赵媛媛、赵越、钟诚。全书由张涛统稿。校文科处、宣传部、智库中心、人文学院、校史馆的各位老师多方指导，嘉礼堂张颂仁先生给予诸多支持，中国音乐学院杨春薇教授、北京服装学院蒋玉秋教授、国家京剧院王好强与石善栋先生分别接受采访或提供资料。在清华大学附属中学王田、程苇航两位老师的协助下，许多附中同学也贡献了他们的稿件。书内图片除特加说明者外，均为清华大学中国经学研究院、清华大学人文学院中国礼学研究中心保存资料。由于编写匆促，内容或有缺漏，容待今后择机增补。

大部分编写人员都是彭林教授指导的学生,至少在课堂上接受过彭老师的礼学教育。他们祝愿老师健康!

　　大部分编写人员都在清华园度过了或长或短的美好时光,他们愿以此书作为献礼,纪念母校建校 110 周年(并迎接即将到来的 111 年校庆☺)!

编　者

2020 年 8 月 31 日初稿

2021 年 11 月 5 日修订